奔向城市

寻找增长的动力

聂日明 著

中信出版集团 · CHINACITICPRESS · 北京

图书在版编目（CIP）数据

奔向城市：寻找增长的动力 / 聂日明著 . —北京：
中信出版社，2016.7
ISBN 978-7-5086-6370-8

Ⅰ. ①奔… Ⅱ. ①聂… Ⅲ . ①城市化－研究－中国②
社会问题－研究－中国 Ⅳ . ① F299.21 ② D669

中国版本图书馆 CIP 数据核字（2016）第 137864 号

奔向城市：寻找增长的动力
著 者：聂日明
策划推广：中信出版社（China CITIC Press）
出版发行：中信出版集团股份有限公司
（北京市朝阳区惠新东街甲 4 号富盛大厦 2 座 邮编 100029）
（CITIC Publishing Group）
承 印 者：三河市西华印务有限公司

开 本：787mm×1092mm 1/16 印 张：19.75 字 数：250 千字
版 次：2016 年 7 月第 1 版 印 次：2016 年 7 月第 1 次印刷
广告经营许可证：京朝工商广字第 8087 号
书 号：ISBN 978-7-5086-6370-8
定 价：48.00 元

新百家文丛

04

我思，故我在。

Contents 目录

序　言

一

整理文章的时候，我就在想，应该如何向读者展现这本书？这件事说起来容易，也不容易。按照以往我编辑文章的思路，一般先宏观后全局，再微观到具体。按此逻辑，编好一稿后，我通读了一下，觉得甚是乏味。作为一本中国经济观察的随笔，我并没有提供什么原创性的研究，文笔也离惊艳太远，读者有什么必要读这么一本书呢？

后来我想，如果说我写的东西还有一点儿可读性的话，那一定说明我观察的内容，很多人也同样关心。在撰写这些文章的时候，我并没有刻意去专注于某一领域（显然，这是不专业的表现），而是根据自己的喜好挑选话题。有些话题在撰写之前我并不熟悉，比如社保，以至于我花费大量的时间去了解事实、搜集数据。尽管如此，我还是发现，话题之间存在明显的关联性：城市新移民以何种顺序（或逻辑）融入城市并参与公共治理？

我在辽宁省丹东市和大连市交界处的一个小村庄生活了二十年，考到杭州读大学，然后在上海工作，算起来在“外地”已经待了十几年了。像我这样的人，在中国数不胜数。1999 年开始的高校扩招，使中国高校的毛入学率从 1998 年的 9.76% 迅速上升到 2012 年的 30%。1998 年时，普通本专科招生数为 108 万人，到 2013 年为 700 万人，15 年间新增学生 7400 万人，比前一个15年多出6000多万人。据2012年的高考招生统计，全国农村学生录取人数占全国录取人数比例高达59.1%，其中本科为52.5%，一本为45.7%。静态地、粗略地估计，近三十年定居在城市的农村出身的大学毕业生有4000万人左右，可以将他们称为“新移民”。

“新移民”多半留在城市工作、定居，虽然父母有不少还在故乡，但他们已经是城里人。他们有知识又对政策法规比较关注，对周遭的公共政策比较上心。我关心的事情跳不出他们关心的范围，并且把他们关心的事情写了出来。

从农村走进城市，“新移民”首先看到的是城市和农村的巨大差异：眼花缭乱的就业机会，优质的公共服务，丰富的信息及获得信息的渠道。很长一段时间内，农民只要离开土地劳作并在城里拥有了工作机会，随便干点儿什么活儿，收入就会有质的飞跃。这促成了人类历史上史无前例的城市化进程，使农村向城市转移了数亿人口。

城市在成长，城市在扩大，城市在拥挤，城市在生病，城市有人不欢迎外地人。进城与排外是过去二十年城市化的两条主线，前者是市场在驱动，后者是行政在主导。“新移民”或多或少都遭遇过来自户籍的恶意：不办暂住证要被劳教，补办身份证要回老家，孩子无法就近入学……他们不停在问自己，也问别人：外来人员子女究竟有没有权利在城市里接受义务教育？中国人真的太多了吗？

进城遭遇战之后，“新移民”有了稳定的工作，开始和城里人一样打卡上班，每月仔细地核对工资条后，却发现每个月被扣掉的社保（也就是所谓的“五险一金”）居然比税还多。他们拿着工资条找老板理论，老板也很无辜，因为除了员工被扣的那部分以外，公司还额外交了3倍于个人扣缴份额的统筹部分。原来“新移民”缴了那么多钱是给城里的退休职工养老、看病的。更令人愤怒的是，以后退休了他们还得返回原籍，领的养老金也远远不及自己缴纳的水平。

“新移民”认命了，扣就扣吧，因为这几年经济形势还好，工资也涨了不少，生活也有了一定程度改善，他们也有余力关注一下国家大事了。中国经济为什么增长这么快，和自己有什么关系？经济增长是一个漫长的过程，对于转轨国家来说，更是惊心动魄。了解得越深入，“新移民”就越觉得中国十分幸运，也越来越担忧未来。此时，他们已经能够熟练地用宏观调控、货币政策、财政政策、经济结构调整、失衡等一干词汇来解释经济周期和政府的经济政策。只是越理解就越糊涂，为什么调控得越多，经济周期波动得就越厉害呢？逆周期操作的平抑效果哪里去了？

工作了几年，“新移民”不得不认真对待房子的事情，且不说没有房子就落不了户，娶媳妇总要一套房子撑门面，只是这个房市就更让人不懂了。他怕高位买房成了接盘侠，期待政府可以控制住房价。等了又等，发现自己也用不着当接盘侠了，因为房价已经高到自己无论如何都买不起了。中央推出的3600万套保障房又给了自己希望，只是希望破灭得也快，因为这基本上和他没啥关系，只有户籍人口才能申请。

“新移民”很疑惑，为什么自己就沦落到买不起房子的地步了？房子为什么这么贵？土地出让金都用来干什么了？为什么都说地方政府修路建桥借的钱要还不上了呢？这个时候，他隐约明白了中国哪来的这么多钱进行基础设施建设。出口导向消化过剩劳动力、吸引农民进城，提供了庞大的住房潜在消费者，以土地作为中介，以土地用途管制、一级土地市场为保证，中国形成了以土地为核心的城市化融资模式。只是为此，地方政府借的钱有点儿太多了。

这个时候，“新移民”自然知道限制政府权力的重要性，要不然他要缴的税迟早要高到天上去，他手里的钱也要贬值得不成样子。他学会了预算公开、税收法定、界定政府事权、减税等概念，开始从制度的角度来关注自己的立命之所。

当然，“新移民”还关心很多事情，例如利率市场化、电力改革、国有改革，这些要么影响到余额宝里的收益，要么影响到他每个月的电费。

传说，集齐七颗龙珠，便可以召唤神龙。我整理出七个章节后，想到这个传说，就此搁笔，或许以后我们可以借此召唤神龙。

二

1994年是中国当代史上最重要的年份之一。那一年是全面向市场经济体制转型的开端，那一年《公司法》开始施行，那一年分税制正式启动，那一年进口大片进入中国院线。

那一年，中国学者林毅夫等人和美国学者保罗·克鲁格曼（Paul R. Krugman）同时发表了《中国的奇迹：发展战略与经济改革》和《亚洲奇迹的神话》。林毅夫等人试图回答为什么中国自20世纪70年代末以来能急起直追，创造经济发展无可争辩的巨大奇迹，以及未来中国如何保持增长的势头。后者则认为亚洲增长的奇迹并不是神话，他们和20世纪50年代的苏联一样，无非就是延期享受，愿意为了在未来获得收入而牺牲眼前的享乐。

林毅夫与克鲁格曼都对了。中国的经济增长确实保持了较快的速度，尤其是加入WTO（世界贸易组织）以来，经济总量与居民生活品质都得到了较快的发展，至今虽速度趋缓，但仍有想象空间。同时，风靡全球的“亚洲四小龙”在90年代末遭遇了亚洲金融危机，这验证了只靠投入推动型的经济增长不可持续。只有技术进步、提高效率才是经济增长的长期可持续动力。

中国的经济增长，虽是奇迹，但并非神话。“奇迹”指的是中国快速的城市化，超长的公路、铁路里程，机场、电信、仓储等基础设施，以及设计前卫、体量庞大的城市建筑，如超高大楼、星级酒店、城市综合体、新建住宅等。“并非神话”指的是城市人看不见的农村贫民、为了不拖累儿女而自杀的重病父母。我们的城市繁荣、整洁，没有出现巴西、印度式的贫民窟，是因为政策把贫民排斥在城市之外，而他们却面临着日益恶化的生存环境和不公平的社会待遇。这就是中国式奇迹的代价。

这种代价就是我在本书中力图向读者呈现的内容。

三

我写这些文章时偶尔在想，我想干什么？是呼吁政府改革，还是设置议程、引起公众关注？后来，我发现我什么都做不了。一个普通人能关注到的公共政策，涉及的利益莫不以万亿元计，我写些文章就想影响利益如此巨大的公共政策甚是渺茫。本书中讲到的户籍、社保、经济结构调整、房市、地方债、财税，都是如此。

在《从专项到一般》这篇文章中，我讲到转移支付，国务院的文件要求降低专项转移支付比例，将一般性转移支付占比从现在的33.3%提高到2020年的60%以上。对于大多数普通人来说，转移支付是非常陌生的话题，他们完全不会想到从33.3%提高到60%意味着什么，以2013年的数字匡算，这一比例的变动，仅涉及的资金就高达1.28万亿元。2011年年初调整个税起征点时，公共舆论就沸沸扬扬，但前一年的个税总额还不到5000亿元，远不及这个数字高。然而转移支付改革获得公众的关注并不高。

转移支付从专项变成为一般，意味着地方不需要“跑部钱进”，中央转移给地方的钱也尽可能地用于平衡区域之间的经济不均衡。再进一步讲，一般性转移支付的具体安排又会影响到不同的人，例如向非户籍人口提供公共服务的财政缺口能否纳入计算公式等。这又是一个深刻影响非户籍人口处境的财政政策。而专项转移支付的每一项都是各个部委的钱袋子，所涉资金都是数以千亿元计，怎么能轻易地转变为由一般转移支付呢（由既定的规则决定分配）？

设置议程、引起公众关注的难度就更高了，需要作者更多关注和把握读者心理，写文章的风格也要随着读者的偏好来调整，这恰不是我所擅长的。更何况，这两年“公知”（公共知识分子）被污名化，能表达的尺度也是一天不如一天。

那到底什么是我想要的？后来我慢慢发现，从我自身处境出发，或许我就有了一些和别人不同的视角来看待经济政策的好坏。作为城市里的外地人，我深知户籍制度有多么麻烦和受人诟病；作为在职职工，我深知缴纳的社保有多么低效和繁重；作为体制外的思考者，我会觉得有关部门的一些乱作为的后果要比不作为严重得多。

这个世界真的有很多人觉得农村是山清水秀无污染的、外地人不应该到大城市里添乱、路上堵了就应该限牌、房价高了政府就应该限购、装修工人凭什么拿一万元的月薪……他们不明白，外地人进了城，不仅让他家的房子升了值，而且也让他父母的养老金有了着落；他们不明白，城市不让外地牌照车进城，堵住的不仅仅是外地车，城里人自己餐桌上的菜价也贵了；他们不明白，房价高，正是政府管得太多的结果……

这个时候，我更愿意遵循“what/why/how”（什么/为什么/怎样做）的原则，观察事实，分析问题，寻找根源，并且从我的角度出发，看看能不能发现更好的解决方案。绝大多数情况下，更有效率的方案是存在的，只是需要一些前提。这些前提的缺失，往往也是中国绝大多数问题的根源，如法治治理、决策民主、市场经济、有限政府等。

得益于全球化大潮，在相对开放的环境下，中国数亿农民因此加入城市化的大潮。这是中国历史上经济社会形态转型最为剧烈的时代，前现代、现代与后现代诸多景象和思潮同时存在于一个国家，并且触手可及。虽然有人看不到或者并不关心他身边的另一个世界正在发生什么，但就观察者而言，这无疑是一个伟大的时代。正因为此，才有了这本随笔集。

是为序。

聂日明

奔向大城市

东部沿海地区飞速经济发展的背后，是全国人口结构的再调整，是户籍制度的式微，是束缚在劳动力身上的各种枷锁被全面打破，这是中国城市繁荣的基础。

城市是长出来的

党的十八大新一届领导人上任之初就强调，新型城镇化是未来中国经济增长与发展的核心。2015 年，中共中央召开了城镇化工作会议，从人、地、钱等六个方面下达了新型城镇化的任务（以下简称六项任务）。作为中央经济工作会议中的“会中会”，城镇化工作会议规格之高前所未有，会议决定也是新一届领导班子对新型城镇化的纲领性指导意见，将影响未来十数年的城镇化发展。

从发展潜力来看，中国目前的城市化率刚超过 50%，城市化的人口达 7 亿人。如果按照 70% 的城镇化水平和现有的城镇化模式，以及每年 1% 的城镇化增速，中国至少还有近二十年的发展空间。中国目前正面临着经济长期增长乏力、进入增长瓶颈的局面，恰当的城镇化方案正是跳出这一约束的利器，因此此次会议也是公众期待已久的。

所谓“城镇化”，是指人口向城市聚集、城市规模扩大，经济上呈现生产要素、产业活动向城市集聚的过程。城镇化带来的不仅仅是巨额的投资，还有广阔的消费需求：在一个农民转变为市民的过程，消费需求的增量与升级形成的市场是相当可观的。考虑到现有城镇化率中的农转非人口受“离土不离乡”（到城市里工作，但不能在城市落户安家）的限制，相当部分人只在城市工作，父母、妻子都在老家，劳动收入往往投放回农村。因此，仅仅是让目前在城里工作的人就地完成“人的城镇化”，新增的消费需求就非常可观。

这也就是新型城镇化六项任务中的第一项，即强调“人的城镇化”，以此来区别之前的“地的城镇化”。

除此之外，会议还提出提高城镇建设用地利用效率、建立多元可持续的资金保障机制、优化城镇化布局和形态、提高城镇建设水平、加强对城镇化的管理等任务，可见，六项任务所指向的城镇化的目标总体上是让人期待的。城镇化的目标好定，关键在于如何实现。综观会议精神，新型城镇化的实现方式就是有规划、有管理、有前提地推进。

在城市规模方面，会议要求全面放开建制镇和小城市落户限制，有序开放中等城市落户限制，合理确定大城市落户条件，严格控制特大城市人口规模，核心目标就是鼓励中小城市的扩张，限制、控制大型及特大城市的扩张。事实上，城镇化与城市化在英语中是同一个单词：urbanization，只在中文中有区别：城镇化强调城市化过程中城市的规模要有大有小，不追求过多的大城市；而城市化强调集聚效应，有强调越大越好的意思。新型城镇化这一命名的本身就暗含控大放小的意思。

会议在提高建设用地利用效率方面，强调现行的建设用地数量管制、耕地红线；在城镇化的总体布局上明确“两横三纵”的战略，科学设置开发强度，把城市的开发边界划定；要求实事求是确定城市定位，科学规划，避免走弯路，要求制定实施好国家新型城镇化规划，加强重大政策统筹协调等。

虽说这些实现手段的初衷都是好的，但具体落实情况却很值得怀疑。例如控制大城市一直以来都是城市化的政策导向，但现实总是屡屡突破规划限制。北京于2003年制定的《北京城市总体规划（2004年—2020年）》，规划到2020年北京常住人口为1800万人，而2012年年末，这一数字已经超过2000万。指导上海市发展和建设的法定性文件《上海市城市总体规划（1999年—2020年）》中，规划到2020年上海常住人口达到1600万人，在2015年年末，这一数据已超过2400万。

如果把市民看作城市的身体，那么交通、学校这些软硬件可以看作城市的衣服，两者需要匹配，城市才算和谐。一方面，北上广深的规划滞后和不切实际，使得公共服务非常缺乏，可谓“衣不蔽体”；而另一方面，一些地区城市化过于超前，“衣宽人瘦”甚至到了鬼城的地步，以鄂尔多斯为例，即使新增200万市民，人均新购住房30平方米，也不过才能消化近三年累计开工房地产的一半。

如果我们真的把“人的城镇化”作为新型城镇化的重心，那么我们必须正视“人”的主体性。城镇化说到底是由人的聚集而形成的，城市应该是从一地一区中生长出来的，而不是政府事先划一块地把人赶进来的。而政府的作用就是为生长出来的城市量体裁衣，提供公共服务。所以城镇化的重点应该是市场在先，政府在后。这种城市化的实现路径不仅仅体现在城市规模上，也体现在其他诸多方面。像城市的决定，不应该由政府主观去决定，而应该看这个城市里的主人——市民——想要这个城市成为什么样子，政府再来看，为实现这种定位可以做些什么。新市民被这种定位吸引加入城市，更可以避免城市不同族群、不同群体间的冲突。

新城林立

2014年4月，据国家发展和改革委员会城市和小城镇改革发展中心调查显示，12个省会城市拟建55个新城新区，其中的一个城市就要建13个城区。同时“新城热”正逐渐从省会向地级市、县级市下移，90%的地级市正在规划新城新区，部分城市新城总面积已达建成区面积的7.8倍，县域及开发区内新城建设也在升温，“空城”“睡城”“死城”现象频现……

平地造新城是中国近几十年城市化中的典型现象。深圳原来只是广东省的一个小渔村，因为改革开放，发展成为今天北上广深四个一线城市之一。改革开放十余年后，考虑到上海发展的滞后，开发浦东成为上海发展的新方向。时至今日，浦东的GDP（国内生产总值）占上海的三成，而后，浦东模式成为全国各地省会城市争相效仿的榜样。

为什么要造新城、设新区？随着人口的流入，城市必然面临建筑面积的扩张，但无论是通过旧城改造，还是面积扩张都有不同的路径。旧城改造需要将市中心的原住民拆迁，以货币补贴或者另址迁建将其迁往郊区，而面积扩张则需征收农民土地进行城市化建设，吸引移民完成城市化。近几十年，政府在这两方面均有所侧重。

比较来看，市中心的旧城，虽然土地更值钱，但原有格局已成，改造的难度大。更棘手的问题是城市居民保护产权意识强，拆迁的难度比征收农民土地的难度更大，政府从中的低征高卖所获得的利润也不如征收农地多。而建新城不仅成本低、收益高，城市规划的自由度也更大。对比浦东与浦西，新城的道路更宽，建筑物规划更整齐，更容易设计和建造形象宏伟、体量巨大的建筑物。

设想总是美好的，但总要面对现实。建新城的难点在哪里？城镇化指的是人的城镇化，在统计上，城镇化率也以常住人口的非农比率作为指标。一个地方要实现城镇化就必须要有人。虽然京沪等一线城市一直限制外地人口的流入，但实际常住人口远远少于规划人口。中国现在有14亿人，超过一半成为城市常住人口，以70%的城市化率计算，城市人口也不过10亿，未来可转移到城市的农村人口不到3亿。而全国新城新区的规划人口已经超过30亿，这些新城新区到哪里去找这么多人填充？

人至关重要，但规划中的预期人口不能落实，城市的建设就无从谈起。因为城市建设需要投资，而投资商则要看到发展前景。在市中心，生活与商业氛围已经成熟，只要可以成功拆迁，土地总是不愁卖出去的，建出来的住宅、商场总是不缺人气。只要拆迁成本合理，开发商具备一定资质，总可以融到资金。但新城却不行，没有人气，城市就没有发展，新城的未来是繁荣的浦东，还是萧条的鄂尔多斯？两者的投资回报判若云泥。

事实已经证明新城新区的不可靠。即使在浙江省这样经济发达、房地产价格偏高的省份，其超过一半的县级行政区的常住人口都处于净流出状态。地产商恒大集团一直致力于三四线城市的地产开发，但2013年不得不重返一二线城市拿地，而万科以一二线城市为立足点，向下延伸的发展战略也同样受阻，因为三四线及以下的城市缺乏足够的人口流入，供给已然过剩。这就进一步恶化了这些新城新区的发展前景。

人口流动追逐的是就业机会、发展前景，而不是高楼大厦，现有筑巢引凤（先有楼，后有人）的思路却完全背离了这一规律。城市的领导者们只看到开发浦东带来的城市面积扩张、人口流入，却没看到浦东的先天区位优势、后天招商引资带来的就业机会。建大楼而没有引进就业机会，这是导致出现鬼城、空城的根本原因。

所有这一切，又与限制大城市扩张、推动中小城市发展不谋而合，大量的建设用地、银行信贷、企业债券发行等指标被投放到中小城市、中西部城市，这是地方政府热衷设新区造新城的政策背景。要改变这一点，就要解除束缚大中型城市扩张的枷锁，让人口可以流向市场需要的地方。地方政府要做的事情就是“人走向哪里，路就通向哪里；人在哪里工作，房子和写字楼、商场就盖在哪里”。而平地起新城，那是最具产业发展前景和劳动力最希望流入的城市才需要考虑的。其他城市只要经营好目前的城区，不要让人口出现净流出，这就是非常了不起的了。

城市抢人大战

在188万常住人口中，外来人口超过100万，比例达53%，昌平区成为北京市唯一的“外来人口比例倒挂区”。为此，2014年4月，昌平区立下“人口调控军令状”，未来将严控外来人口，尽快将外来人口比例降低到50%以下。为响应这一号召，“以房控人”“以学控人”等限制外来人口的政策不断出台。

北上广深等地，外来常住人口已成规模。2013年年末，北京常住人口2114.8万人，其中外来人口802.7万人，占比约为38%；上海常住人口2415.15万人，其中外来人口990万人，占比约为41%；2012年年末广州市区常住人口为778.17万人，其中外来人口280万人，占比约为36%。

除此之外，还有数量庞大的流动人口。2013年年底，广州登记在册的流动人口有686.7万人，按照一定的漏登率计算，广州实际居住的流动人口为837万人，而广州市区的常住人口才832万人。不仅如此，地方政府总倾向于低估城市居住的外来人口，例如2000年与2010年的两次全国人口普查显示，当年城市化率分别提高5.33%和3.09%，远高于平时官方公布的水平，差异主要来自地方政府的低估和漏报。

外来人口过多对城市到底是好事还是坏事？就现有城市的发展思路来看，城市无疑是在吸引外地人涌入。几乎所有城市的基础设施规划都是按照常住人口来设计的，如轨道交通、住宅建设、商业区规划等。更进一步，如果没有净人口流入，这个城市也就不具有吸引力，所谓土地拍出天价、繁荣的商业区也无从谈起。人口净流入是支撑起城市每年数万亿土地出让金的基础，而土地出让金是近十年地方政府最主要的非税财政收入，占地方政府总收入的半壁江山。

外来移民的好处还在于缓解了城市人口老龄化所带来的养老压力。现有城市的退休人员在岗时所缴纳的养老金非常少，其养老金支付依赖于目前在岗职工缴纳的基金。问题是这些城市户籍的人口已经老龄化，在岗职工缴纳的基金不足以支付退休人员的养老金，几乎所有的大中型城市都在依靠外来年轻劳动力缴纳的养老金去弥补这一亏空。

人口净流入对城市的好处不仅体现在财政收入、缴纳养老金，更降低了城市的生活成本。目前中国从整体上呈现农村人口向城市转移的趋势，由于中国城乡二元分割的背景，农民收入远低于城市居民，在农业收入依然低迷的情况下，农民向城市移民整体抑制了城市的劳动力价格，尤其是低端劳动力的价格，如餐饮、理发、保洁、家政等。

然而大多数地方政府看不到外来移民的好处，在对待外来人口流入的问题上，只希望引进高端劳动力，要求他们拥有名校学历、金融专业、能进行高科技创业，有的甚至提供住房和户口等优惠政策；而对于废品回收、建材装修、农贸流通等行业从业人员的态度就差多了。他们没有看到，没有这些低端从业人员，谁来为高端劳动力服务？没有外来人口，本地劳动力能满足城市这些必需的服务吗？

2013 年我国城市化率为 53.73%，以 70% 的目标城市化率计算，还有 2.2 亿农民可以向城市转移。但现实是残酷的，这 2.2 亿中，很多人可能已经居住在城市中了，但并没有被统计为城市常住人口，如很多人虽然在城市居住时间已达 6 个月以上，但由于收入主要带回农村家中，仍被登记为农村家庭的常住人口。农村向城市转移劳动力的潜力越来越小，这意味着以往农村向城市移民的局面即将停止，城市将不得不面临从其他城市吸引劳动力的压力。城市从农村抢人相对容易，只要有就业机会、有钱赚，农村移民就愿意到城市里打工。但当这个农民变成工人、市民的时候，其他城市再想将他吸引过去，一份就业机会肯定是无法满足他的。如果说城市是狼，农村是羊，那农民向城市转移就是狼吃羊，而羊被吃完以后，城市再想扩张，将不得不从其他的狼口中抢羊。

用不了几年，中国绝大多数的三四线城市以及大城市的郊县，都将面临中国农村青壮劳动力枯竭的危机。

眼下，各大省会城市、发达地市以及县城，都在大张旗鼓地建新城、设新区，但面对即将到来的与一二线城市抢人的局面，他们准备好了吗？为长远计，对于大多数城市来说，提早建立起吸引劳动力的优势，就能在城市间抢人大战中占据先机。广阔的工作发展前景、良好的公共服务和基础设施、优质的社会福利都必不可少，政府更不能实行限制外来人口流入的政策，否则将眼睁睁看着大型城市、核心市区把自己手里的人抢走。

土地指标，多给大城市点

中国土地浪费现象严重，国土资源部相关领导的公开发言曾表示，中国单位 GDP 的地耗不仅高于发达国家，也高于一些新兴经济体国家。据统计，目前我国城镇低效用地达 40% 以上，农村空闲住宅达到 10% ~15%；处于低效利用状态的城镇工矿建设用地约 5000 平方千米，占全国城市建成区的 11%。

为此，国土资源部公布《节约集约利用土地规定》，将现有节约集约土地的制度提升为法律，明确对土地浪费说“不”，通过规模引导、布局优化、标准控制、市场配置、盘活利用等手段，达到节约土地、减量用地、提升用地强度、促进低效废弃地再利用、优化土地利用结构和布局、提高土地利用效率的目的。

城市用地集约化水平偏低的现象，尤以中小城市为甚，粗放用地、违法违规用地等问题日趋严重。近些年，一些中西部的中型城市也大建新城，用地规模迅猛扩张，但建成区的人口密度却大幅下降。相对来说，大城市以及特大城市的单位土地产出远高于中小城市，建成区的人口密度也要高于中小城市。

为了应对这一局面，国土资源部出台了《节约集约利用土地规定》，其规划司司长董祚继指出，当前用地规划和计划指标在分解过程中存在截留现象，到中小城市的指标往往不够。首先要控制大城市特别是特大城市用地，将指标留给中小城市；其次要优化用地，通过城乡建设用地增减挂钩等方式，增加中小城市用地的合理供给。

这不是国土资源部第一次做如此表态，2014 年 1 月，国土资源部要求东部三大城市群发展所需的土地要以盘活存量土地为主，今后将逐步调减东部地区新增建设用地供应。除生活用地外，原则上不再为人口 500 万以上的特大城市安排新增建设用地。

依照国土资源部的逻辑，由于中小城市浪费土地、集约化水平偏低，所以要分配更多的指标给中小城市；相反大城市的土地利用相对集约、单位土地的 GDP 产出相对较高，所以要控制大城市，特别是特大城市的建设用地。乍一看，有些搞不懂其中的逻辑。

众所周知，中国地少人多，所以中国持续多年执行最严格的耕地保护制度——十八亿亩红线。中央通过土地利用总体规划，确定各地方政府建设用地的规模、布局、结构和时序安排，对建设用地实行总量控制。在这种制度下，各地建设用地苦乐不均。京沪等地尽管已经是现代化、全球性的大都市，土地非常紧张，人口密度居全国前列，但依旧保留了为数不少的耕地。到 2013 年年底，上海尚有 300 万亩[①]耕地。在这种情况下，2014 年，上海的住宅用地供应比 2013 年却又降低了 30%，仅为 1 万亩。

何为集约用地？一个农民在农村可以享用 330 平方米（约半亩）宅基地，到鄂尔多斯的中心城区人均建设用地就只需 150 平方米，不足原来的一半。从农村到城市定居，就是集约用地。在上海，人均建设用地只需要 130 平方米（按 3070 平方千米建设用地，2400 万人计算），上海中心城区的人均用地更远远低于此数，因此，从鄂尔多斯到上海、从中小城市到大城市里居住、工作，就是集约用地。

---

① 1 亩≈666.67 平方米。——编者注

中国东部人多、西部人少，大城市人口密度高、小城市人口密度低。同样 1 平方千米，在上海产出更高，承载人口更高，土地利用效率更高。正常的土地规划应是地随人走：人流动到哪里，土地指标就增长到哪里。更多的人从农村到城市、从中小城市到大城市，带来的也是巨量的土地复耕和用地指标节约，这才是真正的土地集约化使用。

然而，自 2005 年以来，中国的用地指标被更多地投放到中西部以及中小城市，带来的后果就是工业开发区闲置、无人居住的鬼城以及城市建设资金的浪费。与之对应的是供地紧张的京沪等大城市，住宅价格高企，年轻人买不起房子，商业成本居高不下，逼退企业。国家有着美好的初衷，希望年轻人与企业家回到中小城市居住、办企业，但那里的就业机会少，商业意识淡薄，严重制约了个人与企业的发展，让他们从大城市到中小城市也是全社会的效率损失。

从国土资源部以下，各级政府层层分散建设用地指标，以此指导经济社会的进步。但政府如何能先于市场洞悉未来的发展？事实证明，各级政府的土地供应计划在指导资源的配置上不会比市场更有效率，反而会人为地造成供应的不足与浪费。国土资源部此次的文件，指出了一个非常值得重视的现象：中小城市的土地使用粗放、浪费严重，但给出了一个错误的方案。建设用地指标应该更多地配置给大城市以及特大城市，这才真正符合政策的初衷——节约集约利用土地。

美丽乡村的陷阱

2014年的中秋小长假，我回了一趟东北的乡村老家，赫然发现乡村的泥土石子路改成了柏油路，路边装上了太阳能路灯。这可是有史以来第一遭，绝大多数村里人平生第一次亲眼看到路灯长啥样。村里人还通过村集体向上级政府申请老房翻新或重建的补贴，数额在几千到一万元。这一切都源自目前正在全国渐次展开的“美丽乡村”建设项目。

“美丽乡村”，是社会主义新农村建设的产物。2008年，浙江省安吉县出台《建设“中国美丽乡村”行动纲要》，首次正式提出“中国美丽乡村”计划，计划用十年时间，改善农村的生态与景观，把安吉县打造成为中国最美丽乡村。安吉的行动很成功，中央农办主任陈锡文考察后，认为“安吉进行的中国美丽乡村建设是中国新农村建设的鲜活样本”。

受安吉的影响和领导的鼓励，浙江省政府制定了《浙江省美丽乡村建设行动计划》，广东省的增城、花都、从化等市县也于2011年开始启动美丽乡村建设。财政部网站资料显示，安徽、海南、江苏等十余个省份全部或部分地区均有美丽乡村建设行动。

与绝大多数城市人的想象不同的是，农村虽然是蓝天白云，但并非青山绿水，稻米清香。相反，垃圾遍地、臭气四溢、蚊蝇满天才是一部分农村生活的常态。2000年以来，随着城市化进程的发展，农村里的能人逐步移民到城市，农村青壮力流失十分严重，因此农村的建设与资金、劳动力投入远远低于以往，农村衰败、空心化，农村基础设施、建筑物破旧明显。于是我们看到，乡村的道路坑坑洼洼、池塘臭气熏天、住宅透风漏雨，不仅无美丽可言，生活和居住体验更是糟糕。

此前国务院办公厅发布的《关于改善农村人居环境的指导意见》中，农房改造、道路硬化、电网升级、垃圾和污水治理、畜禽粪污综合治理、保护和修复水塘、公共照明设施、农房及院落风貌整治及美化等就成为重点。这些都是农村生活较为严重的问题，可以说美丽乡村建设不仅是政府的形象工程，也直接改善了农民的生活环境，减小城乡差距，是提高农民生活标准的利器。

问题是，美丽乡村建设能在多大程度上改变农村风貌，以及需要付出多大代价？根据财政部汇总的资料，湖南省桂阳县在 2013 年投入 3000 万元专项资金，其中农村环境整治投入 2000 万元，点亮工程投入 1000 万元。按全国 2000 余个县计算，仅点亮工程就需要 200 亿～300 亿元，环境整治的投入还需加倍。

河南省陕县开展村级公益事业建设，财政奖补资金 720.53 万元，只覆盖了全市 13 个镇 39 个行政村，仅惠及 4 万余名农民群众，人均受惠不到 200 元。哪怕按此标准计算，全国有 5 亿人口居住在农村，也需要 1000 亿元。对比一下，山东全省才拨出 6000 万元资金，覆盖 8 个县区，按湖南的标准，每个县连点亮工程都完不成。

垃圾和污水处理、公共照明需求原本是城市居民的需求，也就是所谓的公共服务，往往由市政等公共服务部门解决。而提供这些公共服务的前提就是要有规模效应，即人口密度较高并且城市要有一定的规模。但目前村庄散落在耕地上，且农村的人口密度太低，想要为农村提供这类服务，根本就是不经济的行为，也无法持续。建垃圾场的 100 万元或许可以由财政出资，但长期的垃圾收集费、处理费由谁来出？

而农房改造、道路硬化这类基础设施方面的投资，更是打了水漂。据此推测，农民向城市转移的势头不减，直至达到 70% 的城市化率才会慢下来，并且留在农村的往往是中老年人，随着他们的去世，农村人口将进一步减少。这意味着，大多数的农村人口密度会进一步降低、人口规模会进一步缩减，这些基础设施的利用率会逐渐降低。

现实一点来说，农村现有的耕作模式迟早会被农业产业工人替代，未来的几十年内，绝大多数的农村人口将不得不变成城市居民。这意味着早一点让他们认识到移民城市的必要性、学习城市生活，有助于提高他们的适应能力。美丽乡村建设行动，虽然一时改善了农民的处境，但无法改变农民进城的趋势。对当前居住在乡村的农民来说，无异于温水煮青蛙，置他们于危险的境地。准备投在美丽乡村建设行动的资金，不如用于补贴农民工进城、在城市落户生根。由此一来，不仅可以解决道路硬化、公共照明、垃圾与污水处理等问题，也可以提高城市公共服务的效率，何乐而不为？

流动人口趋势之变

2014年11月18日，国家卫计委流动人口司发布《中国流动人口发展报告2014》（以下简称《报告》），《报告》显示，流动人口向东部发达地区流动的趋势不变，但不同省份的跨省流入人口数量发生较大变化，特大城市人口聚集态势进一步增强，北京、上海的全国流入人口数量上升，广东、江苏跨省流入人口减少幅度较大。

改革开放以来，尤其是20世纪90年代中后期放开劳动力市场管制后，流动人口的数量大大增长，《报告》显示，2013年年末全国流动人口达2.45亿，超过总人口的1/6。目前中国城镇户籍人口不足总人口的35%，而城市常住人口超过总人口的53%，这18%的人口差额就是流动人口。随着出口加工企业的集聚，电子厂、鞋厂、纺织厂等劳动力密集型企业遍布广东省各市，广东是最早的人口流入重镇，迄今为止仍是流动人口的第一大流入地，占总人口的27.5%。

2000年以来，长三角地区流入人口增速飞快，与珠三角地区、京津冀地区共同成为流入人口集中的三大都市圈。从数据上来看，东部地区跨省流入人口所占比例为90.5%，相比2000年，常住人口增速前四位的省市是京、沪、津、粤，仅这四地就新增了4000万人。对于流动人口来说，之所以愿意去京、沪、津、粤，当然是因为这些地区经济形势好，可以吸纳足够多的新增就业人口。

近几年，流动人口的流动趋势开始发生变化，他们更偏好特大城市，尤其是京、沪、津三地，而广东的流动人口占比则从2010年的30%多下降到如今的27.5%。2006—2010年，广东的常住人口每年净增数都在200万人以上，但自2011年以来，每年新增不足100万人，2013年更是低至50万人。之所以出现这种情况，主要是因为广东省经济活力在下降，2013年年初，时任广州市长朱小丹曾指出，广州市的全国第三大城市的地位可能会被天津市抢走。广州市的GDP从2004年比天津市高出43%逐渐降低到目前的个位数，2012年一度只领先天津4.7%。

流动人口是和就业机会成正比的，经济不活跃必然会导致人口流入的放缓。另外，广东省前些年强调要“腾笼换鸟”，进行产业结构调整和产业升级策略，迁出或淘汰区域内低端产业，引入并发展高端产业。但受发展阶段和路径的约束，低端劳动力密集型企业作为吸纳流动人口的主力不断地迁出广东，“笼”腾出来了，但高级的“鸟”并没有进来，这可能是流动人口流入放缓的另一个重要原因。

然而，虽然京沪仍然是吸纳流动人口的“领头羊”，但广东面临的局面，京沪也有可能会遇到。由于一个地区户籍人口比较稳定，常住人口的变化主要取决于流动人口。从数据上来看，2013年，常住人口同比增速前三名是津、京、沪三地，分别为4.18%、2.22%、1.47%，人口数量分别增加了59万人、46万人、35万人。再看2010年，津、京、沪的常住人口增速分别是5.78%、5.48%、4.21%，人口数量分别增加了71万人、102万人、93万人。

事实上，自2011年起，原来流动人口流入较快的东部省市，常住人口增速都出现了断崖式的下滑。除了天津以外，京、沪、粤、浙、苏五个经济强省（市）常住人口近三年的增速都不及2009年各自数据的一半，浙江近三年的平均增速甚至只有2009年的1/4。

同时，2011年，虽然各特大城市和人口流入地也在控制人口增长，但各地对流动人口的流入总体上持开放态度。这些现实表明，流动人口拼命挤入大城市的趋势已经在放缓，哪怕是京沪，也同样如此。广东的今天可能就是京沪的明天，更何况2014年在严控特大城市规模的思路下，京沪对非户籍人口的流入和居住纷纷设置了较高的门槛。

现如今，决策者要摒弃中国人口众多、流动人口拼命往大城市挤的错误观念，中国东部地区面临的问题恰恰是进一步城市化的过程中，没有那么多人可供集聚，这势必会影响经济效率，从而削弱东部地区作为全国经济引擎的角色。在这种形势下，有必要重新审视户籍新政：中央是否有必要如此严厉地控制特大城市的规模？

月薪过万的工人

我买了房子以后，和装修公司签了装修合同，也谈定了价格。公司那面派过来一个施工队长，由他来安排工人，转包给他们具体干活。装修过程中，我问了一下承包工人的工资，不问不知道，一问吓一跳。拆旧 3 天工费 3000 元，泥瓦工主要负责贴瓷砖，8 天工费 5000 元，油漆工 8 ~ 10 天，工费 6500 元。可以说，工资高的工人足以“秒杀”大多数小白领，而且装修工人的工期很满，一般都是项目等工人，熟练工人非常抢手。

近几年，低端劳动力的工资价格飙升，渐渐被公众知晓。所谓低端劳动力，并不是指工资低，主要是指学历低、以体力劳动为主的工种，装修工人、清洁工、家政无疑都名列其中。大家现在已经能接受月嫂拿高薪、搬砖工人每月赚 6000 元的现实，但高到如此程度，还是令很多人惊讶。在网络上，吐槽现有工作，扬言要去搬砖、贴瓷砖的大有人在，但现实是很少有付诸真实行动的。

在上海，优质、熟练的装修工人非常紧缺，这也是现有装修工人工期满当的主因。有些装修工人欲带学徒，可愿意学这门手艺的也很少。为何？从表面来看，当然是这个工种又苦又累，学徒时间长，而且还需要一点天分，如细致、有耐心。更有甚者，像油漆工，常常要承受涂墙漆时释放的甲苯等有毒有机物，这简直是用生命在工作。

从经济学的角度解释，装修工人高于白领的工资，所获得的是补偿性工资，指的是不同工作中，因为非货币特性引起的工资差别，高工资是用来补偿工作的危险性、枯燥性。从这个角度来看，一切工作环境恶劣、岗位枯燥、容易带来健康问题的工作，其工资都会高于其他有相似教育水平的工人，如煤矿工人、高空作业工人、采油工人，而装修工人、月嫂只是我们日常生活中容易接触到的工种，所以感受更深一些。

然而，以前也有装修工人、煤矿工人，但当时他们的收入并不高，反而呈现低端低薪、高端高薪的现象。根据甘犁领导的《中国家庭金融调查》项目的结论，收入差距的原因是多样的，而教育水平在收入差距的形成中扮演非常重要的角色。为何这种现象在今天却显得不太适用了？

在1996年以前，劳动力市场没有放开，中国还没有形成一个自由流动的劳动力市场，农民、工人、干部各司其职。各区域、行业劳动生产率差异极大，农业由于其分散、小规模的特性，劳动生产率可谓最低，对应的就是农民收入长期处于低水平均衡，大部分农民勉强温饱。劳动力市场放开以后，尤其是2001年中国加入WTO，中国产能迅速释放，农民可以进城打工，这一农转非的变化，极大地提高了农民的劳动生产率，带动了中国整体居民收入的提高。

以出口导向型经济带动工业化，以工业化带动农民进城，以农民进城带动城市化，成功地打造了出口导向—农民进城—城市化这一链条，数亿农村人口移民到城市就业、定居，使得用城市常住人口衡量的中国城市化率得到快速提高，到2012年已达52.6%。海通证券首席经济学家李迅雷指出，鉴于中国地方政府总是试图低估非城市户籍常住人口，中国城市化率可能更高，在2000年与2010年两次人口普查中，常住人口数就出现过跳跃式增长。

在城里，哪怕是在工地上搬砖，其收入也要远高于农业耕作所得。2008年以前，相对于中国的产能需求，低端劳动力近乎于无限供给，所以工资被供给抑制住，增长的速度并不快。如今形势显然发生了变化，多年的农民变工人进程，农村可供输出的青壮劳动力已经接近枯竭，供给乏力。而此时，城市化发展如火如荼，对低端劳动力的需求日益增加，低端劳动力的价格上涨是显而易见的。

事实上，不仅仅是装修工人紧缺，以理发、餐饮、家政等行业为代表的服务业，女性服务人员的紧缺更为明显，传统餐厅服务、理发前的洗发多由女性来提供服务，如今，有越来越多的男性出现在这些岗位上。中国正面临着低端劳动力价格长期上涨的压力。

对低端劳动力工资上涨更有压力的事情源于社会结构的变化，中国目前高等教育的毛入学率已达30%，到2020年将达40%，也就是说每三个人中就有一个大学生。中国现在互联网普及率也很高，每个人都可以自由地获取来自全世界的消息。大学生和互联网的高普及率，深刻地影响着劳动力的思维。

很长一段时间，很多农民认为城里人过得比农村人好，是很正常的事情，改变这一局面靠的是让自己变成城里人，而不是两者地位的平等。第一代进城农民干得累、过得苦，他们并无怨言。但上过大学、接触过网络之后留在城里的劳动力却不这样想，他们追求结果公平，对于来自身份上的不平等的容忍度很低。他们的工作能力并不一定怎么强，但对岗位的要求很高，所谓招聘难指的就是这类现象。这将是中国未来持久面临的事情。每个企业都需要调整管理模式去适应这种变化。

更大的问题则是，中国每年“生产”这么多的大学生，但中国更需要装修工人、家政服务人员等服务业人员，以现有的高等教育课程体系和社会舆论环境，两者融通的空间很小，这种教育与就业的错配需要严肃对待。想一想当年国有企业的工人，他们的下岗曾经引起的影响，大学生的失业风险也将成为中国未来十几年需要解决的危机。

警惕失业

2015年4月29日，国家统计局发布的《2014年全国农民工监测调查报告》（以下简称《报告》）显示，2010年以来农民工总量增速持续回落。农民工以青壮年为主，1980年后出生的新生代农民工，绝大多数没有从事过农业劳动，初次外出年龄也很小，远低于老一代农民工平均35.9岁的初次外出年龄（2013年统计），并且55%的新生代农民工在地级以上大中城市务工，远高于老一代的26%。

何为农民工？按国家统计局的定义，农民工为户籍仍在农村，在本地从事非农产业或外出从业6个月及以上的劳动者。《报告》显示，2014年农民工总量为2.74亿人，其中外出的有1.68亿人，在本地工作的有1.06亿人。考虑到中国目前城镇户籍人口不足35%，而城市常住人口超过53%，其中超过18%的人口，近2.5亿人的差额就是农民工。

随着20世纪90年代末中国城市化的提速，农民工的构成已经发生了很大的变化，出生阶段的不同是最大的差异。2013年的《报告》显示，1980年及以后出生的新生代农民工超过1.25万人，占农民工总量的46.6%，其中87%以上的人没有从事过任何农业生产劳动，初次外出平均年龄仅为21.7岁。再考虑到一个人接受完义务教育或高中教育结束时一般为16岁或19岁，这意味着这些进城的新生代农民工，除了户籍是农村的以外，基本上和农村是毫无关系的。在接受完教育以后就进入城市打工，外出打工比例高达80%，而且他们较父辈更乐意到大城市里打工。

现在来看，用“农民工”来称呼1980年后出生的进城务工人员，已经很不恰当了。这些新生代农业户籍劳动力，与城里的孩子接受相同的教育，在同一个城市里打工，用同样的手机，同样通过互联网接受知识，除了户籍身份以及在城市里的社会资本存在差距以外，几乎没有区别。农村虽然是生他养他的地方，但恐怕他们中的大部分已经无法再回到农村生活，也没有农业劳作的能力。这也意味着，随着中国城市化的推进与深化，城市里的大多数农业户籍常住人口已经无法再回到农村，哪怕还有一块属于他自己的耕地和宅基地。

那么，问题来了，城市却没有把这部分人完全当成市民。北京市昌平区、上海市青浦区甚至明确表示要严控外地户籍常住人口，通过清理群租房、办理居住证、提高生活成本等多种方式来逼退低端行业的外来从业人员。新生代农民工所偏爱的地级市以上的大城市里，落户的要求也都不低，只有高等学历、买房落户、人才引进等有限的几种途径可以落户，导致每年落户量远远低于新增的常住人口。对于这些新生代，他们在现实上是回不去农村了，但政策上也无法保证他们可以留在城市。

这种现实与政策的错位存在极大的风险，那就是如果出现大规模失业潮，新生代农民工该怎么办？中国已经十几年没有体会到大规模失业的痛苦了。自2001年加入WTO以来，中国不仅保持GDP每年10%左右的增长，并且出口额激增，带动了劳动密集型的多个行业快速增长，每年吸纳上千万的城镇新增就业人口。截至2013年，每年新增就业人口高达1600万，扣除600多万的大学生以外，其余近1000万人口中的大多数都是来自农村的进城务工人员。要时刻需要警惕这些人的失业风险。

20世纪90年代末的国企工人下岗的浪潮，可以说，是当年经济生活中的大事件。1997年底，城镇人口3.7亿人，城镇从业人员为2.02亿，其中在国企工作的有1亿多人。到1998年9月，国企下岗职工为716万，随后的7年，国企裁员累计近3000万。

截至目前，城市里仅农民工就有2.74亿，新生代农民工的数量比当年国企员工还要多。经济周期所带来的失业人口可能远高于当年国企下岗职工的数量。而且农民工的主要就业领域是制造业和建筑业，两者吸纳了61.4%的农民工，在出口形势恶化、房地产市场泡沫阴影下的中国，农民工的失业危机并不遥远。

我们不能以为，因为一个在城里就业的农业户籍劳动力在农村还有一块宅基地、口粮地，所以，当城市里失业潮来临的时候，他就可以回到农村继续从事农业，过农村生活。城市化是一个不可逆的过程，尤其是在中国现在城乡生活水平、基础设施差距极大的情况下，全国经济不景气、失业潮来临的时候，农村很难吸纳已经在城里就业的劳动力。

与当年国企下岗职工不同的是，新生代农民工在城市里面无亲无故，乡情邻里的社会关系约束无法在他们身上起作用。而随着互联网、手机等通信方式的普及，一方面他们易于接受公平、平等的思想；另一方面也容易加大群体性事件的危机程度。在解决他们的失业危机这一问题上，决策层将面临更大的挑战。而城市的经营者除了要对外地户籍常住人口转变心态，当务之急是改革城市失业率的统计，建立现代的抽样调查失业率和登记失业率相结合的就业统计制度。

踩踏、新市民与城市治理

2014 年 12 月 31 日 23 时 35 分许，上海外滩陈毅广场发生踩踏事故，截至 2015 年 1 月 4 日，至少造成 36 人死亡，49 人受伤。外滩踩踏事件全国震惊，死伤人数近年来少见，更令人震惊的是事故发生在上海，在这个以精细化的城市管理著称的中国现代之都。

上海市的城市化管理，以精细化著称，在流动人口、市政、社区和小区物业等方面的管理经验与实践，要领先全国水平十年以上。例如，非户籍人口的基本公共服务方面，上海早在 2002 年、2004 年就出台《引进人才实行（上海市居住证）制度暂行规定》《上海市居住证暂行规定》。全国层面，直到 2014 年年末，国务院法制办才发布《居住证管理办法（征求意见稿）》。在普及非户籍人口的义务教育方面，上海在 2008 年启动“农民工同住子女义务教育三年行动计划”，规定凡能提供父母的农民身份证明、在沪居住证明或就业证明的农民工同住子女均可在上海免费接受义务教育，全国层面至今未有保障细则。

在大型活动、节日的安全保障方面，上海的能力就更不用提，抛开丰富的经验与强大的动员能力，2010 年世博会举办前后，上海更实施了为期数月的大型活动安保常态化训练。外滩踩踏事件当天，虽然人数众多，但较世博会相比规模尚小，单纯以活动参与人的多寡、活动大小、参与人素质高低、安保预案完善与否等因素解释此次悲剧，显然都不能成立。

事后来看，上海市政府在外滩踩踏事件后的应急处置措施，如信息披露的及时性与内容的丰富性、伤者救治、危机应急方案等方面的表现，都还算不错。公共舆论中，有人指责上海市政府对活动的安保不力，也有人追问上海市政府的预案为何不起作用，但对危机时的应急处置、信息披露、官员表现等方面的批评却不多。与之形成鲜明对比的是2015年1月2日13时，哈尔滨的一个仓库发生火灾，当地政府的应急处置失当，不仅造成十余位消防官兵伤亡，主政官员表现得官气十足，也令人失望，被网民声讨。

所有这些，恰恰是公众质疑上海会发生外滩踩踏事件的原因。外滩踩踏事件并不是近年上海面对的唯一一次危机，4年前的2010年，上海刚刚办完世博会，就发生了静安大火，一时也成为全国舆论的焦点。为什么世博会规模这么大、时间这么长的活动都能办好，却无法保证一栋楼的安全，防范不了一个外滩的跨年活动存在的安全隐患？

事实上，“能打赢大型战役，却在日常管理中落败”，是上海市以及中国其他大中型城市都面临的城市治理的窘境。北京可以在APEC（亚太经济合作组织）会议期间保持“APEC蓝”，却无法保证天天是蓝天，上海可以在“亚信会议”期间保证路上无车，但却无法治理好平时每天的交通拥堵。近年来，地铁运行事故、暴雨中城市积水内涝等方面的危机也频现报端，都显示了城市治理中“打得赢大仗、搞不定日常管理”的特征。

显然，“能打赢大仗”是因为政府肯不计成本地投入，不管是世博会、亚信公议，还是奥运会、APEC会议，政府为保证安全与畅通，都不考虑成本，以办好会议为宗旨，人力、物力与财力投入多少都无所谓，根本不是一个市场化的行为。世博会期间，仅上海的警察与其他公务员，就是几个月不休假、神经高度紧张，城市管理靠高投入、高成本才能保证无事故。“大仗”可以不考虑成本，因为办完之后，可以恢复常态。但日常的城市管理怎么可能保持这种高度紧张的状态？

既然日常管理无法做到不计成本的高投入，那提高城市管理绩效只有两条路：要么提高治理效率与专业性，要么转嫁成本。无论京沪，还是其他城市，采用的策略都是后者。总而言之，大活动危险，那就不允许搞或者尽量少搞；道路堵了，就不让车上路（限行限牌）；天空不蓝，就关厂（限产停产）；流动人口有安全隐患，就赶走（降低非户籍人口占常住人口比例）；非户籍人口子女太多，就提高义务教育的准入门槛（类似五证齐全等）……

本次外滩踩踏事件的缘起正是如此。事件发生的地点，是过去三年外滩跨年灯光秀的最佳观赏地。但据媒体披露，早在 11 月初该项目的申报阶段，就已被上海市公安局重大活动办公室否决，主管部门的顾虑就是，前一年的跨年灯光秀活动观看人数太多，已超过负荷，继续举办会有安全风险。

然而，这种简单直接的降低风险的措施，并没有降低风险，反而在取消跨年灯光秀后，安保降级、外滩不封路、地铁不甩站，不管是警力投入，还是限流导流，都不及上年。这种情况下，市民并不知道跨年灯光秀已经取消，仍然前往观看。由于观看市民比往年更多，配备警力与预案却比上年少，成为踩踏事件的主要原因之一。

那么，问题来了，如果政府不只是简单地转嫁成本，城市治理的效率当如何提升？首先，应该明确，城市管理效率的提升，不只是政府管理效率的提升，而是社会组织效率、市民文明程度等多个方面的提升。在本次外滩踩踏事件中，大多数现场观众并无在大型拥挤活动中防范踩踏的经验。而这恰恰是非常重要的，在地铁、商场、室外活动，踩踏事故随时可能发生。

市民在大型活动中的有序也并非与生俱来，德国发生过杜塞尔多夫音乐节踩踏事故，中国香港也发生过兰桂坊踩踏事故。在德国留学的孔洞一先生，在观察柏林跨年活动时发现，人流中经常会被自发空出来一条走廊，这个细节表明，谨慎的德国人在遭遇惨痛教训后，对此类事情的高度自觉和警惕。

如果不希望通过惨剧的方式来让市民获得经验，那么平日里适宜的培训，公共集会、活动中的引导与训练，就非常必要。对于中国的各大城市来说，这一点尤为必要。近十年，中国各城市的常住人口增速惊人，多数新移民来自不发达地区，对于排队、看指示路标行进、服从组织者的引导、礼让弱势群体等习惯，都不具备。这并不一定是他们的道德低下，更可能是生活环境使然。一个农民在农村走路、办事，哪里用得着排队，农村也没有指示牌与路标。但到了城市里，变成市民后，他们必须要学会排队买票、进站，看指示牌与引导走路，这不仅靠他们自己的学习，还需要各项公共服务在设置时就要考虑如何培训他们。

其次，这些任务的工作量巨大，远远超过欧洲等发达国家，就算政府能独力完成，其花费必然巨大。这就需要社会组织参与其中。一般来说，成熟的市民社会，社会组织发达，在政府与市民之外，构成稳定、文明社会的中坚力量，他们以各类使命、愿景为驱动力，完成各自的目标，如环保、公民素质培训、养老服务、素质教育、心理咨询等各个方面。他们是帮助市民树立良好的公共道德、学习各类公共集会活动的主体。

但在中国政策限制的环境下，以基金会、社会团体及民办非企业单位为主体的社会组织仍然弱小，从业人数占在职劳动力的比重远低于发达国家，在公共集会培训、公民素质教育等方面，更受到严格的管制，生存环境艰难。中国的社会组织，还起不到它们应该发挥的作用。目前包括京沪在内的城市管理者，过于依赖街道居委会进行社会管理、提供社会服务，但居委会能发挥的作用还是远远不及社会组织。

国民教育序列的学校，也很少提供相应的课程，学生基本上得不到相应的教育，这从本次外滩踩踏事件中20岁左右的年轻人居多，可见一斑。抑制社会组织的发展，国民教育序列不提供相关课程，市民如何能获得足够的经验和知识去防范类似悲剧的发生？

小城市，大城市

2014 年 7 月底，《国务院关于进一步推进户籍制度改革的意见》（以下简称《意见》）对外公布。《意见》指出要促进有能力在城镇稳定就业和生活的常住人口有序实现市民化，有序推进农业转移人口市民化。所谓“有序”是指“紧大松小”：严格控制大城市的人口规模，鼓励人们向中小城镇转移。

为什么要控制大城市人口规模？有观点认为一个城市的综合承载能力是有限的，常住人口太多会产生城市病，如交通拥堵、污染、公共服务过载、公共治安。近年来，上海、北京常住人口相继突破 2000 万，给行政机构带来的管理压力越来越大，这成为严控大城市规模，发展中小城镇的背景。

何为大城市？根据《意见》中的条文，市辖区常住人口 100 万以上是大城市，500 万以上称为特大城市。2010 年第六次全国人口普查数据显示，中国特大城市就有 17 座，容纳人口 1.67 亿，占中国大陆人口总数的 1/8；市辖区人口 100 万以上的大城市超过 60 个。而《意见》对落户开始设限的城市人口规模起点定为 50 万，2010 年年底这样的城市有 100 个左右。

事实上，中国的城市规模一直在膨胀，标准也不断变动。按 2008 年以前的《城市规划法》，市辖区常住人口 20 万以上是中等城市，50 万以上是大城市，超过 100 万的城市就是特大城市。当时的城市规模与数量也比较少，1978 年时，人口 50 万以上的城市也才 20 多个。城市规模扩张速度不可谓不快。

那么劳动力转移过程中，谁选择了大城市？根据《2013年全国农民工监测调查报告》，农民工总量为2.67亿人，其中有1.66亿外出打工。这些人中有1410万流向直辖市、3657万流向省会城市、5553万流向较大规模的地级市，三者合计占比64%。如果观察跨省流动的近8000万的农民工，流向东部地区的有85.3%，流向地级市及以上城市的有76.6%。很显然，农民工更愿意去大城市工作。

这些外出农民工年从业时间近10个月，月工作日超过25天，与城市白领的工作时间相差无几。很多人已经在城市里定居，完全有能力在城镇稳定就业和生活。但《意见》却要把他们向中小城镇引导，人口规模50万以上的中等城市落户中，就要求有合法稳定的就业，并针对他们在大城市及特大城市的落户中“作出较严格的规定设限”。

从农民工从事的行业来看，制造业与建筑业居首，占比达54%，余下包括零售、交通运输、便民服务、住宿、餐饮等。这些行业中的农民工，有相当一部分人没有劳动合同、未缴社保，所在经营主体也未在行政部门登记注册。上海官方将其统计为“灰色就业”，认为其就业状况并不明晰，人数高达400余万，约占适龄来沪劳动人员总数的42.28%。这也表示，他们无论工作有多稳定，工作时间有多长，都无法在上海落户。

抑制农民工的流入，并不意味着大城市欢迎高学历人才。恰恰相反，主观受户籍桎梏最深的恰恰是以本科、硕士为代表的非户籍白领。他们比农民工有更强的冲动要定居在大城市中，希望自己的子女可以在城市里受到更好的教育。他们的平均收入水平、劳动生产率也超过户籍人口的平均水平，他们有合法稳定的就业，也按期缴纳社保。

正因为如此，高不可攀的申请条件、错综复杂及不清晰的申请流程、漫长的等候与审批过程，才更使这些白领沮丧，让他们更加痛恨户籍制度。在上海，复旦大学本科应届毕业生，如果没有专利、省级优秀毕业生等附加条件，也同样无法落户。至于那些本来就在城市里的劳动力，劳动力流动的时候，也必然会往人口规模更大、经济更繁荣的城市转移，而他们的落户也不会比农民工与大学生更容易。

更值得警惕的是，许多大城市及《意见》在设置落户条件的时候，有意地加入缴纳社保年限、连续居住年限等约束，将其作为落户的前提。这种政策阻碍了劳动力的自由流动，一个人在上海工作了五年，一旦面临北京有好工作的机会，却可能会因为异地跳槽导致在两地都落不了户而作罢。

显然，非户籍劳动力落不了户也不意味着他们会离开这个城市，毕竟还是大城市的就业机会更多、生活更方便。然而因户籍而导致的办证、计生、义务教育入学带来的不便，对于一个城市而言，恐怕并不是好事。想想看，如果《意见》的思路得到了践行，中小城市也吸引人前来落户、定居，但他们不能提供足够多的就业机会，没活干、没钱赚的年轻人，对城市来说就更不是一件好事了。

户籍，不是国籍

2015年年初，有传闻称，北京通州的积分落户细则发布，包括六个基本条件，如持有《北京居住证》满10年以上并在本区缴纳社会保险连续满10年以上，在本区有住房或者租房满8年以上，“985工程”或者中科院系统研究所硕士毕业等。随后此消息被证伪。但另一则新闻却被证实，为了执行人社部缩减央企毕业生进京落户指标的政策，北京多家央企对应届毕业生落户进行了年龄限制，导致大龄毕业生遭央企解除三方协议。这些都是与最近一年来的户籍改革政策相关。

户籍是社会管理体制中的一大痼疾，严重制约了劳动力的自由流动，是区域发展不均衡、公共服务分配失衡等现象的主要原因。部分地方政府基于社会稳定等因素考虑，出台了居住证等户籍管理办法，同时以合法稳定住所、就业和连续居住年限、参加社保年限等条件限制外地常住人口的权利，如落户、子女入学、买房。在这种情况下，靠“一城一地”的改革无法完成中国整体户籍改革的目标，社会舆论普遍希望中央统筹改革，以“顶层设计”来破除地方各自为政、以户籍分割市场的行为。

恐怕这一希望是要落空了。基于国务院下发的《关于进一步推进户籍制度改革的意见》，2015年1月，国务院法制办公室发布了《居住证管理办法（征求意见稿）》（以下简称《办法》），明确地方政府向非户籍人口提供基本公共服务的义务。国家发改委等11部门下发的《关于开展国家新型城镇化综合试点工作的通知》及《国家新型城镇化综合试点方案》（以下简称《方案》），将北京通州等62个城市（镇）列为国家新型城镇化综合试点地区，并提及将试点推进积分落户政策，《方案》的核心对各类城市的户籍改革进行分类管理，放开中小城镇、严控大城市。总的思路是城市越大，就越不欢迎新居民。

这一标准甚至要高于目前各城市所执行的原则。像特大城市天津，一直到2015年6月，都在执行“蓝印户口”政策，这意味着只要有合法稳定的自有住所，就可以落户。成都、苏州、南京等城市到目前为止，也依旧可以买房落户。在《意见》中，城区人口300万～500万的城市，就可以对落户时要求的合法稳定就业的范围、年限和合法稳定住所（含租赁）的范围、条件等作出较严格的规定。

事实上，合法稳定就业与合法稳定住所，就足以难倒绝大多数外来常住人口。有能力、高学历的年轻人，他们有合法稳定就业，但工作年限短、缺乏积累，只能租房居住，而合法稳定的住所往往要求出示房产证原件、租房合同在行政部门备案（这意味着要缴税）。学历低但有家庭积蓄可以在城市里买房子，但他们往往无法获得一份合法、稳定的劳动合同。至于那些学历低又没钱的低端劳动力来说，落户就更别指望了。

户籍制度改革的核心难点是基本公共服务的提供机制。户籍制度下，只有户籍人口才有权利享受地方政府提供的公共服务。但在劳动力流动的背景下，大量的非户籍人口游离在基本公共服务之外，在京沪等地，其人数之多，已经接近常住人口的一半，在深圳等地，更远远超过户籍人口。如何向他们提供基本公共服务已经成为政府无法回避的问题。

现行的户籍改革方案，设置了居住证以及“积分落户”（或基于居住证的前提）两套体系。居住证是非户籍常住人口享受重要的基本公共服务（如义务教育、办理出入境证件）的前提，享受的权利介于未持证非户籍人口与户籍人口之间，后者是建立非户籍居住证持证人落户的通道。

居住证制度发源于上海，早在2002年、2004年，上海就分别出台了《引进人才实行（上海市居住证）制度暂行规定》《上海市居住证暂行规定》，赋予持证人及其未成年子女享受义务教育、社会保障、办理出入境证件等基本公共服务、权利。这也是全国范围内，首次系统性将非户籍人口享受基本公共服务和权利以立法形式清晰化、明确化。2014年，上海扩展居住证功能，允许居住证持证人只要持证满7年及其他条件后就可以申请在上海落户。

上海的政策实践启发了天津、广州等城市，它们先后出台居住证管理办法，赋予持证人享受一定基本公共服务、权利，同时效法上海，设置了持证年数、缴纳社保年数、教育水平、职称等条款作为落户的前置条件。被证伪的北京通州积分落户政策，虽然荒唐，算下来持证与社保缴费年限也不过比上海多3年，再考虑到央企对已签订三方协议的大龄应届生违约，这些条件在当下北京对非户籍人口的排斥的态势下，显得并不离谱。

相当多的专家及城市主官认为一个城市的承载力有限，非户籍人口大量涌入城市，如果不对他们做一定的筛选和限制，城市将不堪重负。而学历是否够高、是否为亟需的人才、对城市贡献的大小往往是最佳的判别标准。美国、加拿大、澳大利亚、新西兰等大多数移民国家，在移民准入的时候，同样也有学历、技能、投资多少的要求，他们认为这么做无可厚非。

综观过去十年的城市发展经验，城市越大，人口越乐意流入。大城市也是劳动力流动的主要去向。为何？因为就业机会都在大城市，大量的工业投资、基础设施建设都是投向大城市的，宜居社区自然也在大城市。这时鼓励居民往中小城镇落户，那里没就业、公共服务也差，“落户即失业，养老没保障”，这样的城镇化不仅是没有效率的，更是危险的，一个年轻人没了工作，他会干什么？更何况，近十年环境污染严重。城市要发展就业，就不得不发展工业，城市不够大，污染治理没有规模效应。

过去十年，大城市也并不十分拒绝外来人口的流入。2015 年外来人口占全市人口 40% 以上的大城市不在少数。虽然他们不乐意和外地人分享福利与权利，但也渐次出台了难易程度不一的落户政策。因为他们也要吸引外地人、稳定外来常住人口，让他们留下来。在广州，环卫、养老和残疾人护理等务工人员落户标准不断降低，具备积分制入户申请资格后，落户就只比拼缴纳社保时间的长短。没有外来人口常住，城市的某些岗位就没人做了，社保收支平衡也是大问题。

事实上，中国大城市在对待外来人口，与美国、加拿大等国对待国际移民的政策思路很相似，居住证和绿卡、户籍与国籍确有异曲同工之处。美国绿卡的持证人是指没有美国国籍，但可以享受和本国国民一样的公共服务的外国人，持证满 5 年，并满足移民局要求的其他条件，可以申请成为美国公民。《办法》的居住证也是如此，持证人没有本地户籍，但可以享受和本地居民相近公共服务，持证满若干年，并满足该地要求的其他条件，可以申请本地户籍。《办法》和《方案》中也默认并明确了这一思路，《办法》第十六条明确了依据城市规模不同，对各类城市的落户进行分类管理的原则。在政策实施中，发达地区城市的户籍与发达国家的国籍几无二致。

但大城市并不是一个国家，它只是中国的一个省级、市级单位。除少数地区以外，中国是一个统一的国家，中国各地方之间的户籍不可能等同于国际之间的国籍。一国之内，一个地方政府怎么可以效仿国际移民制度制定限制人口自由流动、生活、就业与定居的政策？劳动力从四川向广州迁徙流动怎么可以等同于国家之间的移民？且不说中国还是单一制国家，就算美国等联邦制国家，地方政府拥有独立的立法权，都未曾出台过这样的政策。

很不幸，《办法》第十条就引入了“签注”的概念，要求居住证“每年签注一次”“逾期未办理签注手续的，居住证使用功能中止”。签注是出境相关概念，到目前为止，“签注”只适用于中国大陆居民往来港澳台地区。国内城市间的迁移适用“签注”概念，会严重削弱公民对中国作为一个统一国家的认识。

更遗憾的是，居住证赋予市民的待遇还远远不及绿卡赋予的国民待遇，美国绿卡不仅不需要每年签注，除选举权等政治权利以外，其待遇与普通国民没有区别。像美国，只要父母有合法的工作，其子女就可以在当地的学校接受义务教育。而综观中国各地的现行政策与《办法》中的居住证赋予的权利，居住证持有人可谓城市里的二等公民，居住证持有人及其子女在退休、子女参加本地高考、购房、婚姻登记等方面都不能享受与户籍人口同等的待遇。在北京、上海落户的难度也丝毫不亚于移民美国、新西兰等国家。

即使如此，能办下居住证的人也并不多。以上海为例，自2002年居住证制实施以来，到2014年，上海全市现有来沪人员1100.09万人。其中，107.14万人办理《上海市居住证》，456.02万人办理临时居住证，未办证者达到536.93万人。按上海最新的居住证制度，学历所占居住证的积分权重非常高，仅硕士毕业一项就可以拿到100分，离标准分值120分仅差20分，而初中学历的申请人，基本上达不到120分。目前来沪人员的文化程度以初中为主，初中及以下学历占来沪人员总数的75%，大专及以上学历仅占10%左右。初中及以下人员基本倾向于不申请居住证，或者根本不会考虑去申请积分落户。

作为一个人口大国，中国最大的优势在于人口众多，这不仅是庞大消费需求的源头，更是中国可以成为世界工厂，走向繁荣富强的前提。东部沿海地区经济飞速发展的背后，是全国人口结构的再调整，是户籍制度的式微，是束缚在劳动力身上的各种枷锁被全面打破，这是中国城市繁荣的基础。

在这个背景下，户籍改革的方向应该是“去户籍”，以居住地向居民提供基本公共服务。然而，中国城市的人均产出还远没有达到国际上发达国家的标准，就开始琢磨如何限制人口流入，剥夺其享受普通市民待遇的权利。作为中央政府的立法机关，国务院法制办、国家发改委等多个中央部门不仅不维护中国作为统一国家的形象，甚至还将地方的陋习变为中央的明规，加剧区域之间的劳动力市场割据，这实在是一件憾事。

作为统一国家，中国的公民有权利自由在中国任何地方旅行、就业与定居，他们更有在定居地享受基本公共服务的权利。更何况，中国的中央政府财力惊人，每年向地方进行高达近 5 万亿元的转移支付，占全国财政收入的 40% 以上，中央政府完全有能力禁止各地方政府肆意妄为的市场分割行为。但中央各部委并没有这么做，一般转移支付的计算口径仍然是以户籍人口数作为基数，人口流入地政府的资金不足，往往拒绝向非户籍人口提供公共服务，导致地方市场之间呈现分割状态，这在义务教育、社会保障等领域表现得格外明显。中央对地方高比例的转移支付并没有很好地维护中国的统一市场。

向非户籍人口提供基本公共服务，从来不需要居住证作为中介，《办法》中列示的服务与权利，支出最大的一项是义务教育，在上海等地的实践中，不需要办理居住证，只需要父母一方的临时居住证和就业证明就可以办理入学，而临时居住证的办理远比居住证简单。至于参加社保、公积金等，更成为非户籍人口的义务，各地方政府不管他们有没有办过居住证，已经强制要求缴纳。

而积分落户政策，更是人为地用政府之手将人分成三六九等，有违公平，更伤害了那些原本就已经在城市里自食其力定居的非户籍人口。尽管如此，如果仅作为过渡政策，在户籍仍未取消的背景下，全国层面用居住证“一揽子”解决非户籍与户籍人口的基本公共服务均等化，跨越户籍与非户籍人口之间的权利鸿沟，促进户籍制度消亡，也不失为次优策略。但这必须以不过多增加办证人负担、不造成劳动力市场分割、不强化户籍限制劳动力流动的作用为前提，《办法》《方案》距此要求还有很大的差距，甚至有些地方与这一要求背道而驰。这意味着，居住证与积分落户不仅没有弥合非户籍与户籍人口之间的权利鸿沟，还让非户籍人口在户口本、身份证之外，要为居住证这个新证件而奔波。

公共服务，谁的负担

复旦大学社会发展与公共政策学院张力教授做了一个研究：量化出全国不同区域、不同经济发展水平的45个城市自由落户的财政成本。张力教授指出，以2012年的标准，北京市政府一年需要为一个户籍人口支付22769~34769元的基本公共服务成本，上海为11940~23325元，支付成本最低的是西宁，仅为3555元。

目前测算过户籍人口的公共服务成本的学者很多，大多是计算未来非户籍人口市民化给政府增加的财政负担。自2005年以来，包括中科院、原建设部、中国发展研究基金会、国务院发展研究中心和社科院等六家机构测算过，非户籍人口市民化的人均成本为1.5万~13万元。张力教授的研究目的也是如此。

张力教授测算的基本公共服务成本包括：义务教育、基本医疗保险、城镇居民社会养老保险、最低生活保障、廉租房租金五项。其他学者的测算大体相似，有的学者还会加上社会管理费用等成本。按照张力教授的计算，非户籍人口市民化的成本可谓惊人。以上海为例，目前有1000万左右的非户籍常住人口，哪怕按最低成本将其落户，每年政府新增的负担也在1000多亿元，占上海目前财政收入的1/4。

深究一下，张力教授的数据有明显的问题。上海户籍人口超过1400万，按张力教授的结论，上海每年需要为户籍人口承担的基本公共服务成本为

1700 亿～3300 亿元，占上海 2014 年公共财政预算支出的 36%～69%。而 2014 年上海的公共财政预算支出中，教育、社会保障和就业、医疗卫生与计划生育、住房保障等相关科目总和占比仅 32%，远低于张力教授的计算，这 32% 中还包括了高等教育、失业等支出。并且，2012 年，上海的公共服务支出中，非户籍学生在义务教育阶段总入学人数中的占比已达 45%，户籍人口实际所占的教育支出还要更低一些。这意味着从总量上来看，上海市政府一年为一个户籍人口负担的基本公共服务成本不可能超过 1 万元。

对于绝大多数普通的户籍人口，各项公共服务也并非免费。最低生活保障与住房保障，基本上和普通人无缘。如果没有缴纳过社保，基本医疗保险、城镇职工养老保险基本上也享受不了。城镇居民社会养老保险如果没有个人缴费，可享受的待遇可有可无。对于大多数普通家庭，真正能享受到的、有价值的公共服务只有义务教育。根据上海的统计数据，义务教育阶段的生均支出不过是 1.9 万～2.5 万元，具体到 2012 年户籍人口的义务教育支出为 137 亿元，非户籍人口为 112 亿元，平均每人每年才 1000 元左右。

包括张力教授在内的测算，都有一种错觉，他们看到每年上海的社会保障和就业支出高达近 500 亿元，就开始担心非户籍人口（尤其是老人）自由移民后，政府要承担他们的养老支出，就要补贴他们的医疗支出。事实上，上海的户籍人口老无所养、无钱治病的案例也比比皆是，养老与医疗在上海也从不是免费品，现有的养老负担更多的是社会转轨成本，当年的城镇职工未缴社保却正在享受领取养老金的待遇，新生代没工作、没缴纳社保的年轻人，未来同样享受不了保障待遇。

退一步讲，非户籍人口落户城市，也并非无所贡献。目前上海财政收入的前四大税种是增值税、营业税、企业所得税及个人所得税，2014 年合计占上海公共财政预算收入的 73%。这四个税种的高与低，与经济繁荣程度紧密相关，尤其是消费行业，没有那么多的非户籍常住人口，上海哪有那么大的税基?

单论公共服务收支本身，据我的同事傅蔚冈的测算，在2010年强制非户籍人口缴纳养老金之后，至少为上海新增了300亿元的养老保险收入，上海的养老保险收支余额也从2010年的-103.54亿元变成211.61亿元。因此上海虽然一年为非户籍人口提供了112亿元的义务教育支出，但相比新增的300多亿元的养老保险收入，非户籍人口对上海的贡献正面意义远大于负面。

固然如张力教授所指出的，自由落户意味着更大比例的老人会涌入城市，但在现有的社保体系内，政府是无须为他们提供养老保障的，自然也就谈不上要花更多的钱。在这个问题上，政府过于高估自己提供公共服务的成本，岂不知除了义务教育之外，绝大多数的公共服务成本实际上是由居民自己承担的。这个理由也从不是政府控制非户籍人口流入的原因。

社保换教育

2014年的“幼升小”政策一经推出，北京市昌平区一些非本地户籍的家长发现自己的孩子没法在北京上学了，因为他们不符合4月30日下发的《昌平区非京籍“五证”审核标准》，非户籍常住人口子女入学的门槛明显在提高。不仅昌平如此，东城、丰台等区也是如此，都要求孩子父母的居住地与工作都在本区。

入学门槛相对宽松的上海，近几年也在收紧政策。2014年，来沪人员随迁子女需在本市接受义务教育的，还只需要提供父母一方满2年及以上的临时居住证和在街镇社区事务受理中心办理的灵活就业有效的登记证明。到2015年，临时居住证要求持满3年，就业证明要满2年。2016年，除临时居住证满3年外，就业证明也需要满3年。

所谓“五证”是指适龄儿童父母就业证明、居住证明等，北上广深等特大城市均有相应的要求，但内容有一定的区别。这些要求中有一些相当过分，如深圳市的“五证”中要求适龄儿童有计划生育证明。义务教育是国策，计划生育从来就不应该是限制子女入学的前置条件。除此之外，要求在本市就业、缴纳社保还不算太离谱，毕竟要享受本市的福利，就要承担一些义务，大家都能理解。但政策分解到区县、乡镇一级，就变得离谱了。比如要求在本区（甚至本镇）就业的，北京市通州区基本是一个“睡城”，居住在这里的人，工作往往在北京市区。而深圳要求的有住所证明，往往演变成拥有房产或者额外缴纳针对房租的税收。北京市大兴区亦庄更要求学生家长必须在学校片区工作3年以上。

这些离谱的措施大大提高了适龄儿童的入学门槛，对于在京漂泊的外地人，尤其是那些在昌平、通州居住而在西城、朝阳上班的人来说，他们要么放弃目前的体面工作，要么让自己的孩子离开父母回老家上学。更大的挑战在于，他们必须要在一两个月内做出决定。

为什么会这样？这些城市声称教育资源紧张。因为随着城市常住人口的扩张，教育资源却没有随之配置，大城市的小学都是人满为患。同时，也因为京沪等地正在提高低端外地劳动力留下来的成本，北京昌平、上海青浦宣称正在降低非户籍常住人口的比重，不让他们的子女上学显然是一条不错的路子。

但教育资源真的紧张吗？以上海为例，上海普通小学的在校学生数高峰是1993年的116.7万人，这时的学生基本上都是上海户籍人口的子女。此后逐年下滑到2007年的低点53.33万人，降幅超过50%。按照1993年的小学学生容量，非户籍人口子女的义务教育根本不成问题。

从2007年开始，上海普通小学的在校学生数开始反弹，逐年上升到2012年76.04万人，仍仅为高峰时的65%，多出来的20多万，基本上是非户籍常住人口的子女。到现在，义务教育阶段的在校学生中有45%是非户籍人口。相反，如果不是非户籍人口填补了这一空缺，上海的教师基本都要失业了。

那非户籍常住人口到底有没有资格在本地接受义务教育？抛开义务教育是国策、教育公平等无须多辩的道理，单从非户籍人口对城市做的贡献，城市也应该接纳外地人的子女接受义务教育。在我的同事傅蔚冈与吴华丽所做的一项研究中发现，2012年在上海缴纳城镇职工养老保险的人数共计926.93万，其中至少有400万属于非户籍人口。即使按照最低缴费标准计算，非户籍人口在当年缴纳的统筹部分养老保险也超过270亿元。

而同年上海市政府为非户籍子女所支出的教育成本不到112亿元，仅为270亿元的四成，这还不算养老金的个人部分实际上也贡献给了上海（上海养老个人账户空账运行），税收、城市基础劳动力的供给、消费潜力、房价支撑等都离不开非户籍人口。

2013年，北京社保收入同比增长近20%，而北京市企业退休金达每月3050元月，位居全国前列。上海在2011年强制非户籍人口缴纳社保以后，社保收支扭亏为盈。

对北京、上海来说，允许在职职工用社保换教育，无疑是一个很好的思路。具体操作时，只需要劳动力提供一年的社保记录，就允许其子女入学，因为其子女要就读小学、初中，家长必然也会在本地工作，这意味着这个城市至少可以获得非户籍人口缴纳的6～9年的社保。

儿童与年轻人才是一个城市最大的财富，城市培养下一代无疑也是为未来的城市发展提供人才。香港的“优秀人才入境计划”的加分项中，子女多要比无子女更有优势，有两名18岁以下的子女要比只有1名的多出5分。北上广深要成为国际性大都市，还要多向香港学习。

教育经费，钱随人走

2015年年末，国务院发布《关于进一步完善城乡义务教育经费保障机制的通知》，全面部署统筹城乡义务教育资源均衡配置。通知要求从2016年春季开始，义务教育经费保障机制将实现城乡统一，实现“两免一补”和生均公用经费基准定额资金随学生流动可携带，钱随人走。

对于城市的“新移民”来说，子女上学难是进城后面临的最大困难。地方政府在接纳非户籍常住人口适龄儿童入学上层层设卡，除了计划生育外，还需要父母有社保缴纳记录、暂住证、纳税等多个条件，北京、上海等地甚至通过对非户籍儿童入学设卡来限制外来人口的流入。

地方政府为什么不欢迎非户籍人口子女在本地入学？一方面，城市主官守旧的观念，认为这会造成人口过多涌入；另一方面，接纳非户籍儿童在本地入学确实会增加财政支出，尤其是低收入家庭，他们既不纳税，也不缴社保，对城市的直接贡献小，接纳其子女入学的净收益为负，客观上成为城市拒绝外来人口子女入学的借口。

按照教育部官员的解释，就是“今后人到哪里，钱就到哪里”，无疑可以增加人口流入地的转移支付收入，如果中央对人口流入地进行足够多的义务教育经费转移支付，那么地方政府拒绝外来人口的动力无疑大大减弱。

设想虽好，但实施起来，效果可能未必如愿。首先，义务教育经费包括三部分：教师工资、硬件投入和公用经费等，公用经费只是义务教育经费中很小的一部分。2011 年的数据显示，北京、上海、江苏、河北的小学的生均教育经费分别为 18494 元、17398 元、8479 元、4233 元，而生均公用经费基准定额为中西部 600 元、东部 650 元，哪怕按生均教育经费最低的河北来计算，公用经费也仅占 15%（按 2015 年数据计算，会更低）。

公用经费在义务教育经费中的占比过低，使得公用经费可携带的政策不足以激励地方政府。对于地方政府来说，硬件投入（校舍扩建、设施配备）和教师工资才是教育经费支出的大头，中央不补贴这些钱，城市义务教育频现的“大班额”就无法解决，这也是目前户籍人口反对非户籍人口子女在居住地接受义务教育的原因：教育支出不扩张，外地人口子女的涌入会降低政府对户籍人口子女的生均教育投入。

生均公用经费可携带作用不大的另一个原因是义务教育在区域间的差距。以河北和北京为例，北京小学的生均教育经费是河北的 4.4 倍，北京和西部省份的贫困地区相比，差异肯定更为悬殊。目前人口的流动趋势也是从中西部流向东部，从河北等次发达地区流向京沪等发达城市。显然，中央补贴的那点生均公用经费很难触动东部的地方政府，如果中央大幅提高补贴，向东部看齐，一方面，中央的财力未必允许；另一方面，也不符合义务教育经费主要由地方政府筹资的惯例：中央投入占比过高最终会造成全国性的义务教育经费水平的下滑。

既然如此，中央政府该如何解决非户籍人口子女的义务教育呢？包括义务教育、社保（税收支持的社保第一支柱）等在内的一般转移支付当然是非常重要的工具。目前中央对地方的一般转移支付的计算方式主要考虑户籍人口数，人口流入地政府的资金不足，往往拒绝向非户籍人口提供公共服务，导致地方市场之间呈现分割状态。转移支付中的大头主要考虑各省的财税收入，多缴多移，少缴少转，并没有起到“劫富济贫”这一全国公共服务均等化的目标。中央对地方高比例的转移支付并没有很好地维护中国的统一市场，是一个很大的缺陷。教育经费可携带应该是转移支付改革的起点，应该迅速延伸到义务教育经费的其他部分、社保等领域。

其次，我们应该看到，在保障非户籍人口在本地享受公共服务权利方面，财政体制安排只能起到辅助性作用，更基础的还在其他领域。以深圳为例，深圳是非户籍人口规模远超过户籍人口的城市，2011 年深圳区级人大换届选举产生的1368 名区级人大代表中，仅有 60 余名代表是非深户籍，同样的现象也出现在中国绝大多数城市和各级地方人大。要想让非户籍人口可以在城市里和户籍人口拥有同样的权利，迈出这一步至关重要。

让开发商办小学

每年一度的小学报名季，上海适龄入学儿童的爸爸妈妈们就忙得不得了，考察学区的教育质量、寻找优质的民办小学，更有父母在几年前买房时，就购买了学区房。但有些家长实在受不了好学区的房子房龄老、车位少，转而购买一手房，把希望寄托到优质民办小学上，因为它们不受就近入学的限制。但2015年的上海，适龄儿童入读民办小学也渐渐受到了限制。

在北上广深这些大城市，半数以上的新购房家庭，都面临着子女在义务教育阶段的入学问题。考虑到这些城市的房价动辄百万元，北京五环内、上海内环稍微像点样子的房子，都要三四百万元，这些家庭对子女是否能得到高品质教育肯定非常在乎。但他们的想法往往受到现实的制约。

国家政策规定义务教育学校实行免试就近入学，这意味着绝大多数公办中小学要按学区招生，非本学区的学生也无法通过付费、考试等方式择校进入好的公办小学。买学区房、落户学区几乎是唯一的办法。学区房也成为市场炒作的概念，好学区的房价往往要高于周围同等楼盘的两三成，这往往就是上百万的差价。

民办中小学的招生可以不受就近入学的限制，它们也可以在全市范围内挑选学生。较好的生源、资源投入到位、个性化的管理，使部分民办小学表现优异，上海、广州等地的优质民办小学成为不在学区购房的家长的首选。但这条路在上海越来越窄，因为民办小学在挑选生源上的优势，教育质量远胜大多数公办小学，教育资源失衡严重。为此上海的教育部门缩小了民办小学的招生范围，禁止民办小学通过考试、测试等挑选优质学生，民办小学招生政策也越来越靠近公办学校的就近入学、电脑派位。

考虑到上海的新楼盘大多数不靠好学区，优质民办小学的招生标准日趋收紧，并且名额非常少，在上海，准备买房的家庭已经在面临艰难的抉择：要么住新房子，让孩子去“菜场小学”（在上海意为差小学）读书；要么住在好学区的破旧公房，让孩子去优质公办小学读书。

既然学区房这么贵，买房子的人也具备支付高学费的能力，为了吸引他们买房，为什么上海的开发商不自建优质民办中小学？与一般民办中小学的投资人逐利的目标不同，开发商相比之下不热衷从教育上赚钱，因为提高楼盘品质、改善社区公共服务配套可以更有效地提升房价和品牌的美誉度。

像地产大腕碧桂园就开创了开发商自建学校的先河。当年在广东顺德开发楼盘时，它引入北京景山学校第一所京外分校，从而一炮打响，也带动了广东各市开发商自建学校的风气，让在郊区买房子的家庭少了一分担忧子女教育质量的心。

从数据上来看，上海的民办小学数量也上升很快，2007 年全市只有 24 所，随后两年逐渐上升到 87 所和 171 所，到 2011 年已达 181 所。但大多数新增民办小学的招生对象却并非一般的购房家庭，也少有开发商建的。民办小学的上升是因为上海对随迁子女教育政策的变化，2008 年起，上海关闭了绝大多数的农民工子女学校，同时审批新设立了 162 所以招收随迁子女为主的民办小学，政府向其购买约 12 万个免费义务教育学位。除此之外，还有 30 余万随迁子女入读普通的公办小学。

这也意味着针对非特定对象，尤其是中高收入家庭子女的上海民办小学数量并未增长，一个有稳定工作的家庭的子女在上海获得义务教育相对容易，但要挑选好的教育则比较困难，除了学区房几乎别无他法。

政府力推教育均衡之心当然可以理解，但这只应是公办学校的责任，因为花纳税人的钱，就应该公平对待，不应该有失公平。但这不意味着政府要去限制一个家庭选择优质的教育，应该给予这些家庭自己付费接受高质教育的权利。而开放民办教育市场是保证这些权利的必要条件。

2002 年，中国就通过了《民办教育促进法》，但在义务教育阶段，民间资本兴办中小学依然难度重重。对民办教育的管理也基本参照公办小学，在上海，民办小学的学位安排和招生还是由教育部门统一管理，很难由学校自己说了算。

当前中国的房地产开发已经到了相当成熟的阶段，开发商在培育社区、完善公共服务设施等方面无所不用其极，只为树立好声誉，能吸引人来买房。万科等房地产商已经介入开办医院等，其目标就是服务好万科的业主，既然如此，政府有什么可担心的，为什么不允许开发商自建中小学呢？

社保有麻烦

摒弃当前掠夺目前在职职工的策略，改为国有股划拨社保、降低养老金增速、延长退休年龄等方式，向多缴多得、少缴少得的积累制社保体系倾斜，平衡代际之间的社保平等。

社保是一种税

“统账结合”的基本养老制度面临困境。2015 年年初，财政部部长楼继伟曾指出，政府为了偿还以往制度转轨欠账而进行的“做小做实个人账户”试点很难持续。中财办经济二局局长尹艳林则明确表示，各界已达成共识，未来“不再做实个人账户”。在此之前，国务院副总理马凯表示，养老保险缴费水平偏高，“五险一金”已占到工资总额的 40% ~50% 。

中国目前的养老保险制度始于 20 年前，当时国企职工并未缴纳过养老保险，未来又将面临人口老龄化，于是中国设计了独一无二的“统账结合”的城镇职工基本养老保险制度。企业缴费进入统筹基金“现收现付”，支付那些未缴费退休者养老金；个人缴费形成“个人账户”，以“基金积累制”应对未来自身养老所需。

统账结合制度运行至今，全国范围内虽然养老保险基金每年仍有结余，但仍顶不住退休职工增速快、养老金涨幅高的压力。除了粤浙闽等地在职与退休职工比值仍然较高以外，近 20 个省市的在职与退休职工比值已经低于警戒线，像黑龙江已经严重到 1.5 个在职职工养 1 个退休职工的程度。

在这种情况下，做实个人账户的努力甚微，全国做实个人账户的省市基金总额才 4154 亿元，按 3.2 亿缴费职工计算，每人近 20 年来才积累了 1300 元。做实个人账户的努力已经失败，按尹艳林局长的表态，试点做实个人账户的省市将和绝大多数地区一起实行“个人账户记账、统筹与个人账户基金全部统筹使用”的制度。

这也意味着，养老保险已经全部变成了税。除了早已统筹使用、现收现付用于支付当前退休职工的统筹账户，个人账户未来也只是拥有名义上的份额，账户实际空无一文。由于基金现值受通胀的影响很大，未来个人账户的基金价值高低也完全无法预期。

名义上是保险，实际上是税收，不独养老保险，失业保险、工伤保险与生育保险更早就如此。以失业保险为例，总的来看，每年失业保险收远大于支，基金闲置严重。2013 年全国失业保险基金支出 532 亿元，占收入的 41%。广东省支出占比更少，2012 年失业基金支出 20.7 亿元，仅占收入的 22.7%，其中失业保险金的支出为 11 亿元，刚超过总支出的一半。上海就更离谱了，2012 年失业保险金支出仅占基金总支出的 13.6%。大量的基金用于医疗救助金、就业培训等非失业保险金项目上。失业保险更像是一种指定用途的税。

工伤与生育两个险种参保人数与失业相近，基金收入规模相当，为失业保险的一半。但这两种保险原本可以市场化解决，强制征缴后，难免变味，沦为一种税。工伤保险参保人数近 2 亿，但 2013 年享受工伤保险待遇的仅占参保人的 0.98%，绝大多数工种的工伤可能性极低，完全是为高风险工种做贡献。生育险则是人为设定的无用险，企业不缴生育险照样可以给产假期女员工发工资，对于绝大多数企业来说，买生育险都不如直接发工资合算。

对于在职职工来说，唯一能直接享受到的或许只有医疗保险，尤其是生大病时，住院的报销比例较高。但多数城市的医保支付规则都偏向未成年人和老年人，他们缴费少，但报销比例高；在职人员缴费高，但起付点高，报销比例低。这种现象的源头也是因参保的退休职工，相当部分是在医保改制之前并未缴纳过医保，不得不依赖单位为在职职工缴纳的统筹基金。在京沪等地，统筹部分占总缴费的比例高达 60%。同时，对比基本医疗保险与商业化的医疗保险，要达到相同的支付标准，后者的费用只需要前者的 1/3 到一半，医保不仅更像税，效率也非常低。

更无奈的事情是，社保虽然像是一种税，但征收的随意性与支出的约束性要远差于税。在中国，税的地位由法律或行政法规确立，包括税种、税率和纳税主体。社保虽然立法，但费率、基数的确定最低可由县市级政府决定。个税自立法以来，起征点年增不过4.9%，而对于确定社保缴费基数非常重要的社会平均工资，上海自1993年以来，年均上涨12.6%。从这一点来看，社保真要变成税也未必是一件坏事。

社保不仅是一种税，而且税负还重于税。前些年，个税负担是企业职工关注的重点，2011年个税起征点调整时，引起全社会大讨论，最终从2000元上调到3500元。影响如此巨大的一项税收，其2013年征收总额不过6531.53亿元。相比之下，2013年全国五项社会保险（含城乡居民基本养老保险）基金收入就高达35253亿元，是个税的5.4倍，其中城镇职工的养老保险征缴收入为18634亿元，占社保总收入一半还多。

社保到底给职工带来了多大的负担？以上海为例，2014年公布的2013年上海市城镇职工社会平均工资为5036元，月收入1万元的员工，需要缴纳的社保费率为10.5%，金额为1050元，远高于该月需缴纳的税款395元。员工一般还需缴纳7%的住房公积金，每月总计缴费1750元。

同时单位还需要为该员工缴纳费率为35%的单位需缴纳部分的社保和7%的公积金。以此计算，单位每月为该员工支付1.42万元，个人与单位部分的五险一金则高达5950元，分别占单位负担总成本的42%，个人税前收入的59.5%，个人税后收入7855元的75.5%。而税款占单位总成本、个人税前和税后收入的比重分别仅为2.8%、3.95%和5%，只有五险一金的6.6%。

如果工资恰好是上海平均工资5036元，那税款不到20元，相比单位与个人总计2292元的社保与705元的公积金，这连零头都算不上。即使工资达到平均工资的三倍，达到社保缴纳基数的上限15108元，税款也仅为1238元，仍然不到个人缴纳五险一金的50%，更远远不及单位和个人缴纳的近9000元的五险一金。只有工资超高，超过5.2万元时，个税才开始超过社保缴费。

对低收入人群来说，收入越低，社保的负担越重。在上海，当工资低于平均工资60%的时候，社保缴纳基数冻结在平均工资的60%，这意味着，工资刚好是上海最低工资1820元时，他的社保缴费金额和工资是3021元的人是一样的，每月五险一金个人要缴529元，单位缴1269元。员工的税后收入仅为1291元，拿的工资还没有缴的社保多，只有单位与个人缴纳的五险一金的70%，负担比马凯副总理所说的要重得多。

全国层面看来，只有粤、浙、闽三地的社保负担要轻一些，广东省的社保不仅费率偏低，最低缴纳基数甚至可以以最低工资水平缴纳，从实际执行来看，粤、浙、闽2012年的平均缴费基数分别为1373元、1990元、1519元，均低于全国的2590元。而平均缴费基数高于全国的，高达21个省市，这也意味着，绝大多数省市对单位与个人造成的缴费负担都很重。

企业与职工是社会财富的主要创造者，政府基于支付当前已退休人员养老金和医疗保险的考虑，对在职职工征收较高的社保，虽然是现实无奈的举措，但仍然是一种杀鸡取卵的行为，较高的企业经营成本，会迫使资本从实体经济（尤其是劳动密集型行业）中退出。这也是近年实体经济不振的原因之一，恶化了就业市场，企业招聘员工日趋保守。

近年来沪粤等地意识到这个问题，开始降低社保费率，缓增缴费基数，但还远远不够。这需要从中央层面寻找弥补退休职工养老金亏空的新方式，摒弃当前掠夺在职职工的策略，改为国有股划拨社保、降低养老金增速、延长退休年龄等方式，向多缴多得的积累制社保体系倾斜，平衡代际的社保平等。

延退救不了社保

2015 年“两会”期间，人社部负责人在回答记者提问时透露，渐进式延迟退休方案争取 2017 年正式推出，方案推出至少 5 年后，再渐进式实施，每年只会延长几个月。2015 年年内有望完成方案制定。中国推迟退休年龄已成必然趋势。早在 2012 年，人社部曾就“延迟退休”向社会吹风。然而这引起了强烈的社会反响，人民网发起的一项投票中，有 45 万网友参与，90% 以上反对延迟退休的建议。

为何要推迟退休年龄？人社部指出：“随着人均寿命的不断延长，相应推迟退休年龄，是必然趋势。”实际最直接的压力来源于人口结构变化产生的养老金支付危机。根据曹远征等人最近的测算，如果不发生任何改革，中国养老金的统筹账户，从 2017 年起要求的财政额外补贴将开始上升，至 2050 年将达到当年财政支出的 20% 以上。与 GDP 的规模比较，在不改革的情况下，养老金缺口到 2020 年将达到 GDP 的 0. 2% ，2050 年达到 GDP 的 5. 5% 。今后 38 年累积，养老金总缺口的现值相当于目前 GDP 的 75% 。在上海，社保账户已现缺口并日益扩大，未来会有更多的城市面临这一困境。

危机远不止于此，农村居民、进城务工人员也将会产生社会养老的要求。他们没有缴过社保，无法像城镇职工那样享受政策。政府近年在民生方面的努力也吊起来了他们的胃口，未来政府可能不得不将他们纳入到社会统筹养老的体系中，这对当前社保体系的挑战是巨大的。

面对日益严重的养老金缺口，政府能走的路只有两条：筹更多的钱，发更少的养老金。前者的手段是扩大缴费人群、提高费率，延迟退休则是从后者的角度来考虑问题。延一年退休，自然就等于增加一个劳动力。社保体系越发明显的缺口预示着，延迟退休政策的出台只是早晚的事。

但问题是，劳动者凭什么要晚一年退休？按照目前养老政策，个人缴费率全国平均值为工资的8%，企业缴纳20%，合计为28%，而G7（七国集团）发达国家的平均缴费率仅为18.5%。在20世纪延迟退休年龄政策出台以后，美、日、德等国的养老金领取年数仍可达到15年以上，但中国即使是现在也不足15年。缴费比率比发达国家高，而领取养老金的年数又比别人少，延迟退休自然不受欢迎。

单纯的延迟退休政策虽然可以在一定程度上弥补社保的缺口，但也可能挫伤劳动者缴费的积极性。从宏观上审视社保的缺口有两方面内容：存量缺口与增量缺口。当前社保体系是现收现付制，存量领取养老金的人，大多是此前国有企业和机关事业单位的职工。而增量缺口，则依赖于今天的缴费比率与承诺。

为了弥补存量的缺口，政策设置了较高的缴费比率。这虽然解决了今天的支付压力，但意味着未来的社保缺口会更大。存量缺口可以看成国家转型的产物，不应该用提高在职劳动者的缴费比率来弥补，应该由转型过程中的收益来弥补。而转型过程中政府控制的最大收益当属国有企业及政府持有的资产，将他们的股份划入社保，弥补存量社保的缺口正当其时。

增量缺口的解决，则需要先厘清一个问题：政府应该承担多大程度上的社会保障呢？建立一个退休后仍能享受和工作时一样的薪酬是不现实的。欧美的债务危机已经提供了非常惨痛的教训，当下社保缺口也给了我们警示：政府应该提供基础的养老保障，但并不意味着没有上限。这需要政府降低劳动者的养老金期望。当然，降低社保缴费比率，让劳动者尽可能自食其力，是降低劳动者对养老金过高期望的必要前提。这时，延迟退休对劳动者来说，自然更容易理解。

就中国社保现状来看，延迟退休是必不可少的政策，但操作时需要慎之又慎。当前延迟退休之所以被人诟病，更深层次的原因在于社保体系的不公平。以公务员为代表的机关事业单位，少缴或不缴社保，但仍可以从财政系统享受远远超过普遍退休者的养老金水平。目前机关事业单位展开的养老金并轨虽然缓解了它们与企业职工养老待遇的差异，但鸿沟仍然存在。因此，要让劳动者支持延迟退休等一系列化解社保困局的政策，就必须重塑社保系统的公平，这才是根本途径。

微刺激？减社保

2014年第一季度GDP增加7.4%，比前值7.7%要低，比市场预期要高。3月进出口同时较大幅度下滑，进口下滑幅度超过10%，全社会用电量同比增长仅5.4%，远低于GDP增速。经济衰退的趋势已经实实在在地体现出来了。衰退的阴影自2013年开始，就一直压在中国决策层的心里，直到现在也没有缓解。

本届政府强调经济结构调整、去杠杆的重要性，明确可以牺牲一定的经济增长来推进改革。国务院总理李克强也提出可以容忍经济增长在7.5%上下有一定的波动，但他仍然担心就业形势有可能恶化。经济繁荣的时候，经济对劳动力需求旺盛，此处待遇不好，自有下家可去。但经济下行时，工作机会少，劳动者对工资、社保也会分外较真。企业也会陷入经营困难，劳资冲突不可避免。

这种压力已经体现出来了，此前东莞裕元鞋厂欠缴社保导致工人停工事件是被证实的，高步镇的四个分厂约3万人参与了停工。因此，国务院屡推刺激政策：暂时免征小微企业的两种税，加快铁路建设投资以及棚户区改造，旨在刺激经济，被称为“微刺激”。不仅是总理，社会各界业已开始体会到经济衰退的压力，这些最终都要反映到企业的经营压力上，抑制甚至削减工人工资，减招、停招或者裁减工人也将会出现。问题是，中国现在的低端劳动力已经步入快速上涨的通道，劳动力不可能接受降薪的行为，并且对福利等方面的待遇也开始斤斤计较起来。

总理的“微刺激”可以缓解或者抑制经济的衰退趋势吗？恐怕很难。首先，对小企业减免税负，是“营改增”以来的常规动作，重在激发长期增长的动力，而非短期的手段。其次，棚户区改造与铁路投资聚焦于特定的领域，规模也有限，难以承担拉动增长的大任。同时，在随后的博鳌亚洲论坛中，总理也明确表态，“我们不会为经济一时波动而采取短期的强刺激政策”。

一方面是用工成本高企、企业生存艰难；另一方面是市场前景黯淡、外部环境不佳，秉承“不刺激、促改革”理念的政府是否真的没有可作为的地方？显然不是。

近几年工人抗议工资低、企业欠缴社保的现象越发成为常态，频频出现于珠三角、长三角地带，尤其表现在劳动密集型企业。对于制造业来说，上涨过快的用工成本已经将它们逼入亏损经营的境地。以东莞的裕元鞋厂为例，在中国雇佣超过16万制造工人，分布在东莞、中山、珠海等地。事实上，裕元可能也无法承担这笔欠缴的社保，东莞市养老保险单位缴费为14%，以2013年最低缴纳基数计算，已经高达3亿元，按省社平工资计算，则超过9亿元。而裕元一年的营业收入尚且不超过500亿元。

劳动力综合成本的上涨，促使裕元的母公司开始将大陆的生产线向东南亚转移，裕元欠缴社保的事情也不是一天两天了，政府也并非不知道。新闻披露，裕元集团与相关政府部门在面对工人要求补缴欠缴的社保时就说道，此前未依法足额缴纳的社保无法补缴，只能够从本月开始给工人足额缴纳社保。广东省近年也在尽力调低社保缴纳基数和比例，但社保缴纳总量仍然过高，难以从根本上扭转局面。这种局面在上海、北京更为严重，单位缴纳的养老保险比率一度高达22%。

抛开外部环境不谈，用工成本过高，已经成为企业经营的最大障碍，不断攀升的社保缴费压力是企业经营的一大难题。这尤其体现在低端劳动力，在京沪等地，社保不仅比例高，单位须负担近45%的缴费比率，基数也高，远远高于最低工资，甚至会出现单位缴纳的社保高过工人到手的工资。2014年全国社会保险基金预算收入37667亿元，比2013年增长9.1%，占2013年全国财政收入的三成。说到底，是政府从企业和劳动者手里拿得太多，所以企业觉得成本太高，而工人也觉得所得甚少。

政府征收较高的社保主要用于支付已退休人员的养老金，弥补社保赤字，但这显然是一种杀鸡取卵的行为，较高的企业经营成本，会迫使资本从实体经济（尤其是劳动密集型行业）中退出，重创就业市场，这无疑会进一步恶化经济衰退的趋势。近年来，广东、上海等地政府已经意识到这个问题，降低社保缴纳比率，社保基数增幅也有所放缓。但这还远远不够，政府应该有更积极地减征社保举措来减轻企业的负担，企业扩大利润的同时，也将带来更多的就业，这或许是比微刺激更好的“刺激”政策。

谁给农民养老

有媒体报道，黑龙江双城市幸福乡久援村计发的养老金为每人每月 0.3 元，致使 71 岁农民还要被迫外出打工糊口。此前，国务院明确要求，2012 年年底实现城乡居民社会养老保险制度全覆盖。当前阶段则由中央财政出资，2015 年，年满 60 周岁的农村居民每个月将会领到 70 元的基本养老金。

基于对 20 世纪末农村尝试建立社会养老保险体系实践的反思，中央政府从全国层面，试图构建全新的城乡居民社会养老保险体系，包括新型农村养老保险和城镇居民养老保险，以解决日益严重的社会养老危机。至此，城镇职工和财政负担的职工以外的居民均被纳入养老保障体系。自 2009 年以来，就有部分省市开始执行基本养老金的发放，过去 3 年时间，已经有 1 亿多老年人开始按月领取国家发放的基础养老金。

养老金全覆盖当然是一件好事，但前景并不乐观。就算按照当前新农保的标准，每人每月仅 70 元基本养老金。而根据人社部公布的数据显示，全国企业参保退休人员月人均基本养老金达到 1511 元，是新农保的 27.5 倍，北京等地区月发放标准更超过 2000 元。在当前的物价水平下，哪怕是农村，也很难相信 70 元可以支付一个老人一个月的生活支出。

从退休养老金的替代率来看，2011 年农民家庭人均现金收入达到 9260.57 元，基本养老金的替代率为 7%，远低于城镇职工近 40% 的水平。因此，号称全覆盖的城乡居民社会养老保险制度，目前的支付标准对于居民养老来说，只能算是杯水车薪，远远谈不上解决养老问题。事实上，2011 年新农保的养老金支出为 588 亿元，仅为中央财政支出 56435 亿元的 1%，同期城镇职工的养老金支出为 12765 亿元，相当于中央财政支出的 23%。因此有网友也将现行体系戏称为“把一枚鸡蛋打在太平洋里，搅搅成了蛋花汤”。

但即便如此，全国范围的基本养老保险体系仍然还是缺口难填，养老保险的补亏占同级地方财政收入的规模越来越大。根据《2011 中国养老金发展报告》，仅 2010 年，全国便有 14 个省、地区的基本养老保险已收不抵支，缺口总计达 679 亿元。

在这种情况下，提高基本养老金的支付标准，一来收支缺口财政负担不起，二来养老金一旦开始发放，就是刚性支付，标准定得高就意味着未来政策的腾挪空间很小。这也是为什么在中央负担 70 元基本养老金之外，地方政府鲜见配套支出或标准较低的原因。

然而，不管是公共舆论的呼吁、社会稳定的内在要求，还是民主政治的持续推进，未来筹建全国统一的基本养老保险体系都势在必行。撒胡椒粉式的养老金全覆盖不可能得到民众的认可，这意味着城乡居民的养老金必然会大幅提高。

那么谁来支付这部分养老金？这就要先问，为什么农民养不起自己？表面上来看，是因为国家没有为农民建立基本养老保险体系。但实际上，千年以来，农民都是通过储蓄或者养儿防老来实现养老的。计划生育的实施使养儿防老的办法失灵，而储蓄则根本不可能，因为长期的工农产品剪刀差等对农民歧视的政策，使农民长期处于温饱线，无法为年老时储蓄养老金。这意味着农民的收入已经扣除了隐性的社会保险资金，但国家却把本应预留给他们未来养老的资金用于城市和国企的投资，形成了国有资产和公共设施的一部分。

从这一点讲，虽然现收现付的养老体系有缺口，但这些缺口形成的历史对应的是国有企业的原始积累，国有资产的存量和城市化带来的税收增量积累中的一部分就是应该支付给农民的养老金。因此，要解决当前农民的养老问题，就必须将国有企业改革、城乡之间的代际公平等放在一起统筹考虑，将国有企业的分红权划拨给农民作为每年的养老金，将发达地区的富余养老基金转移支付给收不抵支地区。当然，这一措施能得以实施，还要国有企业、财政体系与社会保障等多个领域进行深入改革，其根本更是直指纳税人对财政支出的决定权，这些都非一蹴而就。当然，这也意味着全民基本的养老保险待遇水平不可能太高，毕竟财政的钱来自于纳税人，他们无法也不愿意承受过高的负担。

请慢调涨养老金

2015年年初，北京市集中上调了六项社会保障待遇标准，其中企业退休人员基本养老金在2014年基础上上涨了10%，调整后为3355元。在此之前，上海于2014年年末已经上调了企业退休人员的基本养老金，幅度较北京要小一些，但每月增幅也在250元以上。

近年来，城镇企事业退休职工的基本养老金增速惊人，近五年基本上保持了每年10%的上涨速度。2005年，全国城镇离退休职工4367万，养老金支出4040亿元，合每月退休金771元。到2013年离退休职工为8041万，基金支出18470亿元，合每月退休金1914元，8年间每年平均上涨12%。

北京以及其他城市为什么要大幅上调基本养老金？首先是因为物价上涨，工资水平提高。以城镇居民的工资增幅作为参照系，其同期年均增幅为14%（年收入由18200元增至51483元），退休职工养老金的增幅并不算太离谱，甚至水平略低。

其次，近年来社会维稳压力越来越大，政府为此向民生领域投入了大量的资源，致力于满足来自环保、收入分配差距过大、住房保障等方面的诉求。而退休职工作为不可忽视的群体，提高其待遇自然是应有之义。更何况，一个老人背后有多位家庭成员，让他们满意有着以点带面的功效。尤其在北京，作为中央部委、央企所在地，退休职工的诉求更是无法忽视。所以从全国来看，北京的平均退休工资居全国前列，仅低于西藏，比上海要高10%左右。

但这样做是有成本的。目前退休的人员，大多是养老保险改革的“老人”或“中人”，他们在改革之前就退休或开始工作，他们或从来没有缴过养老保险，或没有缴足养老保险的年限。但他们退休后，仍有足额的养老金可领，虽然这其中有各地财政补贴的因素，但绝大多数养老金是由当下的在职职工及其单位承担的。

今天退休职工养老金可以得到快速提升，主要是因为社保缴费的不断扩面和提高缴费基数。从数据看，全国城镇参保的在职职工才 1.3 亿人，缴费收入仅 4312 亿元，到 2013 年，参保的在职职工已经超过 2.4 亿人，缴费收入 18634 亿元，增长了 332%，而同期 GDP 仅增长了 200%。缴费收入提高的原因，一方面是缴费人群增加了近 1 倍，另一方面也是缴费工资的平均基数从 2005 年的 987 元上涨到 2013 年的 2294 元，其主要推动力就是社会平均工资的年增速保持在 10% 左右。考虑到中国基本养老保险中个人账户的基金基本上被统筹账户挪用的事实，在职职工缴的养老金等于为退休职工做了贡献。

中国目前统账结合式的养老保险制度，看起来统筹账户是由单位缴费，但实际上如果没有职工，单位就没有必要缴这部分钱。事实上，单位与个人缴纳的高达工资总额 28% 的养老保险，全部都是职工的负担。2013 年的养老缴费收入为 18634 亿元，相当于税收总额的 16.9%，相当于个税的 285.3%。如果计算全口径的社保收入，更相当于全年全国税收总额和个税的 31.9% 和 540%。社保不仅是一种税，而且负担远比个税要重得多。

很显然，如果不给退休职工涨退休金，社会可能会存在不稳定的因素；但增加在职职工的负担，不仅无法保证社会稳定，甚至会加重企业与职工的负担，延缓经济复苏的进程。眼下经济处于衰退、通缩的状态，在税负畸高的经济结构中，减税是刺激经济的必要条件。只有让企业轻装上阵，才能保证利润，以雇佣更多的职工、保证工资增长，才有可能让经济见底，重见复苏的可能。

退一步讲，纵观中国近三十年的发展过程，尤其是2001年入世以来的经济增长最为迅速，2001年以后在职的职工对此居功至伟。而2001年以前退休或开始工作的“老人”与“中人”，虽然对中国如今的发展也有很大的贡献，但创造的财富与GDP还是不如最近的十几年。此时厚待退休职工，让在职职工承压，是明显的代际不平等。

因此，如果要让在职职工负担退休职工的养老，应放缓基本养老金的上涨脚步，让在职职工缓口气，让企业多一点利润可以保证在职职工的工资增长。在职职工没有义务承担制度转轨带来的养老金亏空。换个角度，近十几年经济增长，国有资产规模也得到了空前的爆炸性发展，决策者应该放弃掠夺在职职工，转向划拨国有股及其收益，以此保证退休职工的养老金增速。这或许是化解眼下退休与在职职工利益冲突的最好路径。

养老危局

2014 年 12 月初，经过绥化市以及肇东市政府部门的解释和连日工作，黑龙江肇东教师“反映工资问题”引发的罢课事件基本平息。虽然公共舆论对此关注颇多，但很少有人注意到作为事业单位职工，肇东教师已经被强行征缴了十年的养老保险。黑龙江省也在国家试点之外，从 2001 年就开始尝试将机关事业单位纳入社会保险的范围。

涉及机关与事业单位的福利体系改革，历来都是改革的难点。打破财政托底事业单位的养老，将其纳入社会保险范畴内来养老，更是难中之难，受到机关事业单位职工的强烈抵制，也没有哪个省市有意愿去推动一项“民怨”如此之大的改革。在 2009 年，国家挑选了山西、上海、浙江、广东、重庆等五个社保收支情况各异的省市作为试点，将事业单位的养老纳入城镇职工养老保险，一度也冲击了上海、重庆的养老基金收支平衡，上海养老基金曾经每年亏空 100 多亿元。

黑龙江主动将事业单位养老纳入社会保险显然不是想当改革先锋，而是黑龙江的社保已经到了非扩面无法拯救的地步了。2012 年，黑龙江养老基金收入 720.2 亿元，支出 717.2 亿元，当年结余仅 2.93 亿元，为全国最低。而黑龙江缴费的在职职工有 611 万，而领取养老金的退休职工达 402 万，平均 1.5 个在职职工养 1 个退休职工，为全国最低水平。这也使得黑龙江的月平均退休金为 1488 元，比全国平均水平低 254 元，但在职职工平均缴费基数达

3506元，比全国平均高出916元，在职职工负担很重。

养老陷入危机的不仅仅是黑龙江，包括吉林、辽宁、重庆、四川等十几个省市在内的养老体系都存在不同程度的支付危机。在职职工与退休职工的全国平均比值为3.09，低于此水平的省级政府有23个。而退休职工月平均退休金与在职职工月缴保险金的比值全国平均为2.4，这意味着2.4个职工缴费才能负担1个退休职工的养老金，低于此水平的省级政府有15个。

这15个省，要么是像云南、广西、甘肃、青海等经济发展水平落后地区，退休人员虽少，但缴费的在职职工也少；要么就是东北三省这种老工业基地，国企和事业单位众多，退休职工数量庞大并且大多未缴过（或少缴）养老保险，养老负担极重，辽、吉、黑、渝、津、沪的退休人员占常住人口比重超过8%。因为国企多，受单位的约束，这些地区执行计划生育也最严格，新生人口低于全国平均水平，人口老龄化严重。

更不幸的是，除了上海、天津等经济龙头城市以外，这15个省中其他地区也是人口流出地。相比2000年，2013年全国人口增长了7.56%，15个省中的东北三省及内蒙古、重庆、湖北、甘肃、广西、四川均低于此数值，处于人口流出状态。退休人口迅速增加，新生缴费职工增长慢，劳动力外流，养老保险想不恶化都难。哪怕是上海，2013年的常住人口相对2000年增长了50%，但养老保险收支也同样不乐观，也是在2011年强制所有非户籍劳动力缴纳养老保险才能扭亏为赢。其他地方可没这么好的条件。

上述危机还仅仅是因为城镇职工的养老保险，如果考虑到高标准养老的机关事业单位和数量更庞大的城镇居民、农村居民，他们以前基本上没有缴过养老保险，没有基金储备，一旦纳入城镇职工养老保险或提高养老金水平，对于全国所有省的养老基金都是一个灾难。京沪等人口流入地的压力较小，所以城乡居民养老保险已经提高到了月均四五百元，吉林、河北、安徽等人口流出省，迫于社保困局，就只能执行2009年中央政府规定的每人每月55

元标准。

这些养老保险陷入危机的省市，目前还看不到有缓解的趋势，也缺乏有效的解决方案。就他们自身来看，必须马上着手推动全面放开生育、缓解人口老龄化，全面放开落户限制、大力吸引外来劳动力等政策，这是解决养老危局的唯一办法。全国层面来看，提高统筹层次，实现基本养老保险的全国统筹，有助于平抑因人口流动所带来的养老保险收支苦乐不均，这可能是未来中央政府化解这些省份养老保险危机的快速、有效的着力点。显然，这也并非易事。①

① 本文数据均来自《中国劳动统计年鉴 2013》或在此基础上所做的估算。

机关事业的窟窿

2015年1月4日，国务院印发《关于机关事业单位工作人员养老保险制度改革的决定》（以下简称《决定》），明确机关事业单位工作人员基本养老保险将实行与城镇职工同样的制度、分账管理，养老并轨将实施与当年企业职工转轨同样的策略，《决定》还要求机关事业单位建立职业年金制度。

总体看来，《决定》推出的改革有三个优点。首先，《决定》基于现有制度框架对机关事业单位养老进行了较为彻底的改革。众所周知，机关事业单位养老待遇优于城镇职工，核心优势在于个人不缴费和养老金计发标准高。在养老基金筹资与养老金计发标准方面，《决定》要求机关事业单位与企业单位实行同样的缴费原则，包括缴费基数上下限、费率、基础养老金计发标准等。

现有机关事业单位养老待遇水平相对较高，其养老金替代率（养老金占退休前工资的比重）在80%以上，而企业职工的养老金替代率则低于50%。同时，全国多数地区，机关事业单位工作人员工资高于区域劳动市场的平均水平，这意味着现有机关事业单位退休人员养老金水平是城镇职工的2倍左右。如何解决这个差额，是机关事业养老金并轨的难点。

为此，《决定》参照企业职工现行的企业年金制度，设计了职业年金，单位和个人分别缴纳工资的8%和4%，退休后按月领取职业年金。按此方案，不考虑通胀、人口结构等变化，改革后机关事业养老金待遇水平比仅拿基本养老保险的城镇职工要高出43%，养老金的替代率在60%～70%，保障水平介于城镇职工和以前机关事业单位工作人员两者之间。虽然财政多支出了职工工资8%的成本，但毕竟还是在现有城镇职工养老保险的制度框架内完成的。

其次，改革的路径上，机关事业单位养老金向社会保险并轨参考了20年前企业职工的策略，即“新人”（改革后入职）新办法、“老人”（改革前退休）老办法、“中人”（改革前入职、改革后退休）工龄视同缴费年限并补发过渡养老金。对于累计缴费不满15年的个人，处理方法也按《社会保险法》的规定处理，即延长缴费、补缴至15年，或终止养老保险关系。虽然这种方式仍存争议，但机关事业养老并轨并没有执行过于特殊的转轨政策。

最后，机关事业单位养老基金账户与城镇职工分账管理。这是一件好事。此前社会舆论普遍担心，机关事业单位养老金制度转轨带来的基金窟窿如何填补，挪用城镇职工养老基金池中的累计结余基金是非常便捷的渠道，这显然侵犯了城镇职工的利益。分账管理从制度上杜绝了挪用城镇职工养老基金为机关事业单位退休人员发养老金。

尽管如此，《决定》还是有两点不足。第一，为了弥补机关事业单位养老金并轨给退休人员带来的待遇水平降低，《决定》要求单位“应当”为职工缴纳职业年金。现实中，尽管机关事业单位工资并不高，但由于工作稳定、职业体面，一直以来都是求职的热门。应聘者也愿意降低薪酬进入机关事业单位工作，只有少数低端、环境差的技术工人等岗位没那么吸引人。这时，才需要新设职业年金来吸引人才。因此《决定》应该规定，单位“可以”（而非应当）为职工缴纳职业年金。

第二，《决定》虽然规定了机关事业单位养老金制度转轨的方式，但并没有明确转轨带来的基金收支缺口资金如何筹集，全国有上百万个机关事业单位，涉及数千个统筹区域，如果没有落实这部分经费，改革很容易落空。落实这些经费恰恰是机关事业单位养老金并轨成功的关键。

根据公开资料，全国共有111万个事业单位、3153万事业编制人员。其中教师超过1400万人，医生、护士等卫生人员超过900万人，这3000多万职工即所谓的“中人”（已经在职、未退休的职工）。据公务员局的披露，2013年底，全国共有公务员717万人。机关事业两者在职职工合计为3870万人。

官方未披露离退休的公务员与事业单位的退休人员。假定机关事业单位的职工区域、年龄及男女分配与城镇职工相同。据人社部的统计公报，2013年年底城镇企业职工在职2.4177亿人，退休8041万人。按此比例计算，事业单位现有退休职工1049万人，机关离退休公务员239万人，两者合计1288万人，这些即所谓的“老人”（已退休职工）。

按照“老人老办法”，2013年企业职工的基础养老金标准每人每月2054元，年龄与区域线性分布，余下可领取年限为16年的折半（中国人口预期寿命76岁，其中女性退休后预期寿命高达22年），机关事业单位自身预计至少需要拨付2054元×12个月×1288万人×8年≈2.54万亿元。而目前企业职工的退休工资替代率一般在40%～50%，而事业单位可达70%～90%，两者各取中值，机关事业单位的养老金也要比企业职工高出60%以上。即使静态计算，不考虑养老金增长，现有机关事业单位的“老人”的养老基金就高达2.54万亿元×1.6=4.06万亿元。

更大的麻烦在于“中人”。“中人”已经在机关事业单位里工作一年到数十年不等，这些职工有工龄，但绝大多数的事业单位职工，养老保险中与城镇企业职工的单位缴纳部分基本上未曾落实过。这部分也是社保转轨的主要成本。本文按静态数据，以2013年缴费标准计算养老并轨带来的缺口。

我们同样假设全国3870万机关事业单位职工的年龄、地域、性别等分布与企业职工相同。一个事业单位职工及其单位每年缴纳的养老金及社保基数应该与企业职工相同。2013年，全年基本养老保险征缴收入19270亿元，参加缴费2.4177亿人，合每人每年单位（20%）与个人（8%）共缴纳7970元

（平均缴纳基数为2372元），其中单位缴纳5693元，个人缴纳2277元。

一个机关事业单位职工退休时的工龄（亦即视同缴费年限）是多少？假定男女职工比例相同，于25岁工作，分别于60岁、55岁退休。那么我们假设在职“中人”的平均工作年龄为32.5年，如果一个人一生都在事业单位工作，那么其工龄可能在30~40年，考虑到绝大多数的事业单位职工是教师与医生，职业一般不发生变化，公务员更是如此，一生的工龄按30年计算。假设机关事业单位职工的年龄分布是均匀的，那么在职“中人”的平均累计未缴费的工龄为15年。

根据这个口径计算，在职“中人”在改革以后，开始和企业职工一样缴纳养老保险，过去的工龄“视同缴费年限”。那么其单位过去应缴未缴的养老保险统筹账户基金总额为5693元×3870万人×15年≈33048亿元。而个人部分应缴未缴的养老保险个人账户基金总额为2277元×3870万人×15年≈13217亿元。

这些钱，绝大多数事业单位都是没有缴过的，在此之前只有上海等地的部分事业单位进行了试点，采用了与企业职工一样的养老保障机制。2008年初，国务院原则通过《事业单位工作人员养老保险制度改革试点方案》，确定在山西、上海、浙江、广东和重庆5省市先期开展试点工作，试点地区的养老保障机制与企业职工完全一致。

未进行试点的地区仍执行现行事业单位退休制度，辽宁等地的事业单位职工个人与单位均未缴纳养老保险。考虑到试点地区少、试点时间短，事业单位欠缴的“视同缴费年限”承诺下的养老保险基本上不会比前述的近3.3万亿元少多少。

这样算下来，“中人”养老转轨的成本高达4.625万亿元。同时，《决定》还规定为机关事业单位职工缴纳职业年金，两者合计共12%的工资，按2013年城镇职工的社保平均缴费基数2372元计划，合计为2372元×12个月×12%×3870万人×15年≈19828亿元。

综上所述，机关事业单位中单位缴纳的统筹部分、个人缴纳的个人部分和职业年金以及老人待发的养老金，历史欠缴等缺口总额高达10.7万亿元。这个数字还没有计算离休人员的养老金水平远超退休职工，机关事业单位的养老保险缴费基数也是远高于目前全国的平均基数水平。即使这样，这个数字也相当于2013年全国基本养老保险基金收入（19270亿元）的约5.6倍，是基本养老保险基金历年累计结存（31275亿元）的约3.4倍。如何弥补如此之大的基金缺口，将是机关事业单位养老金并轨后的难题。对此，《决定》并没有给出有效的解决方案。

事实上，机关事业单位养老金并轨以后，还面临着与企业职工相同的其他困难，主要包括三个方面：第一，养老基金收支有缺口，代际出现不平衡，在职职工缴费压力太大；第二，社保区域分割限制劳动力流动，跨地区养老保险的转移与接续成难题；第三，区域间养老缴费与保障水平不均衡，粤、浙、闽等地基金盈余，东北三省等地收不抵支。

这些问题在企业职工层面已经讨论了十余年，未有任何改观，反而愈演愈烈。为何？因为政策的制定者与执行者——机关里的公务员并不受这些问题的困扰，所以他们在解决“别人家的麻烦”的时候，体会不到城镇职工缴费压力太大、养老保障水平太低、跳槽到异地时养老保险无法转移等种种问题的痛苦。

而这些问题的解决，往往是要政府勇于承担责任，例如将国有企业权益划拨到社保填补缺口，也包括提高养老基金的运行效率与投资收益，既要降低在职职工缴费水平，也要提高退休职工的保障力度。基于公务员相对保守的心态，在这些改革议题上，他们缺乏足够的积极性，往往成为改革的阻力。

我的同事傅蔚冈早在两年以前就指出，将机关公务员纳入社会保障的制度框架中，他们势必切身体会到缴费水平太高、跨区域流动时转移不了养老保险关系的痛苦，他们也就有动力去改变这一切。这或许是如今机关养老并轨的一个额外的收获。

用统筹消樊篱

有媒体梳理各省城乡居民养老保险发放标准时发现，截至2014年，有27个省份出台相关规定，其中安徽、江西等5省份的城乡居民的基础养老金多年未提价，仍保持每人每月55元的国家最低标准，与位居榜首的上海比，金额相差了10倍。

中国养老保险体系复杂，除了机关事业单位由财政养老以外（事业单位已纳入社会保险），社会养老保险分为城镇居民、农村居民和城镇职工三个层次的保障层次，其中城镇职工缴费与保障水平最高（缴得多，退休收益也高）。2015年4月，国务院提出将新农保和城镇居民养老保险“合二为一”，建立统一的城乡居民基本养老保险；此前的2月，人社部要求未来完成城乡居民和城镇职工养老保险之间可以转移衔接，在制度上完成了社会养老保险的统一。

城乡居民的养老保险相对简单，虽然覆盖了近5亿人口，但主要面向户籍人口，不存在跨省流动，争议较少；筹资来源于居民缴费和当地政府的配套。2013年数据显示，全国平均个人缴15元/月，政府补贴33元/月，缴费水平低，保障水平也不高，退休时平均领82元/月。各地方政府一般量力而行，负担并不太重。对城乡居民来说，他们没有固定职业，未来养老金多寡，几乎完全取决于政府的额外投入。

问题出在城镇职工养老保险上。虽然城镇职工养老保险只覆盖了3.2亿人，但征缴收入达1.86万亿元，全部为有固定职业的在职职工和单位缴纳，占所有社会养老保险征缴收入的97%。每个在职职工及其单位为此缴纳693元/月，是城乡居民缴纳金额的46倍。退休职工领取的养老金也多，达1914元/月，是城乡居民缴纳金额的23倍。

但如此重要的养老保险体系在代际、省份、人群之间的制度设计却存在不公平问题。首先体现在领取退休金的老人，其个人及单位并未缴纳过养老保险，现收现付制度下，由在职职工支付其养老金。未来人口老龄化，现在在职职工退休时可能没有足够多的未来的“在职职工”来养他们。更令人担忧的是，目前养老保险中，工资总额外28%的养老保险中，只有8%是计入个人账户的，其余20%的份额用于统筹。

代际危机还是一个长期性问题，省份与人群之间的不公平才是城镇职工养老保险当下的最大危机。分区域来看，省际养老保险基金的收支也是苦乐不均。中国目前的养老保险是现收现付制，因此缴费的在职职工与领养老金的退休职工的比值很重要，决定着该区域养老保险基金的可持续性。过去的经济发展中，经济不发达的人口大省的劳动力向经济发达省份流动，并在工作当地缴纳养老保险。现实中，出现了辽宁、黑龙江的青壮劳动力给广东、浙江的退休职工养老的现象，而东北三省的国企退休职工却老无所养，东北三省的退休人员占常住人口比重超过了8%，居全国前列。

因此京沪粤浙闽等地作为人口流入地，缴费的在职职工数量充沛。从养老缴费的在职职工与退休职工的比值来看，全国平均线是3.09，即3个在职职工养1个退休职工。广东的比值高达9，浙江和福建的比值是5，在职职工和当地财政的压力很小。但在吉林和黑龙江，这一数值分别是1.69和1.52，为全国最低的两个省，在职职工和当地财政的压力可想而知。

失衡的在职与退休职工的比值，使得粤闽等地可以实施在职职工低缴费（低费率、低基数）、退休职工高待遇的制度。按2012年数据，广东在职职工人均月缴费才384元，仅为全国平均水平的一半，但退休职工人均每月养老金超过1900元。而黑龙江的局面就没那么好看，在职职工月缴费基数高达982元，退休职工每月只能领到1488元。提高统筹层次意味着养老保险在全国层次的统筹，广东充沛的缴费大军可以惠及黑龙江的退休职工。

受到不公正待遇的还有非户籍劳动力。非户籍人口在京、沪、粤、浙等人口流入地工作，当地政府强制他们缴纳社保，但拒绝让他们享受社保，这些人无法在缴纳社保的地方领取退休金，只能转回户籍地。但他们又没有给户籍地贡献过养老保险，户籍地拿什么养他们？这些流动的城镇职工们，缴了养老保险，一样“老无所养”。更惨的是，他们的身份仍然是城镇职工，即使低水平的城乡居民养老保险都没办法享受。

近些年，地方政府意识到流动人口是挽救当地濒临崩溃的社保的关键，对非户籍人口的工作、居住、买房、落户和子女入学层层设限，往往以连续缴满若干年社保为前提。互相设限的结果就是全国范围内的劳动力区域分割，严重破坏了全国统一的劳动力市场，阻碍了劳动力的自由流动。

因此，基本养老保险应尽快全国统筹。除了挽救不发达地区因人口流出造成的社保收支失衡，也从全国层面保障流动人口的权利，避免让他们缴费而不能领取养老金，更从制度层面打破区域樊篱，促进劳动力要素的全国流动。

那么如何全国统筹呢？在党的十二届全国人大常委会第十二次会议上，人社部部长尹蔚民表示，争取在2015年提出职工基础养老保险金全国统筹的方案。在此背景下，提高养老保险的统筹层次，从全国层面进行养老保险顶层设计，不仅有利于解决现有社保区域分割阻碍劳动力流动的现象，更可以缓解北部、西部等不发达地区及人口净流出地的社保收支失衡格局。除此之外，在东部地区工作的非户籍人口，虽然当地政府强制他们缴纳养老保险，但他们却无法在当地退休领取养老金。养老金全国统筹后，解决这一问题的难度将大大降低。

然而，养老金的全国统筹并非易事。最难的是涉及中央和地方的权力、责任以及地方之间利益关系的平衡和调整。宏观来看，最直接的冲突来自两方面。第一，区域之间的冲突，全国统筹意味着基金在区域之间的均衡使用，对于广东来说，充沛的净流入劳动力，可以保证低缴费水平，对于发展经济、吸引更多的企业及劳动力都是很大的优势，一旦全国统筹，把广东收来的钱补贴黑龙江，势必会引起广东的反弹，广东还有什么激励手段去扩面征缴、提高最低缴费基数呢？这对设计全国统筹基金的缴费模式和发放标准都是很大的挑战。第二，中央与地方之间的冲突，目前养老体制是各地分灶吃饭、各自为政，全国统筹的实际是中央要掌握一部分基金，对各地养老基金的管理收权，在区域之间调剂使用，显然，这并非易事。

就具体方案而言，养老全国统筹的关键主要在于两个层面：全国统筹基金的资金来源和全国基础养老金的计发标准。从理论上讲，全国统筹基金的来源有三种：第一，中央全额出资，资金来自中央财政及央企股权、收益的划拨，现有地方统筹基金仍归地方使用；第二，地方统筹账户以后全部上缴中央，以此组建全国统筹基金的征缴收入；第三，部分来自中央，地方也将统筹的一部分上缴中央。

从现实考虑，任何一级地方政府获得了现有统筹基金的征缴与支出权限时，他们都没有意愿将其主动上缴给上一级政府，不仅是省政府不愿意上缴中央，地市及县区同样也不愿意将其上缴上一级政府。如果实施地方统筹全额上缴中央的方案，那地方征缴养老保险的动力基本消失，养老基金收入可能会连年缩水。而中央全额出资的可能性也不是很大，抛开现有的全国社保基金作为稳定基金，构建一个全国养老统筹基金所需资金甚大，如果不依靠地方的统筹账户征缴，光靠中央财政和央企权益划拨，明显不现实。

在基金支出方面，基础养老金的计发标准是全国均一，还是要照顾各地消费水平的差异？如或中央全额出资，那当然是全国均一更合适。但如上文所述，地方将统筹账户的一定比例上缴中央，与中央出资共同组建全国统筹基金，是更可行的方案，那就应该顾及区域之间的缴费和消费水平的差异，多缴多得。这一筹资方案与养老金计发标准，也是郑功成等学者的推荐方案。

当然，在厘清中央与地方在全国统筹基金的责任之前，还有两个现实的问题需要解决。第一，养老全国统筹之前，需要在各省内完成省级统筹。目前仅有直辖市和少数省份完成了这一任务，大多数省实行的是市级，甚至是县级统筹。第二，如何处理个人账户。按现有方案，统筹账户现收现付，个人账户做实积累，运行20年，个人账户做实余额仅4000多亿元，人均1300元，方案已经失败。随着未来人口老龄化与经济增长的放缓，做实个人账户更加不可能，究竟是取消个人账户，还是全面实施个人账户名义制（只记账不积累），都是悬而未决的问题，这些都影响养老全国统筹的方案设计。

最后，一个永恒的问题是，全国统筹必然仍会面临中国社保体系中“老人”和“中人”的历史负担以及社保整体出现的支付危机。现实来看，填补这个缺口只有两个渠道：财政划转资产（如国有股权、财政补贴）和占用城镇职工养老保险基金。前者的难度很高，早在1993年，周小川等人就提出将国有资产“切一块”补偿对“老人”和“中人”养老金积累的隐性负债，但被相关部委和国企所反对，这种局面，今天并没有改变。这个问题没有解决之前，全国统筹可以解决社保出现危机地区的支付危机，但无法抑制城镇职工的养老保障水平持续滑落的趋势。

医保的筹资

2015年3月，有媒体透露，久拖不决的基本医疗保险“三保合一”将再次启程，“三保合一”的路径已经明确，2015年年底前先完成城镇居民和农村居民的“两保合一”，这是第一步。在整合城乡居民医疗保险后，未来再与城镇职工医疗保险整合为全民医保制度。

中国基本医疗保险分为三类：第一类为面向在职人员的职工医保，参保人数约2.74亿（2013年年底，下同）；第二类为面向城市非就业的城镇居民医保，参保人数约2.96亿；第三类为面向农民的新型农村合作医疗，参保人数约8.02亿。三类医保覆盖人数超过人口数的95%（有人同时参加了两种医保）。

虽然三类医保覆盖的人群广，但由于分类管理和多部门运营，三类基本医保在筹资、报销和保障水平方面，存在明显的差异，极不均衡。职工医保的个人与单位的缴费水平高，城镇居民医保个人缴费水平低，但两者的保障水平相近。新农合个人缴费水平低，保障水平也低。可以说，国家层面的基本医疗保障因制度而形成如此不均衡的格局，在全球大国中是非常少见的。除此之外，城镇两项医保与新农合分别归属于人社部和卫计委管理，在管理成本、医保控费等方面存在很大的问题。

因此，将三类医保划归同一部门管理，在筹资、报销和保障水平等方面均等化，是一件好事。然而，“三保合一”的难度很大。首先是卫计委没有动力放弃新农合管理权，2013 年新农合基金收入高达 2972.5 亿元，是人社部管理医保基金收入的 36%，远高于城镇居民医保基金收入。卫计委怎么肯放弃对这部分基金的控制权？

其次，最严重的问题是基金的筹资。城镇职工医保还好，可以收大于支，其基金筹资完全来自于个人与单位的缴费，只有少部分地区需要财政补贴。2013 年，城镇职工与居民两类医保收入共 8248 亿元，其中大部分是在职职工及其单位缴费所得，平均每人（及其单位）每年缴费 3000 元以上。由于职工年龄结构相对年轻，职工医保基金支出要小于收入，每年结余不少。

问题出在新农合和城镇居民医保。目前新农合人均筹资 370 元，多个地方的个人缴费不到 100 元（包括北京等发达地区），绝大多数是政府补贴收入。而城镇居民医保也是如此。以上海为例，60 岁以上居民每年筹资 3300 元，个人缴费 340～500 元不等，劳动年龄居民每年筹资 1700 元，个人缴费 680 元。筹资总额与个人缴费的差额部分由政府统筹安排，具体操作时，由市、区县财政以 1∶1 比例共同承担 60%，职工医保基金承担其余 40%，也就是说，政府用职工医保来补贴城镇居民医保。

城镇居民与新农合两者合并的困难在于筹资与保障的标准不同。一般来说，以缴费为主的社会保障应该遵循“谁缴费、谁受益，缴费越多、受益越多”的原则。但中国农民高达 8 亿，大部分出不起太多的钱，如果将其保障水平向城镇居民看齐，其筹资的差额（人均千元以上）如何弥补？同时，合并以后，职工医保是否还继续补贴合并后的城乡居民，如果筹资差额大大扩张，是否会进一步加重职工及单位缴费的负担？未来“三保合一”的时候，也会面临同样的问题。

如果仅仅是管理权的移交，那“两保合一”“三保合一”就变成部门争权夺利的工具，只是茶壶里的风暴，不利于解决“三保”间的制度鸿沟。

因此，医保的整合与改革，必须先明确政府的责任与缴费人的权利。应该将医保按筹资和保障水平进行分层，以新农合的设计思路，采用广覆盖、较低保障水平的方式，将政府一般税收作为筹资的主要来源，覆盖到目前所有的三类医保覆盖的人群，保障公民最基础的基本医疗需求。在此基础上，根据不同的负担能力和多元化的需求，以精算的方式，市场化筹资并满足不同层次的医疗保障需求，以“谁缴费多，谁受益高”的原则，保障缴费人的权利，激发他们参保的积极性，而不是通过做低缴费基数等方式变相逃避参保义务。

取消失业保险

新修订的《广东省失业保险条例》与旧条例相比，有了许多积极的变化，比如城镇户籍与农村户籍劳动者享受同等失业保障、部分失业人员可以不接受指定的职业培训、职业介绍，不必每月办理领取手续，直接领取失业保险金。

失业保险基金业已成为仅次于养老和医疗的第三大社会保险。《2013 年度人力资源和社会保障事业发展统计公报》的数据显示，2013 年全国失业保险基金收入 1289 亿元，是工伤保险基金收入的 2. 1 倍，是生育保险的 3. 5 倍。

作为《社会保险法》规定的险种，用人单位与职工均有义务缴纳失业保险，各地失业保险的缴纳基数与费率均有不同。总的来看，失业保险收远大于支，基金闲置严重。从全国来看，2013 年失业保险基金支出 532 亿元，占收入的 41%。广东省的情况更不乐观，根据广东社保部门的统计，2012 年基金支出 20. 7 亿，仅占收入（91. 17 亿元）的 22. 7%。

这已不是新现象了。2000 年时，就出现过这种现象，为此劳动保障部、财政部曾下发《关于适当扩大失业保险基金支出范围试点有关问题的通知》，以广东、上海等地作为试点城市，扩大失业保险基金的失业范围，将医疗救助金、创业补助等均纳入基金支出的范围。

但这能解决问题吗？仔细分析一下数据，2012 年年末广东省参加失业保险的职工人数 2015. 25 万人，而领取失业保险金人数仅为 9. 58 万人，仅为参保人数的0.48%，也就是说，有200人缴费，领取的不到1人。而失业保险金的支出为10.86亿元，刚超过基金总支出的一半，而另一半则花在医疗救助金、就业培训等非失业保险金项目上了。

上海的数据同样难看。同样以2012年上海社保部门公布的数据，虽然基金总支出为69.47元，占总收入的76%，看上去不错，但失业保险金覆盖到的人数同样很少，领取失业保险金人数为10.88万人，仅占参保人数的1.76%，同年上海的城镇职工登记失业率为4.2%。2012年在上海领取失业保险金人员人均月领取失业保险金725元，每个人算足领12个月的钱，10.88万人领取的失业保险金也仅为9.5亿元，仅占基金总支出的13.6%。这意味着超过84%的基金支出不是用于发放失业保险金的。据媒体此前的报道，基金支出的主要去向之一是就业培训机构，以提高失业人员的再就业能力。

为什么领取失业保险金的人这么少？有人认为是失业率低，目前全国各地的城镇职工登记失业率刚过4%。但登记失业率远远不能反映就业市场的情况，尤其是中年城镇职工，失业率并不低。只是因为登记失业的手续过于麻烦，很多人并没有主动去相关机构进行登记。

登记失业，进而领取失业保险金到底有多麻烦？从上海的《失业登记办法》和《失业保险办法》可见一斑。抛开一些技术上的问题不谈，首先限定了本市户籍，而缴纳失业保险的人群中有相当多的部分是非户籍人口；其次，已经按月缴纳社会保险的，这意味着，哪怕失业后找机构代缴也无法获得失业保险，而医疗保险一旦断缴就无法使用；最后，无正当理由3次拒绝就业服务机构提供适当的就业机会的，这条是多数失业者无法领取失业保险金的原因。想象一下，一个在办公室从事文员工作的职工，因为公司倒闭而失业，迟迟找不到工作，他就必须先接受就业服务机构提供的就业机会被对方拒绝以后，才有机会被承认为失业，这些机会包含了各种低端劳动岗位，往往是坐惯办公室的人所无法接受的。

《失业保险办法》如此规范当然是有道理的，可以有效防止骗取失业保险金的行为，但由于中国不同行业、劳动熟练程度的工资差异极大，一个完成义务教育阶段的劳动力要是肯退一步总是可以找到有薪酬的岗位，这使得失业保险办法的限制手段，可以屏蔽掉绝大多数申请失业保险的请求。这是失业保险金支出占比偏低的重要原因，也形成了目前失业保险的困境：既加重了企业和个人的负担，也没有改善失业者的境况。

广东省、上海等地也曾下调失业保险金的缴纳基数或缴费比率，以此应对失业保险基金闲置的问题。例如，广州自开始实行浮动费率制度后，员工就业稳定、年平均申领失业金人数少的企业，缴费比例可下调到 0.9% 或 1.2%，个人缴费比例从 1% 下调至 0.5%。上海 2014 年也下调 0.7% 的费率，其中单位缴费部分下调 0.2%，个人缴费部分下调 0.5%。

下调失业保险的实际缴纳金额当然是好事，可以立竿见影地缓解基金闲置的问题。但既然失业保险对绝大多数人来说并无作用，为何不直接取消？一劳永逸地解决资金闲置的问题，也断了少数想占失业保险金便宜的懒汉的后路。对于少数一退再退也找不到工作的弱势群体，可以直接从财政中拨付补贴，哪怕多算，在上海和广东，也不过 10 亿元（现有失业保险金的支出规模）。

奇迹的秘密

中国的奇迹在于过渡性制度安排，在制度变迁的过程中，制度安排的速度、策略可能存在差距，但不代表转轨的彼岸中国可以独辟蹊径。中国一直以来以经济增长成果替代政治合法性、以经济转型替代政治转型的策略在未来必须发生变化，中国改革必须从更基础的层面向制度变迁的彼岸前进。

中国奇迹之谜

林毅夫、姚洋、张五常等人认为，中国过去30年的发展是一个奇迹。这包括持续而快速的经济增长，从计划到市场的经济转型以及绝对贫困人口的大幅度下降（当然仍有相当多的学者对林毅夫、姚洋等人的这一判断存在异议）。如果这一判断成立，那么就有两个问题随之而来：为什么中国经济可以成功？中国未来应该怎么办？

中国经济转型为何取得成功？中国主流学界相对一致认为华盛顿模式是要点。以姚洋为例，他指出“在过去的三十年里，中国经济准确无误地朝着新古典经济学理论的市场信条迈进，强调谨慎的财政政策、经济开放、私有化、自由市场和保护私有产权”，这亦是灵活采纳“华盛顿共识”政策建议的结果。中国经济的成功在很大程度上可以看作主流经济学及其衍生经济政策的胜利。

对过去的解释意在揭示未来的方向。有学者认为用经济发展替代社会一切问题的老药方就要失灵了，以增长共识为核心的执政策略，存在大量的负作用，如政府对市场的干预、财政对公共服务的缺席等。中国如果要继续发展经济并保持社会稳定，除了更多的民主和法治以外，别无他路。民主的实施不应因中国国情而有所区别，并且法治的建立必须先从国家权力机关开始。

这些判断构成了当前社会思想图景的一半——核心新自由主义的经济学家的主张。但我们要追问：既然“华盛顿共识”的建议如此之好，为什么只有像中国这样的少数国家坚持采纳了这些建议，而未被多数国家采纳？问题也就转化为，“为什么中国的政府采纳了正确的经济政策以及合适的改革路径以达到这些政策”？也就是“如何选择彼岸”？

最有代表性的就是姚洋教授提出的“中性政府”的概念，他认为，之所以只有中国走了“华盛顿共识”这一正确的道路，是因为中国政府是一个“中性政府”——不偏向任何社会集团也不被任何社会集团所左右的政府。这是中国有别于他国的主要原因。为何中国有“中性政府”？所谓“中性政府”的形成取决于两个基础：平等的社会结构和政治上的贤能体制。以辛亥革命、五四运动及社会主义革命为主线的一系列革命产生了平等的社会结构，尤其是社会主义革命，完成了从古代社会向现代自由民主社会过渡的准备工作。而政治上因为中国共产党的自我革新，选贤任能，在过去的30年中保持了相对于中国社会的中性态度，把经济表现作为其执政的合法性来源（亦即增长共识）。

相当多的人对中性政府的定性表示怀疑，经济生活中，行政部门在吸引投资的同时，也派生了各种管制措施，使腐败丛生。最有才能的人不是致力于跻身生产性活动而是削尖脑袋挤入寻租部门。这或许更符合施莱弗笔下“掠夺型政府”的定义，把每一个人都降低到维持生存和稳定的效用水平点，对富人仁慈而对穷人过于残忍。这时的政府看起来不偏不倚，是个中性政府，但它要求所有人的服从，以至于到了听官者富、唯官是从的地步。这种状态下的平等的社会结构，也显得有些讽刺，和《动物庄园》中的寓言异曲同工：所有的动物都是平等的，但有些动物比其他动物更平等。

缤纷多样的结论，或许是因为每个人对生活环境的切身感受不同。以中国经济是否创造奇迹为例，林毅夫等人研究转型经济时，还特意将俄罗斯、东欧等国家和地区的转型衰退作为中国成功的对立面。但在中国奇迹之光闪耀全球之时，从为数不多的官方报道中却可以得知，“东欧国家在经历了20

世纪 90 年代初转型期的阵痛之后，在过去 10 年间纷纷走出低谷，成为经济增长最强劲的国家”。东欧国家中转型最顺利的斯洛文尼亚、捷克、匈牙利已经进入发达国家行列。而 2010 年的中国人均 GDP 连他们的四成都不到，中国经济转型真的是奇迹吗?

正是这种“亲身体验”的不同，形成了对中国经济增长千奇百怪的解释和未来道路方向的不同理解。时下此起彼伏的“唱红歌、永远跟党走”的纪念工程中，我们也可以看到，对“文革”历史、政府角色、功过的判断已经成为当前社会思想界的一条重要分水岭。对中性政府、贤能体能的推崇代表了中国发展路线的一种分化，是对“中国模式”（亦称“中国道路”）的评价和对前途发展方向分化的缩影。

古今中外对类似中性政府、贤能体制的论断及推崇也并不新鲜，柏拉图笔下就将建设理想国家的希望寄托在一个道德高尚和哲学思想完备的完人（哲人王）列奥·斯特劳斯（Leo Strauss）身上，其精英主义，亦有不信任贫民的高贵姿态。梳理中国转型的历史，中国道路方向的选择往往是时代危机后的结果。“文革”后的家庭联产承包责任制是小岗村的实验，并不是决策者的冲锋陷阵。邓小平“不改革开放，只有死路一条”的话也言犹在耳。选择一条符合中国实际的道路，自然具有世界意义。

制度的转型是困难的，科尔奈在《社会主义体制》就表示了悲观的结论，“经典体制无法走出自己的影响，局部改革永远不可能突破自身，因此必须要有体制上的彻底变革”。俄罗斯转型时，索尔仁尼琴在大骂叶利钦自由主义的药方——休克疗法荒谬的同时，却也不断地警惕人们不要因剧变后的转型艰难，而把斯大林时代的“灾难戏剧化地过滤成甜蜜的回忆”，这何曾不是一幅生动的中国现实社会思想图景。

解释的迷雾

自工业革命以来，不同的国家出现了惊人的收入差距，有的国家步入长期稳定的经济增长通道，但有的则陷入经济增长缓慢甚至滑坡的泥沼。尤其是伴随着20世纪70年代开始的全球政治转型浪潮，不同国家的经济发展出现严重的"分道扬镳"现象，所有的人都在问为什么。哪怕是同一国家的经济，不同的经济学家的解释也是千差万异，毛里求斯在20世纪70年代起经济增长迅速，萨克斯、罗德里克与罗默（Sachs、Roderick and Komer）分别从开放的贸易政策、非正统的贸易政策以及外国直接投资的开放三个角度给出解释。除此之外，诺奖得主米德（Meade）在1961年还给出"毛里求斯会成为失败者的热门人选"这一不靠谱的预言。

在一页纸上的增长经济学里，经济增长取决于物质资本的深化、人力资本的积累和劳动生产率的提高，这是内生因素，其中典型的表达是索洛（Solow）的"增长模型"；更深基础性的决定因素一般可归结为地理区位、贸易一体化与制度安排，这些是外生因素。多年以来，经济学家已然明白，众多的增长模型或许适用于发达国家，但并不能很好地解释发展中国家。普里切特（Pritchett）在描述越南和菲律宾时提出，在理解发展中国家经济增长多样性的过程中，我们不仅需要一个精致的增长模型，更需要一套"玩具集藏"，将增长模型扩展成一系列适应各种环境的理论体系。因此，在增长经济学一般理论的框架内，通过对国别经济增长的分析性描述，而非以跨国计量检验为主的经济增长研究，可能有助于理解不同国家经济增长出现分化。

罗德里克在做国别研究中指出，最关键的启示是有效的制度安排是重要的。在案例样本中，中国、博茨瓦纳、毛里求斯与澳大利亚得益于现有的或创建的有效的制度与社会规则体系。波兰、匈牙利与捷克更是在制度上进行了迅速而有效的后发追赶（向欧盟）。制度是重要的，但并不是决定性的。影响经济增长的因素是如此之多而繁杂，以至于我们无法给出一个清晰、简单的经济增长因果链条。我们不可能一张药方包治百病，制度的缺陷因国家的不同而不同，药方也应该随着变化。十几个国家的案例中，制度安排可以发挥作用，需要因地制宜，重视路径依赖与区位因素对制度能否发挥作用的影响。采用西式民主的印度与未采用西式民主的中国都是过去半个世纪的增长新星，中国犹有胜出，至今龙象之争仍是学界的焦点。玻利维亚实施休克疗法也同样如此，事后来看，印度、玻利维亚的制度环境或改革议程尽管符合主流经济学的教条，但可能其社会安排存在缺陷，也可能政策并没有切中其制度中的弊端，致使经济增长成效不佳。

令人振奋的是，地理决定论在十几个案例中并未体现，博茨瓦纳和毛里求斯的实践都表明制度安排可以克服地理条件与初始条件等带来的限制。但最让人着迷的还是中国的经济增长奇迹，《探索经济繁荣》（罗德里克著，张宇译，中信出版社，2009 年 9 月出版）一书中关于中国的章节是钱颖一所撰写，详细叙述了中国“从转轨制度走向最佳经验制度”的道路，从价格双轨制、乡镇企业、财政联邦主义和受约束但保持财政收入稳定的政府四个维度来理解中国反正统式的经济改革。包括罗德里克、罗兰等人在内，一般认为，经济转型中，全方位而完善的制度变迁方案并不是经济增长的必要条件，并且往往是不可行的，改革成功的关键不在于全面，而在于能否集中力量来解除制约经济发展的体制约束，这也是中国模式的精髓。

对于中国来说，我们更关注用比较的视角来探索中国如何国强民富。与世界银行在1990年推行的“华盛顿共识”相异，林毅夫等人在1994年总结了中国的发展经验，称为“中国模式”，2004年，库珀·雷默（Cooper Kamo）更从新的视角提出“北京共识”，探讨发展中国家的经济增长道路。然而一个国家的经济繁荣是否就是全部？伊斯特利（William Eastleigh）在《探索经济繁荣》一书中指出尽管巴基斯坦有一定的经济增长，但社会发展长期处于停滞，这种增长是极其脆弱的，同样的例子包括印度尼西亚，直接导致了1997年的经济崩溃。

经济增长是一个长期的过程，对于转轨国家来说，更是惊心动魄，一时的奇迹并不能宣告转轨成功。回过头来看，中国是否真正地走出了一条新颖无二的道路？中国过去的经济繁荣是奇迹还是泡沫？

自2004年以来，对中国式经济增长的反思此起彼伏，对产业结构失衡、区域与居民收入差距过大、弱势群体利益保护不足、政治权利缺失等的评论不绝于耳。国际经验显示，相当多的发展中国家在发展时都遭受了“中等收入陷阱”，在人均GDP达到3000~8000美元时，出现了经济停止增长、收入差距拉大、社会冲突爆发。当前的中国业已处于这个范围之中，群体性事件多发、基尼系数过高等警告标志已经相当明显。中国经济研究中心姚洋教授在《外交》杂志上发表《北京共识的终结》，较为代表性地总结了这一局面。尽管许多学者将中国的经济成就，归功于混合所有制、模糊产权与政府干预等反正统经验，但事实上过去的30年，中国经济明白无误实践着新古典经济学的市场理论：稳健的财政政策、经济开放、产权私有化、市场自由化。

这意味着，制度安排需要因地制宜并不意味着存在两套有效的基础性经济制度。中国的奇迹在于过渡性制度安排，在制度变迁的过程中，制度安排的速度、策略可能存在差距，但不代表转轨的彼岸中国可以独辟蹊径。不得不再提“苏东剧变”，匈牙利、捷克的经济转型饱受中国学界批评，然而目前均已经迈入发达国家的行列。布拉德福德·德龙（Bradford Delong）在总结印度经验时提出，一定意义上来看，东亚经济增长（日本、中国台湾地区、韩国等）奇迹并不值得研究，因为其经验无法复制、建议无法实施，而印度则更具普遍意义。对于中国来说，这或许意味着，其一直以来以经济增长成果替代政治合法性、以经济转型替代政治转型的策略在未来必须发生变化，中国改革必须从更基础的层面向制度变迁的彼岸前进。姚洋认为，如果政府希望鼓励经济发展和保持社会稳定同时并进，那除了更加民主之外，不存在第二条道路。

入世的遗产

2001年11月10日，WTO第四次部长级会议做出决定，接纳中国加入WTO，自2001年12月11日起，中国正式成为WTO的第143个成员。

入世对中国的影响是极其深远的，鲜明的案例是2011年12月16日俄罗斯才被接纳为WTO成员，比中国晚11年，入世谈判花了18年，比中国还长3年。入世前中国经济在国际经济格局并不重要，在今天已经成为全球第二大经济体、第一大出口国，成为区域经济增长的主要动力。而俄罗斯出口仍局限于原材料，石油、天然气、金属以及木材占总出口的80%，经济总量刚进前十，在国际经济事务上的角色越发边缘化。

更为重要的是，随着中国加入WTO，中国启动了史无前例的城市化进程，城市化率超过50%，数亿人口从农村移民到城市化定居、择业，城市面貌日新月异。在此基础上，人均收入、财富净值、社会福利等才有改善的空间。毫无疑问，这些都是WTO的遗产。

入世何以重要？事后来看，入世打开了庞大的国际市场，中国供给全球成为可能。中国领导人一直都清醒地认识到，中国优势在于劳动力廉价且丰富。但没有需求，光有人没用。朱镕基总理在1998年中央经济工作会议上就讲得很清楚，“没有需求就无法生产，也就没有7%的增长速度”，那么也就无法消化每年1000万的新增劳动力，更无法化解转型中的种种困难。相比之下，国际有需求，中国能供给，关键在于要接通两者。此时，加入WTO几乎是唯一的路径。

在20世纪80年代，中国复关还只是融入国际经济体系的渴望，不要被“开除球籍”，谈不成虽然没什么好处，但眼下的坏处也不大。但到了20世纪90年代后期，中国对外贸易额连年提升，已经成为经济增长的动力。1998年，出口占GDP的比重已经达到20%。快速增长的贸易额也带来了其他经济体的反弹。在此之前，中国吃够了贸易制裁的苦头，因为中国不在WTO（包括其前身GATT，关税及贸易总协定）之内，中国即使遭受不公平待遇也得不到仲裁。2002年入世后，朱镕基总理还念念不忘的“不加入世贸，连讲理都没有一个地方，人家可以随便制裁我们，歧视我们”。入世前，中国年年都要争取美国的最惠国待遇，美国每年都要以此要挟一下中国，是年度中美关系的分量很重的一张牌。而入世之后，这一切都迎刃而解了。

在这个背景下，当时入世更紧迫的动力在于，1997年亚洲金融危机以后，中国面临着经济衰退，扩大需求拉动经济增长成为政府工作的重点。当时出口额下降10%，就会导致GDP增速下降2%。更何况，金融危机之下，出口创汇压力颇大，GDP保8%是当时的政治任务。这时对外界展示开放的形象，对扩大出口总是有害无利。即使1999年5月发生了美国轰炸中国南斯拉夫大使馆事件，也未能阻止中国的入世谈判的步伐（间歇停止了几个月）。可以说，入世在当时是非常现实的选择。

中国入世谈判难举国皆知，自1986年开始复关谈判，到入世，用了15年时间才加入WTO，在当时的贸易大国的入世谈判中颇为罕见。其间遭遇了两个较大的打击。第一，是1989年带来的负面影响，各国停止与中国谈判，当时因为治理整顿而重新采取一系列行政管制措施，也被认为中国的改革在倒退，影响了国外对中国的判断。第二，是中国希望在1994年年底前完成复关，并成为次年WTO的创始成员，但美国等提出的谈判内容为中国所不能接受，最终错过以创始成员加入WTO。

入世的艰难在何处？20 世纪 80 年代时，国外 GATT 成员就对“给予大中型企业以优先权在经济上有什么合理性”“实行原煤统配有什么效果”和“中央政府如何制订出口指标”有异议。事实上，当时的中国市场体系还未建立，各贸易国对于中国能否保证公平贸易有疑虑很正常。1994 年，中国才开始财税改革，《公司法》《担保法》《票据法》《商业银行法》《行政处罚法》等一系列保障市场经济运行的法律才逐步建立，像《合同法》这么重要的法律直至 1999 年才颁布。

WTO 成员虽多，但艰难的谈判方就那么几个，最核心的谈判就是中美谈判，进行了 25 轮，其次是中欧谈判，进行了 15 轮。而 1994 年，美国等国家对中国提出的复关条件，除了知识产权保护、服务贸易的诉求，更对中国的市场准入、价格管制、财税政策（对特定主体的补贴）等国内宏观经济体制和司法、行政管理等多个方面的改革提出了要求。中国称为“缺乏诚意、蓄意阻挠、漫天要价”。以美国为例，争议的问题主要包括四个方面：第一，以发展中国家加入，还是发达国家加入。对中国来说，核心利益在于发展中国家的身份在市场准入、贸易保护等方面，可以享受优惠和灵活，权利较多、义务较少。第二，降低关税水平，例如汽车等行业。第三，放开市场准入，争议的焦点在电信、银行、保险、零售和批发、航运等行业。第四，知识产权保护。

迄今为止，这些问题还是中美贸易争端的核心。比如中国“市场经济”的身份，在反倾销案例中，中国被认定为“非市场经济”（或称“中央计划经济”或“国家控制经济”）国家时，将极大抑制中国的低成本出口优势。那实际上中国到底是不是市场经济国家？资金、土地、劳动力和能源等要素品中大量存在的价格管制、对国企和相关企业的财政补贴都很难说是市场行为，这些不仅对国外经济体是不利的，也不利于中国的民营企业。市场准入领域就更是如此。

其实这些要求，在今天看起来，社会各界都习以为常，这些要求并不过分，且已成为社会各界的共识，也是本届政府改革的重心。我们会发现，拒绝这些要求只是当年特定历史环境下特定利益主体的诉求：国有企业强势、计划经济占主导地位。换作今天，可能也会有同样的诉求，但不可能成为社会的主流意见。并且，这种保护并不正当，甚至有损经济发展。

特定的利益主体当然是国内企业，最准确地说是国内的大中型国有垄断企业，像金融业、电信业、汽车业，事后来看，很难说这些保护就是有利的，但在当时却没有达成这种共识。农业是另一个焦点，包括进口配额和对农业的补贴，但因为农业的利益无法落到具体的垄断企业身上，缺乏强有力的利益核心，也是谈判中让步较多的领域。

在这个时候，保障国内垄断企业和维持政府计划、行政管制部门的权力，还是支持美国的诉求、以开放求入世，两者只能选其一，这才是入世的真正难点。不管怎么样，中国最终以较大的决心迈出了这一步，加入了 WTO。为了让中国企业攻占国际市场，在入世后不久，2002 年 2 月，朱镕基总理在为省部级主要领导干部举办的“国际形势与世界贸易组织”专题研究班上讲道，“我们要利用加入 WTO 这个机遇，更好地走出去，增加我们的外贸出口”，并且强调“我们绝对不能把鸡蛋放在一个篮子里，把宝完全押在美国和欧盟身上”，要“实施出口市场多元化战略”，要“向印度市场进军”，并且重点指出“要特别鼓励民营企业打进这些市场”。

入世的遗产是丰厚的。中国的出口占 GDP 的比重从 1998 年的 20% 升至 2008 年的 44%，成为全球第一大出口国。2001 年的 GDP 刚过 10 万亿元，全球排第六，2012 年已过 50 万亿元，超过日本，成为全球第二。中国成为名副其实的大国。

长周期来看，更有价值的遗产是中国的现代化进程进入全新局面。中国城市化率从 2001 年的 38% 升至 2012 年的 52%，平均每年 1.3%，这意味着每年 1600 万人进城，成为新增就业人口。而 1989 ~ 1999 年，城市化率才增长了 4%。一个劳动力在小农经济下，劳动生产率低、消费量也低，自晚清以来，如何激活中国庞大的消费市场、利用中国的劳动力、刺激中国需求集聚了全球企业家的目光。但也只有在加入 WTO 后，这个希望才有了可能。

这还仅仅是入世遗产的表面。从更广阔的视角来看，近 30 年的经济增长，每一轮经济快速上升的背后都是经济体制的革命性改革。改革开放和家庭联产承包责任制是 20 世纪 80 年代初经济增长的动力，邓小平南方谈话和社会主义市场经济地位的确立是 1992 年以后经济增长的动力，加入 WTO 和国退民进及经济各领域的市场化推进是亚洲金融危机以后中国经济快速向前的动力。中国制度革新、深入的经济改革才是入世的最大遗产。

加入 WTO，为了履行入世承诺，中国被迫进行了大量的经济体制改革，包括放开市场准入、实行国民待遇（对外企实行的同时，也对民企实行）、建立统一市场，也规范了市场管理体制，限制政府权力、增加政府透明度。入世议定书明确要求中国，“司法审查庭应是公正的，并独立于被授权进行行政执行的机关，且不应对审查事项的结果有任何实质利害关系”，还要求，“审查程序应包括给予受须经审查的任何行政行为影响的个人或企业进行上诉的机会，且不因上诉而受到处罚”。为此，中国设立了一系列相关法律，包括《立法法》《行政许可法》《政府信息公开条例》，可以说全是应 WTO 而生。入世承诺让中国的市场化改革更为彻底，这才是中国民企可以发展的主要原因。

我们不得不正视，当年如果没有美国等国家的坚持，要求中国履行这些入世承诺，中国能否有今天的成就？这些恐怕都要打个问号。事实上，这种欧美国家替“为中国老百姓谋福利”的举措比比皆是，例如美方要求中方“完善国民收入分配格局，逐渐增加居民收入占国民收入的比重……加强社会保障体系建设”，要求中国企业或供应商提升环保、社会责任等意识。这种错位在入世后颇为常见，更像是美国在督促中国改革、向中国输入制度层面的公共品。可以说，正是入世让中国可以完成制度的现代化，自由市场、有限政府与民主法治的概念才真正深入人心，这才是入世最有价值的遗产！

改革的故事

2013年以来，中国新一届政府面对经济周期的波动，做出了一系列政策调整，改革力度很大，包括约束信贷、不出台新的经济刺激措施、强调市场在经济活动中的地位、着力削减行政审批等。虽然短期内有放缓去杠杆进程以刺激经济的政策出台，但社会各界对改革仍抱有期待之义。

基于对新一届政府的新政策的梳理，黄益平教授领衔的巴克莱（Barclay）资本研究团队总结其内涵为：无大规模刺激计划、去杠杆化、结构性改革，并以“李克强经济学”来指代这一经济政策施政纲领。这一名词的提出，契合了公众对当前新一届政府施政内容的评价，引起社会的广泛反响，激活了沉寂多年的改革进程，令人耳目一新，更增强了社会对改革进一步深入的心理预期。

做了什么

在公开报道中，本届政府向公众释放了强烈的信号，要以简政放权、转变政府职能作为新一轮改革的突破口，激发经济的活力。在“总理经济公开课”上（李克强总理在全国总工会第十六次全国代表大会上的经济形势报告），李克强总理明确表示，未来中国要继续稳增长、保就业，与此同时也要要坚持不扩大赤字、不放松银根。以扩大赤字、放松银根作为稳定经济增长的手段，亦即所谓的积极的财政政策和稳健的货币政策（实际是宽松的货币政策），在近15年以来的政府工作中出镜率很高。典型的案例就是上届政府在2008年推出的“四万亿”经济刺激政策。

新一届政府领导下，李克强总理在“总理经济公开课”中，提出，“这种短期刺激政策难以持续”，不仅赤字率已经接近警戒线，“池子”里的货币也够多了，再多发货币，就有可能导致通货膨胀。李克强总理开出的新药方是“稳住政策、推进改革、激发市场活力”，用结构性改革来替代经济刺激和杠杆化，因此，要花大力气减少行政审批、简政放权、降低中小企业税负，鼓励大家就业、创业，以此带动经济增长。这一药方短期虽然“味道不佳”（例如钱荒），但避免了抱薪救火式的经济调控，经济增长更具可持续性。

进一步分析新一届政府的政策实施内容，可以从公开的国务院常务会议纪要中窥豹一斑。自2013年两会结束至2013年11月15日，国务院常务会议共召开29次。其中有3次会议是落实两会、三中全会的决议，有两次会议是周期性的工作回顾与安排。在第一次国务院常务会议中，分解《国务院机构改革和职能转变方案》时，会议纪要中列出的9项任务，除了第9项要求整合土地管理和社保管理以外，其余的8项都是减少、下放或取消行政审批、许可、评比、行政收费、财政转移支付等。

其余的24次会议中有5次会议决定“取消和下放一批行政审批事项、评比，废止、修改行政法规，推进政府职能转变”，累计取消和下放200余项审批事项。同时严格控制新设行政许可，防止审批事项边减边增、明减暗增。有4次会议决定“简化公司注册流程，公平税负、降低创业成本，启动政府向社会力量购买公共服务，落实民间投资政策，激发社会投资活力”。会议要求，坚决打破各种对民间投资制造隐形障碍的“玻璃门”“弹簧门”，全面清理和修订有关民间投资的法规、规章，为民间投资参与市场竞争“松绑开路”。

国务院常务会议还有2次会议讨论“建立上海自贸区”，希望通过设立上海自贸区，探索政府经贸和投资管理模式创新，使之成为推进改革和提高开放型经济水平的“试验田”，形成可复制、可推广的经验，发挥示范带动、服务全国的积极作用。

从各次会议精神上来看，以减少行政审批作为政府职能转变的突破口，大幅减少和下放行政审批事项，真正向市场放权，发挥社会力量的作用，减少对微观事务的干预，激发经济社会发展活力，是本届政府2013年施政的核心内容。因此，截至目前，虽然“李克强经济学”的成果还有待时间检验，但就其施政初衷，无疑令人欢欣鼓舞，并获得学界与业界的普遍肯定，认为走在“对”的路上。

做对了什么

要回答本届政府做对了什么？就要先回答，中国面临着什么问题。从宏观上看，中国经济陷入长期增长乏力的阶段，主要表现在经济结构不平衡、区域经济不协调、增长模式不可持续。微观表现为过度依赖投资、人口红利消失、收入分配差距持续扩大、资源与环境濒临崩溃、金融系统性风险上升等。自党的十六大以来，政府开始正视这些问题，分别提出科学发展观、和谐社会的施政理念，政府频频介入经济活动，采取加大行政管制、使用财政补贴、干预要素价格等手段，试图缓解或解决经济增长的不平衡、不协调和不可持续。出台这些政策，在当时不无现实依据，但是，这些手段未能有效化解危机，甚至促生了新的问题，如房价高涨与鬼城并存、影子银行盛行、需求增长放缓等。在这种情况下，经济体变得很脆弱，稍有风吹草动，就有可能会引发系统性风险，2013年6月末的“钱荒”就是明证。

所有这一切问题的根源，在于资源配置机制出现了问题：资金价格被低估，导致过度投资；劳动力价格被低估，导致收入分配差距拉大；劳动力与资金在区域间流动受限或被政府干预，使得区域增长不协调；环保与居民健康需求被刻意压抑，导致了环保与资源的危机；长期坚持的计划生育干预了人口的正常生育行为，导致人口老龄化提前到来。

于是，经济运行效率不彰，重复建设与环境污染频现，经济增长的潜力被透支。经济活动的公平性被破坏，“大而不能倒”“国有而不能倒”的“僵尸企业”比比皆是，劣币驱逐良币现象存在于各个行业，经济主体根本没有动力去创新。

让市场在资源配置中起决定性作用，这一思路在党的十八届三中全会中被再次明确。所谓的不刺激、放松管制、简政放权、降低税负等一系列政策，究其本质，都是围绕着市场化在做文章。可见，做对机制已经成为新一届领导集体的普遍共识。

仅仅明确“对的机制”还远远不够，市场要发挥作用，必须要让市场机制落地。现在回头看十年前通过的党的十六届三中全会的决议，相当部分的条款放在今天仍不落伍，例如：

> 国家只审批关系经济安全、影响环境资源、涉及整体布局的重大项目和政府投资项目及限制类项目，其他项目由审批制改为备案制，由投资主体自行决策。对垄断行业要放宽市场准入，引入竞争机制。有条件的企业要积极推行投资主体多元化。放宽市场准入，允许非公有制资本进入法律法规未禁入的基础设施、公用事业及其他行业和领域。
>
> 大力推进市场对内对外开放，加快要素价格市场化……促进商品和各种要素在全国范围自由流动和充分竞争。征地时必须符合土地利用总体规划和用途管制，及时给予农民合理补偿。在城市有稳定职业和住所的农业人口，可按当地规定在就业地或居住地登记户籍，并依法享有当地居民应有的权利，承担应尽的义务。改进个人所得税，实行综合和分类相结合的个人所得税制。

鼓励社会资金参与中小金融机构的重组改造。在加强监管和保持资本金充足的前提下，稳步发展各种所有制金融企业。

但是，十年前就力推的改革内容，在今天依然步履艰难，有些问题不仅没有解决，甚至还有加剧的趋势。因此，明确方向只是万里长征的第一步。退一步讲，即便将改革意图落实到法律层面，并极具可操作性，我们依旧不宜盲目乐观。例如，国务院严令要求并坚持依法设定行政许可，做到“三个严格”：严格设定标准、严格设定程序、严格设定和实施行政许可的监督。做到能通过技术标准、规范等其他管理手段或措施解决的，不符合相关法律法规的，不得设定行政许可；定期评估行政许可，及时提出修改或废止建议。所有这些内容，在2003年8月27日通过的《行政许可法》中都有明确，并且法律的可操作性极强。但是，现实执行效果却很差。十年以来，政府大量的行政法规、部门规章和规范性文件更是频频突破其上位法——《行政许可法》，如调控房价的限购令、治理道路拥堵的车牌拍卖或摇号。

改革的方向既明，改革成败的关键就在于策略与决心。所谓策略，是指制定政策时的政治约束，一个成功的改革策略必须满足两个条件：一个可以有效消除改革前阻碍决策的动力、改革后形成的局面是不可逆转的。过去30多年的改革，有三次大的改革同时满足了这两个条件。

1978年，“文革”虽然结束，但经济困顿的局面没有改观，农民生活困苦，多数人吃不饱。安徽小岗村秘密试行“包产到户”的时候，“包产到户”尚是一个碰不得的禁区。小岗试验成功了，1980年邓小平公开肯定了小岗村，1982年“包产到户”写入中央“一号文件”，1986年更在《土地管理法》中明确了农地的使用权问题，至此，家庭联产承包责任制成为中国农业耕作的主要形态。

20世纪90年代初，中国经济陷入停滞。为推动改革，邓小平先后赴武昌、深圳、珠海和上海视察，明确经济建设是工作重心，不改革开放、不发展经济，只能是死路一条。以邓小平南方谈话为标志，社会各界不断凝聚改革共识，至1994年党的十四届三中全会召开，全面树立了市场经济的基础地位。在此基础上，《公司法》《担保法》《票据法》《商业银行法》《行政处罚法》等一系列保障市场经济运行的法律才逐步建立，构成了市场经济的基础制度。

2001年，中国成功加入WTO，这是最近的一次最重要的改革。入世承诺重塑了中国的市场经济运行体制，《立法法》《行政许可法》《政府信息公开条例》的立法以及数以万计的法律、法规清理，让市场在资源配置中扮演了更重要的角色，以此保持了经济增长持续处于高位、开创了入世后的十年黄金时间。

观察前两次改革，改革之初，阻力重重，改革的动力来自国内危机的背景和改革共识的凝聚。底层突破禁忌带来了爆发性收益，高层呼吁形成了舆论导向，消除了改革进程上的障碍，改革本身又争取了最大多数人的支持，让改革之势不可逆转。

加入WTO，源于内忧（亚洲金融危机带来的经济衰退），也源于外患（中国长期徘徊于世界贸易大门之外，长此以往就有被开除“球籍”的危机），入世之后的政策不可逆则是源于外部压力。

未来之路如何走

未来中国应该选择何种改革策略？从逻辑上看，改革的动力无非内生和外生两种。来自内部的改革动力一直都在，并且越来越强，收入分配差距拉大、环保压力等危机透支了社会稳定性，20多年前邓小平的“不改革开放，只有死路一条”，在今天依旧掷地有声。但是，内生性的动力如果能推进改革，需要有足够强的危机感，此时的改革前景的不确定性太高，往往“不成功，就成仁”。这种改革策略危险性很高，几乎是在走钢丝。

退一步讲，人们现在还处于相对幸福的状态，大家抗议房价高，但也没有露宿街头；环保是一个问题，但人们更怕贫穷，在很多城市环保的危机还敌不过贫穷；食品安全很重要，但深究人们的偏好，他们对生命的估价未必有那么高，路边摊该吃还在吃，食品安全系数提高带来的物价上升并不是人们所期待的。

关键的问题是，我们是不是一定要置改革的最佳时机于不顾，一直等到危机一触即发的时候才被迫启动改革？我们必须要等内部出现严重危机时才能凝聚起共识吗？再细究过去的数次改革，虽然内部危机很重，但改革更深刻的原因仍然是来自外部，20 世纪 80 年代初中国恐惧被开除“球籍”，90 年代初中国则致力于打破国际封锁。国际上怎么看中国，是否接纳中国并与中国做生意，始终是政治上的第一考量。以外部压力为动力，着力推动内部改革，顺应国际潮流，是中国改革开放可以成功的根本原因。

今天，我们依旧应该以开放推动改革。目前，国际发达国家正在酝酿新一轮的自由贸易协定，包括美国推动的跨太平洋伙伴关系协议（TPP）等在内的高标准自由贸易协定有可能成为下一轮的国际贸易准则。加入 WTO 是中国走出的一步好棋，理顺了国内市场经济的运行机制，也成就了 10 年辉煌的经济增长。事实表明，徘徊于国际新贸易体系之外就意味着落后与失败。以俄罗斯为例，入世比中国晚 11 年，这期间，国际经济格局已然逆转，中国成为全球第二大经济体、第一大出口国，是区域经济增长的核心动力，而俄罗斯在国际经济事务上的角色已经完全被边缘化。中国怎能错过新一轮自贸协议的历史机遇？

这就是上海自贸区的意义。据媒体披露，中美举行的双边投资协定（BIT）谈判中，双方的分歧集中在三个方面：一是市场准入，即准入前国民待遇和负面清单问题；二是公平竞争问题，主要涉及中国国有企业及竞争中性问题；三是权益保障，主要涉及金融服务、税收优惠以及征收补偿标准等问题，TPP 也与之类似。这些问题都是中国目前经济体制中亟须改革的内容，其中，上海自贸区已经在第一方面开始了尝试，并且逐步启动各项相关改革。一旦试验成功，便可以立即向全国推广，国家以此为基础，开始与美国等国家举行 TPP 谈判，融入全新的国际贸易规则。

策略既定，决心就成为决定因素。党的十八届三中全会《决定》已经展现了全面深化改革的决心。但是，这必然会有阵痛。例如，在中美 BIT 谈判中，如果中国全部实施美国标准，国有企业在没有财税优惠、低成本融资、土地优惠以及特许经营权等方面的优势以后，有些企业可能经营陷入困境，甚至破产清算。改革后的金融市场，市场在资源配置中起到决定性作用，那么，绩劣金融企业倒闭、债券违约等单个金融产品或者局部性风险不可避免，单个银行破产也将在中国发生。这对当前刚性兑付遍及几乎所有的银行、信托的形势下，是一个严重挑战。

但这还远远不够，决心是否坚决，需要行动来检验。可以说，没有比让国有企业私有化和让绩劣金融企业破产更能证明“市场已经在资源配置机制”发挥了决定性作用。这也是检验市场是否发挥决定性作用的试金石。同时，也没有比用法律束住政府的“干预之手”更让人信服政府转型职能的决心，这需要以法律形式确立政府的行为边界，非法律明确即为违法，同时让政府违法行为可诉、可追究、可处罚。这才是我们期待的“李克强经济学”的第二季。

中国下一站

过去几年，中国连续举办了北京奥运会、上海世博会、亚信会议，规模盛大、场面喜人，连创世界纪录；中国的基础设施投入连创新高，中华大地处处可见大型工程的施工场景。不管从何种严苛的角度，中国正处于一个飞速增长的阶段，充满着奇迹。2008 年以来的次贷危机，中国经济一度成为全球经济的引擎，是全球经济的亮点。

这些是中国的全部表现吗？显然不是。与 GDP 位居世界第二相比，劳动者报酬占 GDP 的比重连年下降，经济增长而劳动者不增收的现象年年呈现。与财政收入全球第二相对应的是，中国义务教育仍未落实，教育经费占 GDP 的比重远低于政府十几年前承诺的占 GDP 4% 的标准；医疗保障覆盖面窄，并且主要以公务员和事业编制员工为主；养老保险仅局限于部分城市居民，大量的农村户口未包含在内；事实上，我国基本民生投入占 GDP 的比重，在全球排名比较靠后。不仅如此，作为公平的财富再分配机制——转移支付——在中国当下出现了马太效应的分配结果，经济适用房、医疗保障等一系列旨在平抑财富差距的社会政策，其政策的归宿大多是社会的富裕阶层，甚至是豪富群体，例如，深圳市近几年就持续对资产数百亿的腾讯总裁马化腾给予购房补贴。

随着经济发展的推进，人们从早期的满足于温饱，转向对适宜舒服的生活环境、稳定可预期的安全感等的向往，而这种向往除了物质方面的追求以外，还包括对政治权利、社会氛围、生活自由度等的需求，这些也远非经济增长本身可以解决的，也逐渐成为当前社会危机的主要来源之一。

近几年的种种现象已经可以认定，我们已经站在历史发展的转捩点上，我们要追问自己，我们想要什么样的生活？要追问社会，中国下一站应选择何种未来？要追问政府，什么才是它应该做的？

我们想要什么样的生活，与中国下一站应选择何种未来，这两个问题并不缺乏共识，这也就是经济学中“经济发展”的概念，抛开作为经济发展基础的经济增长，还体现在以下两个方面：

第一，经济结构的改善与优化，包括技术结构、产业结构、收入分配结构、消费结构以及人口结构等方面；

第二，经济质量的改进和提高，包括经济效益，经济稳定程度，卫生健康状况的改善，自然环境和生态平衡以及政治、文化和人的现代化进程。

换言之，如果说以前改革的策略是“做大蛋糕”（增长），那现在应该更重“分蛋糕”（发展），转向调整经济结构、优化经济质量，更进一步推动政治、社会等领域的现代化。

为何中央提出的“经济发展”在落实的时候变了味？

这是因为，就性质而言，经济增长重数量、看总量，容易成为政府“长官”的增长（为政绩而战），而经济发展重质量、看个体，只能是平头“庶民”的发展。而在经济政策的推动力，“长官”的话语权或远大于“庶民”，重增长而轻发展的格局也就顺理成章。更进一步，凡是有利于增加长官权力、削减长官义务的事情更容易通过，其对应的自然就是削减庶民权利、增长庶民负担，也即秦晖所言的“权力玩弄权利”。面对这种局面，怎么可能指望“权力”自动为“权利”考虑，让他们注重发展而非增长呢？这也是当前政府腐败多发、既得利益集团阻碍改革和社会保障与收入分配改革难的主要原因，也正是因为最广大的民众在税收、财政支出、政府职能、选举等方面没有发言权，致使它们成为出口导向经济的“比较优势”成为中国奇迹的垫脚石（而非分享者）。

从应然的角度来看，打破这一循环的要点在于调整长官权力与庶民权利的界限。我们认为，要完成这一调整，需巩固并完善现行宪法等一系列法律赋予庶民的权利，包括人权、财产权及公民权性质的政治民主权。然而，问题的关键就在于，这一调整如何可能？从调整的动力而言，其一，执政阶层的主动调整，赋予庶民用手投票的权利，通过不断的妥协、互动完成调整，这个进程是温和而可控的；其二，不可妥协的双方形成愈演愈烈的局势，势必会产生冲突，调整将不得不在动荡中完成，其进程是激烈而无法控制的。

新的中国故事

2010 年 3 月 23 日，美国著名投资公司 GMO 发表了研究报告——“中国的红色警报”，列出了中国可能发生经济危机的 10 个特征。自中国加入 WTO 以来，美国华尔街和政策界就追捧“中国概念”“中国模式”，而中国市场动辄以美国对中国的判断唯马首是瞻，一时间国内外对“中国模式”推崇备至。但近年来国内外对中国故事能否一如既往地讲下去，心存疑虑。早先时候，美国著名的空头投资者詹姆斯·查诺斯（James Chanos）就曾预言，中国经济可能面临巨大的危机。因此 GMO 的报告一面世，就引发了中国是否存在泡沫的又一次大讨论。

5 年过去了，这一争论持续至今。

中国过往 30 多年经济增长迅速，每年 GDP 增长近 10%，是同期美国的 3 倍多，是世界平均水平的 9 倍。仅就经济增长而言，中国的发展足以当得起“中国奇迹”的称号。为什么有中国奇迹？中国能否保持这个奇迹？这也是公众界和学术界一直追问的问题。如果我们换种说法，把经济增长的奥秘当成一个故事，那问题就是，中国哪里有故事？中国现在这个故事能一直讲下去吗？

中国故事的版本很多，对中国奇迹的信心是否充足也源于对这些故事的信服程度。可以说这些故事都从一个或几个片段讲述了中国经济迅速增长的原因。这些中国故事的要点包括产权改革（不断的私有化进程）、后发优势与发展战略的良好配合、中国计划生育形成的人口红利（低社会抚养率）、县域经济竞争的效率改进、中性政府及其扶持之手、低要素的成本优势等。这些故事，大多是面向投资者的：有的面向国外资本，有的面向国内民营企业。从某种程度上来说，中国的经济增长确实是向投资者讲述了许多好故事，吸引了大量的FDI、民间社会资本，继而激活了中国闲置的产能。这也是中国投资率持久居高不下的重要原因。在中国产能过剩的时候，中国又向世界讲述了一个产品低价优质的故事，在2001年加入WTO后，极大地开发了外需市场。

但这些故事，投资客开始厌烦或生疑。厌烦的情绪可以理解，在中国发掘新故事、寻找明日之星也是资本市场孜孜以求的梦想，当前城市化进程进入学术界和资本市场的视野，多数经济学家和投资观察人士认为进一步的城市化可以带动国内消费和投资，以维持当前的经济增长势头。即使不谈中国的众多人口带来的城市化红利，中国经济水平仍处于世界较低水平，未来发展的空间甚是巨大。可以说，只要肯下功夫，中国肯定能创造出新的故事，吸引更多的投资者。

然而关键在于如何抚平对未来中国故事的疑虑，这些疑虑包括政府对经济不当的干预措施、低效的政府绩效、遍及各经济与政府部门的系统性腐败，还包括迟迟未见改善的国企改革、价格改革、经济决策机制改革等。而核心正是在于这些疑虑在现有的体制之下是无法去除的。这直接导致中国创造新故事的潜力可能有限。

一直以来，以经济建设为中心是党的执政理念，中国经济体制改革的过程平稳而又富有生机。但我们需要知道，中国的奇迹在于过渡性制度安排，在制度变迁的过程中，制度安排的速度、策略可能存在差距，但不代表转轨的彼岸中国可以独辟蹊径。对于大多数投资者来说，中国故事的核心仍然在于稳健的财政政策和经济开放。

可以说，当前的经济改革已经挖掘了现有政治体制内的最大能量，而下一步，就必须启动收入分配、国企垄断、宏观经济决策模式等领域的改革。而关键则是转变讲故事的机制，从向国内外投资者讲故事，转为向更广泛的国内消费者来讲故事。

对于大多数消费者来说，他们是中国劳动力的主要来源。从长远计，向消费者说故事，由消费者掌握说故事的主动性，是中国故事长存久远的必经之路，中国改革必须在更基础的层面展开。

在2010年温家宝总理所做政府工作报告明确指出："发展社会主义民主，切实保障人民当家作主的民主权利，特别是选举权、知情权、参与权、表达权和监督权。进一步扩大基层民主，健全基层自治组织和民主管理制度，让广大群众更好地参与管理基层公共事务。"党的十八届四中全会的决议明确要求，"行政机关要坚持法定职责必须为、法无授权不可为……推行政府权力清单制度，坚决消除权力设租寻租空间"。

中国未来要保持经济的可持续增长，就要加强民主和法治建设。

失衡，谁的错

从经济发展的转折点来看，自1996年第三轮软着陆式的宏观调控生效以来，中国先后经历了东南亚金融危机、经济衰退、加入WTO、经济复苏到过热，到2008年下半年经济衰退显现为止，在12年间经历了一个完整的经济周期。与此伴随的，是中国执行的以出口导向的发展战略，出口贸易额占GDP的比重从1998的20%上升到2010年的40%左右。国内外社会各界对国际收支失衡问题关注焦点也经历了三部曲。其一，出口导向的增长策略导致了1991年以来的“双顺差”为特征的中国国际收支局面，这是随后诸多故事的主要源头。其二，作为出口导向发展战略的政策辅助，压低人民币汇率成为1998年以后汇率政策主要思路，同时也催生了各国敦促人民币升值的政治压力。其三，持续双顺差形成了巨额外汇储备，除了外储保值增值以外，因外储过大产生的冲销、热钱涌动、资产泡沫等问题，严重影响了国内货币政策的独立性，宏观调控空间受到了很大限制。

然而，如果仅仅从两国或一时的国际收支来着手，恐怕并不能观察到症结的全貌。全球化是国际收支失衡的时代背景。在全球化趋势不可扭转的背景下，基本每个国家都主动或被动地卷入其中。但参与全球化活动的收益显然并不均等，收益多寡是一个问题，而被边缘化则是更大的威胁。

而解决中美的国际收支失衡及因此产生的经贸摩擦，我们还必须引入一个更为根本性的因素——劳动力。中国过剩的生产能力源自投资与生产能力。

高储蓄率决定了高投资率，大规模的廉价劳动力在高投资的作用下迅速升成为生产能力。资金、技术和商品迅速在全球经济体系内流动，但劳动力却是难以在全球范围内流动的。所以，以中美国际收支失衡为代表的全球国际收支失衡局面，其根本症结在于，商品可自由流动，而劳动力不能，也就是说随着全球化的深入，部分生产要素的流动却并未同步，这是全球化所带来的矛盾。2008 年爆发的国际金融危机，也从另一个侧面显示，全球化所带来的国家之间专业分工可能无法持久深入分化。可以预计，只要全球化继续深入，未来全世界仍有大量的农业人口要转变成工人，不仅美、欧、日等发达国家的低端产业工人要面临着中国劳动力的竞争，中国的劳动力也将面临其他新兴经济体的潜在竞争。国际收支失衡不仅会体现在中美之间，还可能体现在中国与其他欠发达国家之间。

在人民币面临巨大升值压力、外汇储备高风险以及国际收支失衡下的宏观调控困局之下，中国选择具有中国特色的出口导向政策，即追求双顺差的国际收支局面，但在遇到国际汇率升值压力时迟疑不决，继而陷入了当前的美元陷阱。这就形成了“富人向穷人借钱，富人不让穷人借钱给他，富人不愿或无力还钱”的局面。不管双顺差、汇率稳定对当初的经济复苏如何重要，在国际形势发生变化时，政策都应及时调整。然而由于政策产生的路径依赖，使得政策调整变动十分困难，随着境况的恶化，政策调整的空间越来越狭窄，调整的成本亦越来越高。

中国不应恐惧人民币升值，人民币升值不仅有助于缓解中国日益严重的国际收支失衡，还可以改观国内储蓄与投资占 GDP 比重过高的不正常现象。过去的数年内，人民币也持续地升值，确实极大地消除了储蓄与投资的失衡。但我们还是要追踪问题的根本，国际收支失衡在于双顺差，而这是结构性问题，无法通过宏观经济政策（财税等刺激内需）在短期内加以纠正，中国必须尽快调整外资、外贸和产业政策，这包括大量的要素资源价格扭曲、财税优惠政策配置、政府对投资等的不正当干预、地方政府在错误政绩观指导下的盲目引资等。

道理不难明白，但真要做起来，事情就会复杂起来。以人民币升值为例，在人民币资本不可兑换的情况下，人民币均衡汇价缺失，汇率升值意味着出口优势降低，在出口占 GDP 比重达 40% 的情况下，中国经济增长的动力很成问题。当然，这是中国未来将要面临的转型，长痛不如短痛。但人民币的升值则会直接影响国内实际利率的提升并倒逼利率市场化的进程，而利率市场化意味着国内金融体系垄断地位的消失，而廉价资金消失，意味着大部分靠垄断要素资源生存的国有企业、地方政府将陷入亏损境地。

此外，消费不振、消费占 GDP 比重过低是当前经济增长的结构转型的最大障碍，其原因无非是居民没有能力消费和不敢消费，这是因为初次要素分配的不合理、劳动力价格被长期压抑的结果，也是教育、医疗、住房等被推向市场，二次分配没有起到劫富济贫的作用。而究其根本，都是因为最广大的民众在税收、财政支出等方面没有发言权，致使他们成为出口导向经济的“比较优势”（劳动力成本低、因被迫储蓄使得资金成本低）。同样的问题，也存在于外汇储备，同样是巨额外汇储备，日本是藏汇于民，而中国则收汇于国。我们固然可以辩解，外汇收于国家，是因为中国金融体系还不完善，保障国家安全，但这似乎更像一个政治问题。

在经济发展的历史关头，需要勇气，正如一位我十分尊敬的经济学家——余永定所言，“改革的时机应由政治家把握，但拖延不是出路”。我们同样希望决策层显现出改革的勇气，只有走出了这一步，走好这一步，在未来的几十年，中国才能够继续保有稳定、高速的经济增长。

人口红利，抑或负债

数据显示，2014 年中国 15 ~ 59 岁劳动年龄人口为 9. 1583 亿人，占总人口的比重为 67. 0%。同时，这一数字比 2013 年减少 371 万人。劳动年龄人口自 2012 年起第一次出现绝对数量的下降，并连续三年下降。国家统计局局长马建堂曾指出，至少在 2030 年以前，劳动年龄人口将稳定、逐步地有所减少。与此同时，2014 年城镇就业人员比上年末增加 1070 万人，也明显低于 2013 年的 1138 万人和 2012 年的 1188 万人。

中国强制实施的计划生育改变了人口结构，其中的一个副产品是人口红利，即因为劳动人口在总人口中的比例上升而带来的经济增长效应。这一理论最早被哈佛大学的大卫 · 布鲁姆（David Bloom）与杰佛瑞 · 威廉森（Jeffrey Williamson）等人用于解释亚洲四小龙等东亚国家的经济增长，他们认为 1965 ~ 1990 年东亚经济增长中的 1/3 都要归功于人口结构变化所带来的人口红利。

对中国来说，这一理论同样奏效。蔡昉等国内学者认为 1978 年以来，总抚养比下降对中国储蓄率的贡献率大约为 5%，对中国经济增长的贡献为 1/4 强；如果把未来 15 年左右人口红利也计算在内，人口转变对中国经济长期增长的贡献在 1/3 左右。但人口红利总有结束时，这时中国长期经济增长将趋于放缓。早先很多专家预测这一时间为 2015 年，没想到提前了两年。

人口红利的未来是人口负债。当劳动年龄人口增长停止时，人口结构步入老龄化，劳动生产率下降，人口抚养比开始上升，继而经济增长放缓。虽然如此，居民的收入也不一定会降低，因为人口红利后期，居民对步入老龄化已经有预期，会倾向提高储蓄率，并形成对海外高速增长经济体的投资，以此保持较高的收入。这时 GDP 增速虽缓，但 GNP（国民生产总值）增速未必会慢，日本等国即是如此。

相比之下，中国的境况要糟糕得多。首先，劳动生产率在地区间和城乡间存在较大的差距，这使得“一个中国，两种发展阶段”遍布于城乡之间、东西部之间。可以预见到的是，劳动年龄人口比重的降低，只会加剧城市对农村、大城市，对小城市在劳动年龄人口争夺的激烈程度。农村与落后地区的经济增长最先开始乏力，他们也将率先进入“未富先老，老无所依”的窘境。

其次，眼下失衡的分配政策，过多地透支当代劳动力的福利。与欧美发达国家的城市化路径不同的是，中国的城市化进程缺乏发达的金融市场，为城市化进行的融资过多依赖通过房地产向未来进行融资。这一模式的后果就是拉高了房价，全面抬升了城市劳动力的生活成本，使他们的工资长期仅略高于生存成本的警戒线，无法积累财富。再加上城乡身份差异等带来的阶层固化，开始出现赢者通吃，阶层之间的流动越来越困难。今天城市里的劳动者不仅无法为明天的养老积累更多的财富，可能连一份体面的生活都无法维持。富士康的“连环跳”如是，“房奴”“卡奴”亦如是。

此时，当务之急是调整计划生育政策，中国要在几十年后依然保持大国地位，人口优势是必不可少的基础。然后，我们才需要直面存量劳动力的转型，亦即马建堂所提通过提高劳动生产率，通过培训和灵活的就业方式，继续保持人口红利对中国经济增长的推动作用。

但我们必须看到，是什么阻碍了劳动生产率的提高？一方面，劳动年龄人口出现下降，城市出现大面积民工荒；而另一方面，中国城市的登记失业率还长期保持在4%以上，加上非户籍常住人口的失业，为7%左右；而农村从事农业的统计人口超过2.5亿，潜在失业率非常高。劳动力短缺与劳动力过剩同时存在，显然劳动力市场最大的问题，不是总量问题，而是结构性问题，不仅严重浪费了当下的劳动年龄人口，还造成了区域之间的经济增长差异，而这些都指向了户籍制度。

因此，在劳动力结构性失衡的背景下，教育培训、劳动技能提高不过是提高劳动生产率的小修小补，户籍等制度樊篱是此前人口红利未能惠及劳动者的重要原因，也制约了后人口红利期，劳动力依靠积累的财富提高财产性收入的可能性。更为重要的是，人口红利消失并不可怕，养老保障也并不一定要依赖于社会财富的存量积累，如果劳动生产率水平较高，较少的劳动年龄人口仍然可以承担较高的社会抚养水平。

再扩展来看，以劳动力为代表的要素市场依然处于严格管制的状态，土地、资金等资源的配置存在严重的扭曲，不仅降低了效率，还引发了一系列的结构性危机，例如流动性泛滥与资金饥渴同时出现，商业用地紧张与工业用地浪费并存，这些问题与户籍制度一起束缚了劳动力价值的实现，也是可持续经济增长的最大障碍。当然，要素可以自由流动并非易事，这更多的是政治体制改革领域的任务。

PPP 是浮云

2014 年 4 月 29 日，世界银行发布的 2011 年“国际比较项目”报告指出，以 PPP（购买力平价）计算，中国的经济规模在 2011 年已经达到美国的 86.9%。根据近几年中美经济增速计算，中国在 2014 年经济规模将超过美国成为世界第一。世界银行的“国际比较项目”，每 6 年收集可供比较的价格和支出数据，用 PPP 来衡量不同经济体的规模及对比关系。

如何估计一国经济规模的大小？本国内部一般用本国货币核算 GDP，但在国际比较的时候，各国计价货币不同，需要通过汇率转换让 GDP 总量可比较。现有的实际汇率是通过市场交易产生的，即 1 美元在外汇市场上可以买到多少人民币，美元兑人民币的汇率就是多少。因此，汇率就是国外与国内的价格水平之比，在本国来看，也就是可贸易部门（可以用外币计价）与不可贸易部门的价格比。

以此计算，2013 年美国 GDP 为 17.4 万亿美元，同期中国 GDP 为 56.9 万亿人民币，按当前 1∶6.26 的汇率，约合 9.09 万亿美元，为美国 GDP 的 52%。如果按照 2008 年中国汇率改革之前的汇率计算，2013 年中国的 GDP 只有不足 7 万亿美元，不到美国的 40%。可见汇率对 GDP 的国际比较影响很大。

与市场汇率不同，购买力平价是另一种汇率决定的理论。它认为同一种商品或服务在不同地区的真实价值应该是一样的，经汇率换算后的价格也应该一样。一个最为流行的衡量购买力平价的应用是《经济学人》杂志发明的巨无霸指数。这个指数对比全国各国的麦当劳分店的巨无霸汉堡的价格，测量购买力平价法下的汇率。例如，最新的数据显示，一个巨无霸在中国平均卖 16.6 元人民币，在美国卖 4.62 美元，那么 1 美元 =3.59 元人民币，而实际汇率 1 美元 =6.26 元人民币，人民币被严重低估。除此之外，还有中杯鲜奶咖啡指数、可口可乐指数等。

通过市场汇率与购买力平价得到的各国 GDP 排名是完全不一样的，2012 年的印度 GDP，以实际汇率计算为 1.87 万亿美元，而用 PPP 则为 4.79 万亿美元，较前者多出 156%。这是因为对于大多数印度人来说，进出口贸易和他们无关，汇率的高与低影响不到他们的生活。即使印度卢比相对美元贬值一半，在国际上看来印度人的收入降低了 50%，但印度人的实际生活也不会有什么变化。

虽然不可贸易部门的价格水不受汇率影响，但可贸易部门的价格却由国际市场决定，这导致汇率是由可贸易部门的收支情况决定。由于印度是发展中国家，其货币的国际竞争力相对弱势，货币被低估的可能性更高。几乎所有发展中国家，尤其是人口大国，其实际汇率都存在被低估的现象。

购买力平价法可以解决这一问题，16.6 元人民币虽然在实际汇率上只值 2.65 美元，但却可以买到和美国 4.62 美元相同的巨无霸，如果能收集足够多的日常消费类别，无疑可以相对准确地计算出以本国购买力来衡量的汇率水平。然而，这么好的方法，在国际比较中很少被用到，只有世界银行、国际货币基金组织（IMF）和美国中央情报局（CIA）三家组织系统性的使用 PPP 计算各国 GDP。

为什么 PPP 不流行，这需要追问，我们为什么要进行国际 GDP 的比较？因为，我们要衡量的各国经济实力，体现的是一个国家的综合实力。这种国际比较中最重要的就是可贸易部门的价格水平和竞争力。而 PPP 没有考虑一国之内，还有大量不可贸易部门，以及可贸易部门的贸易壁垒、关税种种限制。对于美国来说，中国一个偏远地区、不通贸易的小村庄的经济产出，与美国经济不发生任何联系，其价格高与低对美国来说都无关紧要。而以美国为出口目的地的中国工厂，其劳动力价格、土地价格就十分重要。同样的球，中国人偏爱羽毛球、乒乓球，而美国则喜欢橄榄球和棒球，两者在各自国家内稀缺程度完全不同，价格根本没有可比性。

显然，实际汇率的高与低，反映了一个国家在国际贸易中的竞争能力，而可贸易部门是导致汇率变动的最主要的原因，以汇率来衡量国家间经济实力的强弱，更贴近国际视野下国家的真实实力。事实上，大多数竞争行业的商品定价的原则都是以边际定价，例如，一个小区的房价是由一段时间内售出房屋的平均价格决定的，虽然大多数房屋并没有交易过。同样，中国的国际实力是由可贸易部门决定着，而于大多数不可贸易部门是没什么关系的。

这意味着，以 PPP 来进行国际比较，虽然相对准确地估计了不可贸易部门的实际产出，但这些产出对于提高发展中国家的国际竞争力并无用途，会高估发展中国家的国际竞争力。最后我们会发现，虽然中国的 GDP 已经超过美国，但这些是以 PPP 计算的，属于超出实际汇率带来的产出，并不能增加中国对美国的进口，纯粹是纸面上的财富。

美国创新，中国制造

从2012年起，大批美企正在从包括珠三角在内的中国悄然撤退，越来越多的“中国制造”正在摇身变为“美国制造”，其中包括消费品巨头佳顿(SARDEN)、卡特彼勒（NYSE CAT)，耳机生产商Sleek Audio，玩具生产商Wham-O，福特（Ford）公司等。《纽约时报》（*The NewYork Times*）也报道了同样的现象，一些美企已经把一些企业的制造业工作岗位转回到美国本土，如星巴克、美国通用电气公司（GE）等公司。到2015年，这一现象也扩展到苏州等地，三星等外资公司关闭中国的代工厂。

美企为何要返回美国生产?《纽约时报》认为它们这样做有些是因为美国劳动力成本有所下降，有些则是因为对进口中国的产品质量不满意。从更宏观的视野来看，此举却是对全球化进程的“反动”。近几十年来，全球化突飞猛进，全球化为企业更有效率的资源配置提供了可能，已经改变了一百年以前的世界经济布局。

以跨国企业为代表的微观经济主体在全球范围内优化生产要素的配置，造就了当前复杂的全球产业链。资本的全球配置与商品的全球流动使得国家之间的分工越来越明显，中国就是典型代表。改革开放前的中国，缺乏资金、技术和管理优势，但大量富余的农村人口以及快速的城市化步伐，使得中国有着丰富的劳动力资源禀赋。劳动力丰富，则价格便宜，入世以后，凭借这一主要优势，中国迅速在全球产业链的分工中占据了“世界工厂”的位置。

那么，美企撤出珠三角等地，是否意味着中国已经到了劳动力比较优势消失的时候了呢？近年来，珠三角等地连连传出“民工荒”、工资涨幅过快等新闻，学术界也频频预警刘易斯拐点即将到来，似乎都暗示着劳动力人多价廉的时代行将结束，不过这种判断仍值得推敲。

从最低工资来看，2009 年 7 月，美国将联邦最低工资涨至 7.25 美元，按每月 21.75 个工作日、日工作 8 小时计算，折合每月 1260 美元；而北京 2012 年最低工资仅为 1260 元人民币，深圳高一些，也才 1500 元，是美国全国水平的 1/6。从平均工资来看，美国劳工统计局 2009 年统计的数据显示，全美在职工作人员年平均工资是 43460 美元，同年深圳的在岗职工年平均工资为 46723 元人民币，也为美国的 1/6。考虑社会平均工资的统计口径差异，企业在岗职工的实际平均工资更远远低于这一数字。

近几年，中国劳动力成本上升得很快。据 BCG（波士顿咨询公司）的“全球制造业成本竞争力指数”的数据，2014 年，中国劳动力综合成本指数为 10.2，而美国为 18.2，虽然差距大大缩小，但相对美国的竞争优势还是十分明显。

退一步说，即便中国的劳动力太贵，美企产业转移的方向也应该是东南亚、洪都拉斯等国家和地区。过去几年，外企“东南飞”的风一直在吹，也有部分纺织工厂向越南、孟加拉国等地转移，但规模不大，不成气候。中国之所以可以成为世界工厂，除了劳动力的成本优势外，还有很多深层次的因素。自高校扩招以来，中国人口素质日益提高，劳动力物美价廉在很长一段时间内都是可以预见的事情。中国产业配套能力很完善，在 IT 产业、重工业等物流、生产等一系列相关的产业链是其他劳动力丰富的国家无法比拟的。土地所有制、政治治理结构等背景，更使得中国可以因地制宜为外企量身定做发展环境，这是外企在全球范围内罕见的待遇。因此，如果单纯从经济效率上考虑，中国在很长一段时间内，都将是全球生产基地的首选。

既然这些美企将生产环节撤出中国、返回美国不是基于经济上的考虑，显然就是因为政治的因素。中国出口大幅增长（一度高达 GDP 的四成）的结果是“中国生产，美国消费”，即美国部分言论所指责的，中国向美国出口了失业，抢夺了美国劳动力的工作，尤其表现在制造业。综观近几年中美经济领域的对话，议题总绕不开如何缩小中国的贸易顺差，如何让中国多消费、少出口。这些议题所隐含的都是让中国的产能自产自销，以保护美欧的就业岗位。

美方的这些指责在当前美国失业率高企、经济增长不振的背景下也显得格外理直气壮。在美国新一届总统大选之际，碍于美国国内的舆论，美企小幅度迎合一下公众和政治家的期望，无可厚非。这才是美企撤离珠三角，返回美国的真实原因。

一时的作秀无关紧要，问题在于，美企返回美国生产会成为趋势吗？美企返回美国，可以即时增加美国的就业，看上去很美，但这是美国想要的吗？全球化的结果确实让中国出口了更多，但美国也享受了低廉的商品，保持了十数年的低通胀和高增长的经济周期，虽然其制造业就业受到冲击，但知识产权、资本利得等方面是得利的。以中国 2011 年的国际收支平衡表为例，货物贸易处于顺差，但服务贸易、投资等领域却是逆差。没了中国制造，对美国大部分人来说，随之而来的就是通胀高企、质次价高的商品，直面的问题就是实际购买力的缩水。十几年以来，美国人习惯了物美价廉的中国制造，他们会为部分制造业的就业低迷放弃这种好处吗？

综观世界各国经济的发展，无不以打破内部贸易壁垒、促进要素自由流动为政策导向。新近的全球化则把这种政策导向扩展到全球范围，这使得以跨国企业为代表的微观经济主体可以在全球范围内配置生产要素。资本、劳动力的全球配置与商品的全球流动深化了国家之间的分工：中国变成世界工厂，美国变成世界的创新中心。

从更长周期的视角来看，今天制造业国别分布的发展趋势，只不过是让分布结构变得更合理一些。在彼得·马什（Peter Marsh）的统计中显示，在

1800年，目前被称为是新兴市场国家的制造业产出占全球的比重高达71%，其中，中国为33%，而到了2011年则为46%。对应的西方国家，从1990年开始，制造业占全球的份额就一直下滑，从76%降至54%。

这其中的主导力量就是这些国家参与制造业的劳动力的数量与质量发生了变化，中国的崛起正是因为大量的农业劳动力同时转化为制造业劳动力，而美国的劳动力则更多聚集于技术进步和创新。从这一点出发，美国能否重返制造业第一，欧洲能否夺回新兴市场挤占的份额，取决于其制造业所属层次的优势、劳动生产率的优势，是否完全超越了中国及其他新兴市场国家，也取决于其主观意愿，是否愿意产业降级，在同层次的制造业与中国展开竞争。

回过头来，我们再来看全球化下的中美两国到底发生了什么？以往，我们单纯地从“商品+货币”层面解释，化解中美的经贸摩擦。人民币汇率、扩大中国内需等议题都从这方面入手，但似乎“无解”。事实上，我们忽略了一个更为根本性的因素——劳动力。中国的快速城市化为全球带来的影响，从表面上来看是丰富低廉的商品，本质上却是劳动力的输出，大批量农业人口持续转化成城市就业人口，这一新增数量甚至大到可以和美国全国人口规模相当。

全球化的背景下，资本与商品在流动，而劳动力却受限于国籍的樊篱，无法自由流动。从经典的经济学理论中可以看到，中国农业劳动力的收入很低，低到仅为中国城市劳动力的1/3以下。相较之下，美国劳动力价格明显被高估。有效率的统一市场，应该是中国大量向美国出口劳动力，新进移民将系统性地压缩现有劳动力的工资水平、社会福利及其他劳动力保护政策，使之与中国劳动力的收入水平相当。

而被严格管制的美国移民制度，出口劳动力显然不可能。因此，中国农民向城市就业人口转移的过程，冲击的只是中国在城市的劳动力，城市劳动力的工资水平被抑制。随着中国深入参加全球分工，这种冲击会通过商品贸易传导到包括欧美在内的开放经济中的城市就业人口。况且中国进城的农民，工作更努力、更拼命，是生产型企业的最佳劳动力人选。在全球产业分工的过程中，发达国家可贸易部门的劳动力，在跨国企业眼里自然是质次价高，不被列入考虑的范围。即便如此，美国的产业工人对大规模进口廉价的中国商品也会感觉受到威胁或心生不快，他们没有想到的是，如果开放移民，他们的境界恐怕更加糟糕。

因此，美国制造的出路无非两条。第一，美国制造业去全球化或者退出全球化，美国的就业人口自然可以免除中国进城农民的冲击。但这可能吗？全球化是美国能有当今国际地位的主要背景因素，美国是全球化的受益者，没有中国的生产，美国超市琳琅满目、物美价廉的商品从何而来？美国的跨国公司动辄上千亿美元的营业额如何完成？

既然不能退回自给自足的经济环境，那美国的劳动力就必须正视中国进城农民的冲击，美国要考虑的不是把中国的商品赶出国门、自产自销，而是促进美国的劳动力转型，同中国的进城农民进行差异化竞争。不得不指出的是，如果美国的劳动力拿着比中国进城农民高几十倍的工资，却没有做出相应的绩效，那他们注定是要被淘汰的，这是市场竞争的结果，无关其他。

在北京、上海等国内大城市，总有部分本地居民以敌视的眼光看待外地人，他们对外地人抢占了他们的就业岗位、医院床位、子女入学名额等行为耿耿于怀。但他们似乎忘记了，上海、北京能发展起来，有着低价优质的公共服务，这和大量外地人的涌入是密不可分的，本地人旧房拆迁可以获得的巨额补偿金和外地人的购房热情有直接关系，本地人的社保福利可以维持在较高水平也是因为外地人的缴费基数不断扩大的结果。美国产业工人对中国制造的排斥和上海本地居民报怨被外地人抢了工作毫无二致。美国的移民管制和京沪的户籍制度又有什么本质的区别？

幸运的是，这并非主流，户籍制度的消融是迟早的事情，京沪本地的大部分居民已经学习不再抱怨，而是提高自己在大城市的求生技能，勇敢地同“新京沪人”进行差异化竞争。对美国的产业工人而言，也是如此。

断层线，无处不在

进入 2015 年，美联储是否加息的预测成为全球经济预测的核心议题，美国退出 QE（量化宽松）、启动加息是国家之内的货币政策，但溢出效应不可忽视。在此之前，印度最负盛名的新任央行行长拉古拉姆·拉詹（Raghuram Rajon）就已经开始推动金融业改革，以此抗击美国 QE 退出对印度的冲击。他的政策又受到国内政治势力的抵制，对此，拉詹表示，央行的职责本来就不是争取选票或脸书（Facebook）上的“赞”。而巴西、印度尼西亚等国也不得不频繁加息应对危机。

这一局面并不是印度特有，摩根大通为此命名了“脆弱五国”，以描述印度、南非、土耳其、巴西和印度尼西亚目前所面临的窘境：这五大新兴经济体在美联储 QE 退出时面临巨大的挑战，如资产价格暴跌、汇率贬值。更不确定的事情是“脆弱五国”会如何应对这次危机，因为它们中的四国将在 2014 年迎来大选，党派的纷争与国内选民思潮的跌宕加剧了它们将面临的危机。

为何新兴经济体要承受美国带来的冲击？因为美国是全球的中心国家，美国是全球的储备与计价货币，在美国开始实施 QE、货币扩张后，新兴经济体通过资本流入、贸易顺差拿到了过多的美元，不得不放松银根以冲销美元。被动的货币扩张使得新兴经济体出现了通货膨胀，继而物价飞涨、收入分配差距拉大、股市波动剧烈。在这种背景下，选民开始上街示威抗议通胀带来的工资贬值，党派中民粹主义抬头，以此吸引选民，政府执政时以补贴、刺激消费等政策讨好选民的现象也比比皆是。2013 年以来，巴西上调公交车费引发抗议示威，印度尼西亚取消燃油补贴也导致了示威运动，印度准备通过《食品保障法案》以低价向低收入群体提供食品，都是这一背景的产物。简而言之，虽然这是美国进行美元扩张的战略，但这是新兴经济体自身的问题。

除此以外，新兴经济体内僵化的体制未能在持续扩张的全球化中进行及时调整，改革的迟缓或停滞加剧了这种冲突。印度近些年增长迅速，但仍然有三成以上的人口生活在贫困线以下，农村人口更高达七成。这迫使政党在制定政策的时候，不得不迎合选民，补贴与计划的思维遍布经济社会中的各个角落。

但这与全球化所要求的市场化方向格格不入，反市场的行为也意味着经济体在应对外部冲击时缺乏灵活性，只能被动地接受，这就是 2013 年以来印度卢比承压的重要原因。这种思潮也使得印度的党派颇显民粹化与反市场行为，印度国内经济虽在 20 世纪 90 年代初进行过市场化改革，但计划思维仍处处可见，持续至今仍高度限制 FDI，FDI 投资印度保险业，股权仍限制在 26%，新《保险法》突破 49% 的阻力很大。

巴西与印度情况相近，脱胎于民粹政治与军事政变的巴西转型进程，民粹和市场保护一直是巴西的流行思潮。同时巴西传统的政治精英以大种植园型经济结构为依托，拒绝现代民族国家建设和民主政体对其传统经济模式的改革。这使得巴西的经济一直不太开放，尤其表现在计算机、软件等信息技术行业。这些扭曲的经济体制，严重阻碍了巴西的经济发展。

土耳其面临的问题略有差异。塔克西姆广场的格兹公园（Gezi Park）爆发了大规模抗议，起因并不复杂：政府想征收这个公司另作他用，而民众反对。但事情在总理埃尔多安（Recep Tayyip Erdogan）开始镇压抗议活动时起了变化，过激的反应激起居民的反弹，抗议活动变得更大。追究这起事件的本质，仍可归结为内政改革与全球化脱节。

其实自埃尔多安上任以来，着力推动市场化改革，以求加入欧盟，迎合IMF，以此获得贷款，年均经济增长超过5%，带领土耳其成为区域和世界的经济大国。但与经济向右不同的是，土耳其政治左转，向伊斯兰治国的信条靠拢，传统穆斯林文化出现回归，实施禁酒令、干预立法与司法、控制选举、干涉媒体。对那些玩Facebook、看国际新闻的"80后""90后"来说，显然是不可容忍的。这也是埃尔多安指责"海外势力"是此次示威的"幕后主使"的背景。南非正在尝试废除的《土地法》也面临这种问题，这部法律已经存在100多年，禁止黑人拥有土地的所有权。但在全球化的今天，却显得越来越格格不入。

我们同样可以用一句话来概括上述现象：美国的价值观，新兴经济体的危机。这也是时任IMF首席经济学家拉詹在其畅销名著《断层线：全球经济潜在的危机》（中信出版社，2011年8月）所提的全球经济中存在的第三条断层线——不同国家的金融体系之间存在的差异，正在碰撞——的本质问题。这条断层线，也存在于一个经济体的内部，不同阶层、不同族群的人之间。

时局之所以艰难，不仅是美国实施QE会带来冲击，美国QE的退出也将冲击新兴经济体。美国实施QE的目标在于解决"失业性复苏"，刺激经济增长。现在美国失业率已经下降至7%以下，第三季度GDP增速达两年内最高水平，QE退出正当其时，也是美国经济进入复苏的标志。但QE退出对新兴经济体来说，就没那么美好了。QE退出导致美元升值，并进入加息通道，这意味着新兴经济体的货币承受贬值的压力，同时也面临资本外逃、资产价格暴跌的威胁。

在这种情况下，"要改革，还是要选票"成为"脆弱五国"国家大选的两难。毫无疑问，在"美国更美"的情况下，新兴经济体要化解危机，唯一能长久应对冲击的办法就是推进内政与经济改革，拉詹主持的银行业市场化改革就是正确的反映。对于巴西、印度尼西亚、南非来说，就是要推进财税体制改革，削减财政补贴、降低关税壁垒、放松行业管制，对劳动力市场、土地制度进行必要的改革。对于土耳其来说，在推进经济市场化的同时，要同步推进内政改革，顺应全球化的趋势。除此以外，几乎别无他路。

与此同时，全球化带来的市场化与价值观的冲击，又让本国内的思潮变得错综复杂，不同的声音在民主的环境中必须得到尊重，借此才能迎合选民、赢得大选。因此“脆弱五国”的党派即使再有抱负，也只能抛出反市场、回归传统等逆全球化潮流的政策，让改革显得不伦不类。面对这种局面，党派只有两条路：推动改革，找死；不推动改革，等死。

事实上，调整这条断层线本来就非易事，改革本身就应该是十分痛苦的，因为这不仅仅是调整税制、利率与汇率，改革调整了人和人之间的利益，也调整了国与国之间的利益，需要人与国家进行脱胎换骨的转变，而要改变这些，党派需要抛弃一举成功的幻想。对大选中的党派来说，这需要的不仅是策略，更是勇气、决心和毅力。在这个历史关卡，“脆弱五国”国家的大选也确实关乎国家兴亡，可谓不成功，便成仁。推进改革或许是艰难并且痛苦的，但这种痛苦是值得的：一个国家断层线弥补成功，全体国民将从一个更稳定的、持续增长的国家中获益。同样，如果全球的断层线弥补成功，全球的国家也都将从更稳定的世界经济中获益。

“脆弱五国”面临的问题，也是中国正在面临的问题。过去十几年，是中国 1949 年以来最好的经济增长阶段，发展的动力当然是源自改革。但改革未尽之处甚多，这些缺失之处在美国 QE 的实施及其退出之时被放大。虽然中国过去几年没有通货膨胀的挑战，但“脆弱”的阴影却也无法驱除。

在美国 QE 的过程，国企和地方政府主导的投资计划抬升了全社会的负债率，企业和政府杠杆倍数增大。现在美国 QE 退出，货币紧缩、利率上升，中国必须要降低负债率、去杠杆来应对，这会是一个艰辛的过程，势必会伴随着企业倒闭、局部金融风险爆发、资本外逃等现象。同时中国经济还陷入了长期增长乏力的阶段，包括经济结构不平衡、区域经济不协调、增长模式不可持续等，在 QE 退出的背景下，都将深刻地影响中国经济的可持续增长。

要避免危机或者危机的扩大化，中国就要推进深层次的改革以弥补断层线，包括利率自由化、废除户籍、国企私有化、取消财政补贴与公平税制等。可喜的是，党的十八届三中全会给出了一份相应完善的改革路线图。如果这张路线图可以被忠实地执行，中国的未来是很值得期待的，也只有这样，中国才能摆脱“脆弱五国”的阴影。

美国复苏，中国衰退

2013 年以来，美国经济复苏的势头不减，失业率自 2013 年 7 月的 7.4% 降到 2015 年 7 月的 5.3%。在这种情况下，美国已经退出 QE 政策，加息的议程也进入时间表。

QE 是“量化宽松”的缩写，是一种货币政策。在利率自由化的市场中，央行通过公开市场操作工具等手段来调节目标利率，控制通胀和失业率水平。但 2007 年次贷危机以来，美联储持续降息，从 5.25% 降至 0～0.25%，经济依然没有起色，传统利率政策基本失效。在这种情况下，美联储直接不得不采用非常规手段，通过购入长期国债、MBS（抵押贷款支持债券）等手段向市场注入流动性，刺激经济，这就是所谓的 QE。

QE 的后果是，市场充斥了太多的美元货币。一方面，这改善了美国经济的基本面，失业率降低、房价企稳回升，即使美国为了控制债务规模被迫推出了联邦开支削减计划，GDP 增速依然表现不错。另一方面，美元作为一种全球储备与交易货币，美联储的政策不仅会影响黄金、商品等价格，更将影响多个国家的货币政策，尤其是美元的债权国和对美贸易大国，中国就是其中之一。

事实上，美国退出 QE 的预期，就让新兴国家的短期资本从此前的流入转为流出，形成资金从新兴市场国家向美国大规模流动。就中国而言，人民币相对美元的升值趋势已经明显减弱，远期人民币出现贬值预期。这些降低了短期资本流入中国的动力，导致中国的外汇占款一度降低，市场流动性呈现紧缺局面。加上季节性因素的叠加，中国在 2013 年 6 月还出现了“钱荒”，银行间市场的拆借利率峰值曾达 30%。此前外界就曾担忧中国的地方政府债务存在风险，“钱荒”让这根绷紧的神经更显脆弱。资金链紧张只是中国面临的诸多危机之一，经济增长乏力、各部门负债率高企已经是新一届政府不得不出手解决的棘手难题。

美国退出 QE，风浪就如此之大，要启动加息，那还得了？为什么美国开始“吃肉”（经济复苏、要退出 QE、要加息），而中国却开始“打喷嚏”。要知道，2008 年时，中国出手“四万亿”，力挽经济于衰退边缘，一度成为欧美期待的全球经济增长的引擎。而美国持续推出的四批 QE，经济复苏之路总是不温不火的。这期间，发生了什么？

把时钟拨回到 2007 年，次贷危机爆发前，美国国债发行规模虽然屡破债务上限，但政府杠杆率很低，总体风险不高。但美国私人部门杠杆率很高，超过 300%，表现之一就是低收入群体购买了超过其支付能力的房产，过于超前消费。过去 20 年内，美国国内家庭的消费增长的动力来源之一，就是国外资金的流入，尤其是中、德、日、韩等出口导向型国家。而美国政府出于缓解低收入群体的政治压力，通过放松信贷，允许他们借钱进行与其收入水平不相称的消费。

一面是美国的过度需求，一面是出口导向型国家的生产过度、消费不足，前 IMF 首席经济学家拉詹认为这出现了一条断层线。但美国发达的金融业跨越了这条鸿沟，他们将贷款分级打包，设计成贷款证券化产品，分别卖给不同风险偏好的海外投资者。如果美国可以一直支持低收入者贷款，那这一切还可以持续，但不幸的是，房地产市场的泡沫太大以至于美联储不得不通过提高利率来抑制。游戏结束了，房价骤跌、房产抵押支持证券价格也随之暴跌，私人部门不得不进行痛苦的去杠杆过程。

此前美国政府为了维持市场稳定，出手干预市场，购买这些抵押支持证券，在私人部门杠杆率迅速下降的同时，政府杠杆率不断攀升。QE 的本质也是用政府负债来替换私人部门负债，其直接表现就是美联储资产负债表的膨胀与美国联邦债务规模的不断扩大。尽管美国政府对市场有干预，但仅限于少数“大而不倒”的企业，并且措施限于“救急而救穷”，严防出现“软预算”约束。在这种思路下，美国经济复苏较非市场经济国家相对迅速。为何？QE 没有阻止私人部门的去杠杆过程，优胜劣汰的法则依然有效，衰退大势之下，低效率的企业破产清算、能力落后的劳动力出局，只有在大潮退去的时候，才知道谁在“裸泳”。只有这样，市场的参与者才不得不提高效率、提升能力，也只有这样，经济复苏才会再次来临。今天的美国已经迎来了这一天。但在中国，我们还在谱写的是另一个故事。

次贷危机之下，中国未能独善其身，巨大的出口规模使得中国的经济周期严重依赖欧美的需求，出口占 GDP 比重一度高达 44%。2008 年下半年，中国继欧美之后陷入经济衰退，在危机应对上，得益于体制的便利，中国拥有更多的调控工具。为了不让企业大规模倒闭，中国实施财政与货币双扩张，启动“四万亿”经济刺激计划，以提高企业的负债率继而维持企业的经营。维持经营就是维持企业的产能，然而产能虽然可以维持，但欧美不消化这些产能，销售业绩难看得很，企业增收不增利，利润率持续下滑，甚至低于贷款利率。数据显示，近一年，当前 A 股上市公司加权投资回报率已经低于贷款利率；自 2011 年第四季度以来，沪深两市 2429 家公司中，ROE（净资产收益率）低于一年期贷款利率的公司有 1044 家，低于一年期存款利率公司有 640 家，分别占比近 43% 和 25%。

这种模式之下，如果全球经济复苏，并且欧美仍然保持此前过度消费的习惯，或许中国制造业（尤其是外贸企业）还可以缓过这口气。但很明显，次贷危机过后，欧美国家开始反思超前与过度消费的副作用，私人部门已经无法延续过度举债消费的模式。这意味着在欧美居民收入增速还没有大规模提高时，中国的产能将无处消化。

这时再来看，2008 年中国面临的出口衰退，并非只是暂时调整，而可能是我们将长期面临的局面。这种情况下，中国应该做的是顺应经济周期，让过剩产能自行淘汰，让经济结构在衰退周期中慢慢调整，那中国强行维持的产能，如何消化？2008 年以来中国过度负债形成的资产将无法产生收入，此刻中国面临的是比 2008 年更严重的危机。危机不仅仅体现在高负债率下垂死挣扎的企业，更体现在银行的巨额新增信贷。

过去几年，银行的日子好过得很，“躺着”都可以赚钱，但这些利润是从贷给企业的信贷中获得的，利润可以持续的前提是企业的日子还过得下去，但这个前提还存在吗？正所谓“利润是当期”而“风险是滞后的”。如今经济形势日显衰退，银行昨天赚多少钱，意味着今天就面临多大的风险，坏账率上升势在必行，2013 年上半年，江苏，这个前几年 GDP 增长的明星省份的新增不良贷款已经是全国第一。2015 年前半年银行业的坏账就已经超过 2014 年全年。

以往外汇净流入形成的外汇占款是中国发行基础货币的主要渠道，是金融市场的主要流动性来源。未来，外汇净流出时，流动性紧张将成为常态，这将严重挑战地方政府与企业高企业负债率，据渣打银行新近的研究《亚洲债务大起底》显示，截至 2012 年末，中国的政府性债务占 GDP 的 78%，虽然很高，但还不算糟糕。而企业部门债务约占 GDP 的 117%，债务杠杆远高于美国及其他 OECD（经济合作与发展组织）成员，江浙一带的钢贸、光伏、钢铁等行业的债务风险已经开始暴露。

未来，人民币贬值的趋势也许会持续，中国将持续面临短期资本流出的局面。随着美国退出 QE 政策的明朗与实施，美国启动加息进程后，资金从新兴市场国家抽出并回流至美国的速度将加快，这可能会出现类似“亚洲金融危机”的“新兴市场金融危机”，虽然中国目前仍然对资本账户实施管制，但暂时的阵痛是不可避免的。

更令人担忧的是，中国产能将长期面临外需不振的境地，一方面，是因为欧美等发达国家过度消费发展模式的终止；另一方面，也是中国产能扩张太快，全球的需求根本跟不上。产能与需求之间的鸿沟将导致巨大的社会成本，我们不得不正视。

产能对应着地方的GDP、就业人数与政府的财政收入。允许企业缩减产能，就必须看到这不仅仅是企业杠杆的降低，更是政府财政收支规模的缩减和失业大军的出现。12年前，入世让我们顺利地把农民市民化，城市化率年增1.3%，12年间新增了15%，两亿农民变成市民，虽然他们的户籍大多数还是农业人口，但已经在城市里常住、工作。这也意味着政府必须保证经济增长的稳定，要为他们提供就业岗位、保证劳动收入。现在，产能削减的形势下，我们拿什么来安稳即将失业（或者降薪）的劳动者们？我们实际上面临着1998年的选择——在2008年被“四万亿”给拖延了7年。

长期来看，中国经济要复苏还是要从拉詹指出的那条断层线入手。美国不能太依赖物美价廉的“中国制造”，而中国也不能“勒紧裤腰带”只为美国人生产，这将迫使中国必须拓展经济增长的动力，逐步取消对出口的直接与间接的补贴，扩大面向国内的生产部门间的竞争，如零售、餐饮、银行等。这些行业要么处于高度垄断，要么一盘散沙、缺乏国内知名企业。要改变这一点，我们还需要实施一场新的“触及灵魂”的改革，这需要国企、要素价格、行政体制等领域在所有制、政府功能方面发生根本性的变化，中国或许才有可能走出下一个“黄金十年”。

中国日本化

为了稳定经济，宏观经济政策从微刺激升格。2014 年以来，中央经济政策频出，银监会调整贷存比计算口径，国家开发银行获得 1 万亿元的 PSL（抵押补充贷款），央行货币政策委员会第二季度例会表示要灵活运用多种货币政策工具，保持适度流动性，一系列举措将向市场提供高达数万亿规模的信贷投放。住建部更考虑购买商品房用于棚户区改造。

本届政府上任以来，倾向约束信贷、不出台新的经济刺激措施，强调市场在经济活动中的地位，明确提出要推进改革、着力削减行政审批。为此时任巴克莱资本首席经济分析师的黄益平创造了一个新词汇——“李克强经济学”（Likonomics），以此指代现任总理李克强的经济政策施政纲领，以此区别于上届政府的经济政策思路，获得了市场主体的广泛赞扬。

市场之所以赞扬去杠杆、不刺激、谋改革的政策思路，是对当前经济结构失衡和产能过剩的担忧。2008 年经济衰退后动用的“四万亿”经济刺激政策，无视经济周期的自我调整功能，强行振兴经济，制造业等行业产能严重过剩，制约了经济发展的潜力。短期来看，企业不断上升的负债率，的确避免了破产的风险，但阻碍了企业优胜劣汰，损害了经济效率。在这种背景下，去杠杆让市场机制发挥作用，使产能过剩的行业，尤其是国有企业降低负债率甚至破产，可以有效地向高效率行业释放信贷与投资机会。这正是市场所期望的。

但对改革的期待抵不过经济衰退的压力。经济下行风险凸显，仅围绕GDP增速是否要达到7.5%就争论了好长一段时间。如果坚持去杠杆、不刺激，那么经济很难保持8%以上的增长，下滑到5%以下的可能性也很高。对政府来说，没了GDP、没了产能，也就没有了政绩、财政收入和就业需求的增长，政府在保持财政支出、社会稳定等方面的努力就没有抓手。

今天，我们面临的问题与2008年一样，企业产能过剩、经营陷入困境，亟须政府积极的财政政策与宽松的货币政策支持。不同的是，国际形势已经不像当年那么恶劣，缺乏好的借口去实施大规模经济刺激的舆论背景。更令人担忧的是系统性风险抬升，2008年的货币供应量M2（广义货币）相对于当年GDP比重尚且只有1.5倍，到2014年6月底已经超过2.5倍，尤其是企业与地方政府融资平台的债务风险已经开始出现，企业跑路、债券违约、信托到期无法兑付处处可见。美国经济复苏更给包括中国在内的新兴市场国家带来资本外逃的压力。

今天的中国，与日本当年何其相似？20世纪90年代开始，日本不动产与股票等资产价格泡沫破灭，野村证券辜朝明等人估计，参照美国1929年的大衰退，美国GDP下降了46%，如果日本政府不去刺激经济，日本的GDP可能会跌至高峰时的一半甚至1/3。日本的决策层也认为，这不过是又一次周期性的低迷，只需利用一到两年时间，通过刺激投资就可以解决该问题。

最终日本政府确实阻止了经济末日的到来，但随之带来的是日本绩劣企业无法退出市场，成为僵尸企业，挤压了新兴与绩优企业的生存空间。日本的经济增长一直没有起色，GDP长期保持在500万亿日元，最终被中国超过。

近几年，中国的货币政策虽然从紧，但M2增速，一直没有低于13%，即使2014年增速有所滑落，增速也为12.5%，这意味着每年新增的M2总量，相当于2002年的M2总量、2007年M2总量的一半。这么多货币投放下来，市场依然缺钱、经济依然没有起色，为什么？正是因为投放的货币去了没有效率的地方，用于产能过剩行业、中央企业及地方政府融资平台借款的借新还旧和新增贷款。

决策者们为了避免短期的阵痛，无法忍受经济衰退带来的冲击，又希望能够推动相关产能过剩与落后行业与企业的结构调整，采用定向信贷投放、鼓励特定行业发展等政策来提振经济。初衷是好的，不幸的是，资金是流动的、没有标签的，央行定向放出来的水，最终总会流向到资产价格最易上升的地方，也总会流向与政府有千丝万缕关系的企业，而这些企业往往是经济结构要调整的对象，是去杠杆的重点企业。

20 世纪 90 年代之后，日本经济出现了“失去的十年”，今天看来，失去的何止十年。究其原因，正是对经济周期调整，提高经济效率的不重视，过于强调短期衰退带来的冲击，一次又一次对经济进行刺激。今天的中国正走在同样的道路上，这可能是未来中国经济增长最严重的约束。而“李克强经济学”恰是避免中国经济滑向日本道路的利器，经济决策应该在这一思路上做更多的文章。

宏调的逻辑

减少政府对经济增长预期的过多干预，适度容忍允许经济衰退，放弃以保增长为名挽救落后企业及其落后产能，用市场的力度重塑经济结构，才是市场发挥作用的标志。

厘定决策权力

作为中国最高级别的经济形势分析和决策会议，中央经济工作会议以定调未来一年的经济政策著称，历来是关注财经政策最为瞩目的重点。

从职能上来看，中央经济工作会议的任务除了总结上年的经济工作外，主要是判断当前国内外经济形势，以此确定宏观经济调控基调，部署明年的经济工作。这些任务的完成是建立在非常庞大的前期工作的基础上。公开资料上可查，从七八月开始，党和政府相关职能机构，就开始收集与中央经济工作会议有关的材料，调动的资源不可谓不多。近几年来，随着媒介传播的影响力越来越大，中央经济工作会议定调的影响也越来越大。尤其定调会的决策级别高，参与范围广泛，从这一点上讲，中央经济工作会议是真正的决策型会议。

定调会在多大程度上解决了经济政策的决策困境？近十年来，中国经济周期的波动越来越频繁，幅度越来越大，收死放乱循环再现。受国际经济形势多变、中国与外部经济互动渐深的因素约束，定调的难度越来越大。从实际看，2012 年定调为“以提高经济增长质量和效益为中心稳中求进”，2013 年改革措施连连，但抵不过经济大势，去杠杆难下狠手。2009 年定调 2010 年为“保持政策连续性稳定性”，但 2010 年的经济政策与 2009 年截然相反，通胀高企，下半年不得不全面反通胀。2008 年定调 2009 年为“扩大内需”，内需是扩大了，但投资拉动的经济增长带来严重的通胀压力，老问题解决了，新问题产生了。2007年定调2008年为“控总量稳物价调结构”，结果2008年下半年出现严重的经济衰退。

就经济学常识和过去的经济政策实践来看，经济的未来几乎不可以预测。经济学科发展至今，面对经济周期的波动及经济危机爆发的预测仍然束手无策，这也是2008年次贷危机，2010年欧债危机之所以演化成巨大危机的根本原因。对于中国来说，经济转型尚未完成，离成熟的市场经济相距遥远，其经济的复杂性、传导性更非发达的市场经济国家能比，对未来的预测自然更不可能。这些客观因素都增加了定调的难度。

真正的财经定调会，并非中央经济工作会议。中央经济工作会议由中共中央财经领导小组统筹，作为中共中央直属议事协调机构，中央财经领导小组也是经济决策的中心。但综观历次中央经济工作会议之前，中共中央政治局也会召开会议，分析研究次年经济工作，并为随后的中央经济工作会议确定基调，这才是实际上最权威的定调会。

问题也不在决策程序或机构身上，多年稳定的政治结构业已形成其运行的逻辑，自有存在的道理。我们可以假定这些决策都是科学的、合理的，但关键在于有令不行耗费巨大的决策程序所形成的决议，政策意图没有被好好把握，最终被行政机构的陋规选择性实施，或放大或扭曲。例如中国的“三农”问题是改革的重点，党中央与国务院也非常重视三农问题，多年以“一号文件”（即每年年初的《中共中央国务院关于××的若干意见》）的形式推进“三农”改革，但从结果来看，农业年年提、但“三农”的根本问题未得到实质上的改变，如农民收入、农村改变、农业发展等。又如财政预算，多年来，两会政府的工作报告中，财政收入预算增幅一般在8%～10%，但决算增幅总是超出预算，削弱了政策的有效性。

这种决策机制的引导下，尽管政策初衷良好，但执行上总会差强人意。近年来地方政府在房地产及经济调控政策、地方政府债务规模控制等方面的不当举措，影响了中国经济全局的发展。经济政策的决策机制应该进行相当幅度的调整以避免相应的弊端。

为决策者计，经济政策权威的树立与维持，首先要厘清经济政策的决策重心，即界定政府的角色，哪些是政府应该主导的经济政策。因为短期经济形势变化太快，跟踪期短，行政部门的决策必然滞后于经济形势的发展，干预短期自然是适得其反。因此政府的经济政策，应该着眼于长期结构性经济政策为主，包括资源配置机制、产业结构调整、财税体制改革等。

其次，要明确规范经济政策的决策权力归属，到底是谁在真正地制定经济政策，其程序是否规范与合理？历史与发达国家的经验告诉我们，政策讨论应该公开透明，除了征集经济学家等专家学者的意见以外，还需要了解企业等经济活动主体的直观感受，将他们的需求纳入到经济决策的考量中。

最后，经过合理、合法的决策程序产生的政策，实施过程中要言必信、行必果。除非经济形势发生了重大变化，否则应该坚定不移地走下去。经济政策的调整过程也应该遵循相应的法律程序、经过充分的公众讨论，才可以变更，让社会各界有明确的预期，社会才能形成合力，更好地执行经济政策。

只有做到了这些，中央经济工作会议才会真正地起作用，以此包括人大的政府工作报告、各级政府的文件才会被下级机构真正地重视，才不会出现朱镕基总理批评的“政令不出中南海”，才不会出现地方和尚念歪了中央的经。

尊重市场

最近几年，中国经济低迷，习近平总书记指出，中国正处于经济增长速度换挡期、结构调整阵痛期、前期刺激政策消化期合并的三期叠加，中国经济面临着短期稳增长的压力，长期增长的潜力也有待挖掘。中国会继续保持2008年和2012年以来经济增长一枝独秀的态势，还是会陷入衰退的泥淖？

感觉离上次经济过热和衰退并不久远，2008年好像就在眼前，不到十年时间，我们又两次踏在选择的原点：经济两难的局面可能再次来临，决策者或将重新面临当时的政策选项。25年前，荣获奥斯卡最佳影片的《阿甘正传》中有一句经典台词，“生活就像一盒巧克力，结果往往会出人意料”（Life is like a box of chocolates，you never know what you're going to get）。中国经济同样如此，虽然宏观调控政策使用了一大把，但各经济主体完全不知道政策的结果会怎么样，经济像过山车一样上上下下。

近年来经济运行中的宏观调控难度加大，经济的波动周期与幅度较20年前更快、更大。宏观调控的关键在于预见性的逆周期操作，经济繁荣的时候，宏观调控要防过热、防通胀。经济低迷的时候，宏观调控要防衰退、防通缩。但这并不容易，在市场成熟、政策传导机制完善的美国都不能完全做到预见性和逆周期操作，更何况市场、体制尚不成熟的中国。而宏观调控如果没了预见性，就必然会成为随行就市的顺周期操作，其后果必然是加大宏观经济周期的波动幅度，加快经济周期的波动速度。

情况复杂的2008年，调控政策不得不一年三变。我们要问，为什么宏观经济会越调越恐？宏观调控是解决了经济周期失调还是加剧了失调？视角再长一些，近十年中国的经济调控的常态往往呈现“调控向左，市场向右”，在两难的决策局面中，市场的力量难以控制，“一收就死，一放就乱”。

宏观调控有收益，自然是有成本的。所谓的三期叠加，其中之一就是前期刺激政策的消化期。2008年开始的经济刺激计划，信贷迅速扩张，运行到今天，除了已经预警的地方政府融资平台的十万亿地方政府债务披露以外，估计还有同等规模的国有企业的银行信贷债务。经过2015年的处置，分别形成了14.7万亿将要置换或已经置换的地方政府债券以及目前不容乐观的银行坏账。

宏观调控客观上有分配效应，其对要素市场、经济结构的扭曲已经成为决定当前收入分配扩大的最重要的因素。近年宏观调控倡导要摒弃大水漫灌的思路，强调精准滴灌，也是对这一问题的回应。

此外，私营经济近几年的发展也颇为艰难，因为短期稳增长，投资最容易见效，因所有制优势，动员国有企业出钱出力相对容易，因此过去几年宏观调控兴旺发达的同时，也是国有企业大发展时代，客观上对民营企业有了挤出效应。长此以往，经济的活力下降。越来越多的实业企业投入金融，赚“快”钱，就是这一现象的表现。

一般认为，我们应该保证经济以8%的速度增长，快速的经济增长可以消化经济转型过程中的新增劳动力等。这并没有错，但我们需要平衡短期经济增长目标和长期经济发展潜力，投资主导的经济增长模式成本过高，抑制了居民收入的增长，其后果必然是抑制消费，阻碍经济向消费型增长转型，透支长期经济增长潜力。与其如此，为何不将增量增长为调存量调整的思路呢？消除经济增长中的结构扭曲，其结果将逐步改变目前投资、出口导向的增长模式，会不断地增加中低收入群体的实际收入，使其有效地转化成消费，以完成经济结构、增长模式上的转型。在此期间，哪怕经济增长速度略有降低，其损失亦可逐步地由消除结构扭曲带来的收益补足。

转型社会，宏观调控有其必要性，但需要在宏观调控与正常微观经济运行中划出一条线来，哪些是宏观调控部门可以干预的，哪些则是调控的禁区，界限必须清清楚楚。不厘清宏观经济政策与微观经济政策的关系，宏观调控的有效性就会大打折扣。

宏观调控也要考量成本、尊重市场，尤其是在我们已经有过无数经验教训的今天，尤其是在再危机阴影笼罩下的今天。市场失灵的领域并不必然是政府的拿手绝活，更有可能也是政府的短处。即使非要进行宏观调控来调整经济周期，也要在尊重市场的前提下来进行。

在这个前提下，笔者认为：第一，为了长期可持续的经济增长，我们必须消除扭曲经济的各项因素，如长期的负利率、高出口补贴、严格的劳动力流动管制等，为此，我们可以忍受短期相对较低的经济增速，这是保证发展内向消费导向经济增长模式的基础。

第二，宏观调控要量力而行、顺势而为，更应注重增加市场活力，而非进入市场参与经济活动，这需要进一步地推进国退民进的力度。与三十年前的落后、闭塞所不同的是，今天的中国风潮云涌，危机所指之处已非贫穷与自守，要谋划中国未来的良性发展，非李鸿章式的裱糊匠的功夫可以完成。或许，中国需要从改革的新范式处破题。

市场化去产能

据媒体报道，中国最大的上市钢铁公司宝钢表示，2016 年宝钢的钢铁产量预计增加 20%。与此同时，中国钢铁工业协会副秘书长李新创认为，全球需求放缓，市场低迷，造成钢铁产能过剩问题尤为突出，在今后 5 年中国需要化解钢铁产能 1 亿～1.5 亿吨产能，即现有产能要减少 1/6～1/5。钢铁重镇河北省相关领导在参加博鳌亚洲论坛上披露，河北钢铁产能已经去了 7500 万吨。

3 月以来，房地产市场回暖，钢铁、煤炭行业活跃，部分产能过剩行业里原本已经停工、减产的企业又开始开工。尽管如此，中国房地产市场整体供应过剩的局面没有改观，钢铁、煤炭等行业供过于求的背景没有发生太大的变化，这些行业整体去产能是不可避免的。

对具体企业来说，去产能是破产、退出市场，是投资血本无归；对于地方政府来说，去产能意味着就业岗位的减少、经济增长速度放缓、财政收入下降，不到万不得已，谁都不愿意走到去产能那一步。2008 年全球金融危机以来，为了避免企业破产、经济放缓，全球很多国家和中国却采取了货币扩张、经济刺激的手段来稳定经济。

但经济稳定的首要条件是供给能匹配需求，中国面临的问题就是供给与需求的错配，产能过剩的行业大多是需求趋于饱和的领域，例如房地产。过去几年内，这些行业的产能不仅没有下降，还在宽松的货币中不断扩张，产能远远超过需求，产能与库存高企对应着这些行业的高负债率。去产能、去杠杆已经不仅仅是市场出清的问题，还影响到宏观经济与金融体系的稳定。

钢铁、煤炭是经济生活中的必需品，不可能全部淘汰，去产能会面临一个问题：去谁的产能？市场的逻辑是，成本低、利润高的企业胜出，成本高、亏损的企业淘汰，企业是否退出市场要看“市场”。在钢铁行业整体低迷的环境下，河北也有一些民营钢厂是营利的，全国人大代表、河北天柱钢铁集团董事长孟兰芝表示，其管理的钢厂虽然年产能只有360万吨，但2015年盈利2.8亿元。相比大型钢厂鞍钢、武钢才出现的几十亿元亏损，小钢厂天柱钢铁集团更具市场竞争力。

只是市场并非决定企业生存的唯一因素，政府在引导去产能政策时，总是强调“严格控制新增产能，坚决淘汰落后产能，有序退出过剩产能”，去产能的方式也是以“兼并重组、债务重组”为主，大企业兼并小企业，国企兼并民企。这些政策的实施过程中，市场竞争力往往是最不重要的因素。2004年控制经济过热的时候，新增钢铁产能的江苏铁本被叫停，而同期宝钢扩大产能50%。同样的案例还包括陕北油田、山西煤矿等，历次清理整顿过程中，采用的都是大鱼吃小鱼，国企并购民企的路径。2009年，在钢铁业整合的大旗下，山东省还出现了巨亏的国企山东钢铁并购营利的民企日照钢铁的事件。

短期来看，政府对行业的整合、调控、去产能，可以降低供给，缩小供需失衡对供给侧的冲击，但这解决不了根本问题。同样是2009年，山西煤炭业大重组，浙江温州等民间资本持有的山西煤矿，大多被山西省内的国有企业收编。但这种重组根本抵挡不住中国经济形势衰退的冲击，这两年山西煤炭业因生产成本过高，陷入亏损，现在看来，民营资本被迫退出煤炭业反而是因祸得福。

理论上讲，没有过剩的供给，只要供给价格足够低，总会有需求的。所谓过剩的产能，是指因为企业生产成本过高，哪怕企业在盈亏平衡线上制定销售价格，依然高于消费者的心理预期。产能过剩的核心不是供给多了，而是价格贵了，是企业的经营绩效差，产品没有差异化。眼下的手机行业是一个产能严重过剩的行业，但这并不妨碍苹果公司的 iPhone 的价格高高在上，深受消费者的爱戴，赚得暴利，但单论市场规模，不管在全球，还是在中国，iPhone 都不是第一。

产能过剩的行业中，有好的产能（利润为正），也有坏的产能（利润为负，靠政府补贴或低息贷款维持），所谓的“去产能”，应该是去“坏”的产能，而不是去“小”的、“民营”的产能。毫无疑问，去“坏”的产能的唯一标准就是企业能否营利。至于有严重外部性的落后产能，如高污染、高排放的企业，政府应该划出一条环保标准，合格的放行，不合格的关闭，而不是并购重组，不分好坏以“大小”论英雄。

适度容忍衰退

2014年两会闭幕时，国务院总理李克强答记者问时指出，2014年经济增长的预期目标为7.5%左右，他对此解释道，“左右”是指允许实际经济增长与7.5%的预期有一定的出入，容忍经济增长在7.5%上下有一定的波动，并以充分就业、通货膨胀的具体情况做一定的调整。这与此前“7.5%是经济增长下限”的政策口径有些许不同。与之对应，2014年以来各地方的两会最引人注目的议题包括下调GDP增长目标、明晰城镇化路径，推进改革。

自党的十一届三中全会以来，GDP就是最为核心的经济政策目标：十一届三中全会提出的“三步走”，锚定的是国内生产总值和居民人均收入；1998年抵御亚洲金融危机，“保8”锚定的也是GDP增速；2008年推出的“四万亿”经济刺激计划保的也是GDP增速。三十多年来，只要经济没有出现高通胀，这个数字向来是越大越好。所以过往的经济增长政策目标一般都是指经济增长的下限，例如朱镕基任总理时提出的“保8”，就是指保证经济增长速度超过8%，李克强总理2013年提出的7.5%也同样是指经济增长的下限。

GDP在经济活动的核心地位，使得官员升迁、政府绩效考核都围绕着GDP，收入分配差距、环保、区域发展失衡等问题都被忽视，这也是近年来“唯GDP”论被群起批判的主要背景。但这并无法削弱GDP在经济以及政治、社会活动的核心地位。

GDP增长速度当然是非常重要的，它关乎就业是否充分、居民收入是否增长。劳动力人口存量巨大，并且每年新增大量的劳动力（农民进城及应届毕业大学生），没有稳定增长的 GDP，劳动力转型、社会稳定根本无从谈起。而 GDP 不增长，居民收入也不可能增加。中国连续多年的居民收入增长，可能让很多人忘记了 1998 年国企经营的困境。

李克强总理在回答他可以接受的经济增长下限时，指出 GDP 增速的下限就是保证“比较充分的就业，使居民收入合理增长”。虽然过往十几年较快的 GDP 增速是以环境污染、收入分配差距较大、经济结构失衡为代价的，但在解决城市新增就业人口的就业机会、增加居民收入方面，也起到了决定性作用。7.5% 的经济增长下限，就是为了解决每年 1000 万人的新增城镇劳动力就业和 600 万 ~700 万新增的农村劳动力进城务工，这一数字与当前每年城市化率增量对应的新增城市人口基本一致。政府启动的农村养老与医疗保险全覆盖、大规模保障房建设、各地城镇职工社会平均工资年均增长 10% 左右，城镇职工基础退休金年均增长 10% 也是得益于 7.5% 以上的经济增长。

面对 GDP，政府有更直接的保增长的诉求：保证财政收入的稳定或高速增长。综观过去 20 年的财政收入，GDP 增速在 8% ~9% 是财政收入增长的稳定状态，一般可以超过 10%；而 GDP 增速超过 10%，财政收入增速将迅速加快，而 GDP 增速低于 8% 时，财政收入增速将迅速放缓，甚至低于 GDP 增速。对政府来说，财政收入意味着公务员队伍的稳定性，保持应对意外事件的控制力，可以扩大福利支出降低社会的不满。没有财政收入增长，就没有稳定，或者稳定社会的能力。

经济增长总是要波动的，因为技术革新、外部需求发生变化（欧美等国开始抑制自己的进口性消费）、内部消费升级换代等因素，经济体中总会有一些企业生产的产品或服务落伍于时代，或超过消费需求，也会有一些劳动力技能过时，跟不上时代。每当这时，经济增长就会放缓，经济中的企业会破产、劳动者会失业，以此来淘汰落后产能，促使劳动者提高自身能力适应新变化。

但这个过程非常痛苦，美欧等国的高失业率是政治的高压线，决定着政客的政治生命的长短。在中国，实际失业率也是社会稳定最为重要的先行指标，在稳定压倒一切的时代，较大规模的企业关停并转，会引发失业人员的抗议、上访等行为，从而迫使政府干预经济，避免企业破产。

要保增长，就要付出代价。月有阴晴圆缺，经济增长也有周期，经济繁荣到衰退，实际上也是淘汰劣质企业、调整产业结构的过程。而政府要保增长，就要援助那些劣质企业，让他们不要破产，继续制造社会已经不再需要的产品。然而，劣质企业虽然可以继续雇佣员工、维持就业率，继续制造产品、维持GDP，但这是很没效率的过程，形成了事实上的“僵尸企业”。它们不倒闭，就意味着优质企业无法胜出，反而会延迟经济复苏的到来。没有真正的衰退，就不可能有真正的经济复苏。这是为什么日本保持了长达20年的低迷的经济增长，也是中国当下的问题所在。

然而，我们需要明白，不是自己应该得到的，总有一天会失去。欧洲的希腊、西班牙等国家实行严格的劳动力保护政策以及高福利政策，但这些劳动力在国际上却没什么竞争力，在全球化竞争的背景下，整个国家都被击溃，部分劳动力没有被优胜劣汰的后果就是全体人民一起遭殃。中国1998年以前的国企也是如此，受制于工人的铁饭碗不能打破，国有企业机制僵化，结局就是能干的员工跳槽另谋生路，其余的员工随国企一起被淘汰。今天，我们面临的是同样的问题。

从具体例子来看，中国三线城市以下的房地产项目过去五六年开工过多，已经严重过剩，对应的是快速上涨的建筑工人的工资；同样的现象还出现在制造业一线操作人员的工资，以银行业为代表的部分金融行业员工工资处于高位。如果一味保经济增长，这些行业的新增就业与工资上涨趋势就很难降下来，调经济结构也无从谈起。

从这个意义上讲，经济增长不可能一直是充分就业的，也不可能一直保证居民收入是增加的，因为总有一些企业判断错了发展方向，被市场淘汰，这些企业的员工自然会失业。也总有一些劳动者不思进取、沉湎于过去的成就或地位，像美国底特律的汽车工人、中国1998年以前多数国有企业的员工。

决策层早就意识到这个问题了，用放慢经济增速，提高效率、缓解结构失衡。但更现实的危机在于，由于长期保增长政策累积的风险，中国经济已经触及系统性风险的边缘。全社会企业负债率高企，一家企业的倒闭，可能会拖累全行业和行业的上下游。

企业如果破产，更会波及银行、信托、债券市场等金融部门。在刚性兑付和企业高负债率的背景下，任何一只金融产品的偿付危机都会让金融市场的信心崩溃，演化成系统性风险，以至于决策层也不敢让任何一只金融产品违约。2013年年底爆发的中诚信托的“诚至金开1号”信托计划偿付危机即是一例。

中国经济步入今天的深水区，改革进程中利益纠缠，很难给出一个让所有人都满足的解决方案，小幅下调经济增长预期，同时防止系统性风险和社会动荡，可能是最优的方案。只是经济政策不是在实验室做物理实验，结果是无法预测的。政策不可能同时满足所有的目标：既下调了经济增长预期、调整了经济结构、提高了效率，又能防范系统性风险、稳定就业。

经济进入下行通道，很有可能拦也拦不住，远远低于预估的目标，这时政府应该怎么办？首先，政府要明确，GDP增速要下调，就是要让那些僵尸企业倒闭，才能达到调结构的目标，尤其是相当多的国有企业。其次，即使经济增速下滑过快，需要政府暂时出手防范系统性风险，也需要明确底线，尤其不能拉偏架，偏袒国企。否则就会出现令人匪夷所思的现象：以GDP增速放缓为代价，不仅没能调结构，反而恶化了经济效率。

这几年，李克强总理反复提到，要全面深化改革，要继续推进简政放权，让市场发力，有效规范地发挥作用。从这个意义上讲，减少政府对经济增长预期的过多干预，适度容忍允许经济衰退，放弃以保增长为名挽救落后企业及其落后产能，用市场的力度重塑经济结构，才是市场发挥作用的标志。

四万亿，七万亿

2015 年，货币政策接连降准降息，并定向向国开行以 PSL（抵押补充贷款）等形式发放信贷，在保增长的压力下，去杠杆等促改革的思路被暂时放在一边。增长和改革孰重孰轻？回想到 2012 年，国务院总理温家宝在夏季达沃斯论坛中为“四万亿”正名。他指出：“有人不顾事实地歪曲和指责（注：指四万亿计划），甚至说是不必要的代价。我想郑重地说明，正是因为当时的果断决策和科学应对，我们才避免了企业倒闭、工人失业、农民返乡，继续保持了中国发展的好势头……”

2014 年和 2012 年相同，宏观经济形势越显衰退趋势，社会开始期待新一轮的经济刺激计划，部分地方政府甚至等不及，预先推出投资计划，等候中央宽松货币政策的到来。但货币过度宽松的副作用很大：全面的物价上涨、房价高企、经济结构失衡，社会各界都不太警惕过度宽松的货币政策。在 2012 年的时候，发改委虽然先后两次大规模批准基建投资项目，但坚决否认将再次推出类似“四万亿”计划。

单论四万亿本身，主要是财政政策，涵盖了基建、“三农”、保障房、税改等九个领域的政府投入，除此以外还强调了金融——尤其是信贷对重点工程、技改等的支持。初步匡算，实施这些工程，到 2010 年年底总计约需投资 4 万亿元，这是四万亿计划的由来。这一投资总额虽然很高，但并不离谱，仅占 2010 年 GDP 的一成。从资金来源来看，中央政府承担 1. 18 万亿元，其他近 3

万亿元，由地方配套，以中央代发的地方债、政策性贷款与地方企业债为主，需要货币扩张的幅度并不大，副作用相对较小。

显然，这和公众认知的四万亿并不一样。理论上来看，如果单纯是政府主导投资四万亿，对总需求的扩张影响并不会太大，并且会抬升利率，对私人投资有挤出效应，会抑制社会总投资，这将限制政策的实际效果。因此，为了与四万亿相配合，四万亿计划中的第十条——“取消对商业银行的信贷规模限制，合理扩大信贷规模”——被过度使用，2009 年的 M2 增速超过 27%，为近十几年之最。年均新增信贷从 2007 年以前的年均 3 万多亿元的常态激增至现在的 7 万亿元以上，2009 年一年更新增近 10 万亿元。2011 年年末，M2 总额较 2007 年年末增长超过 100%。很明显，是货币扩张而不是四万亿投资刺激了经济，这才是四万亿计划能奏效的根本原因。

我们知道，短期的财政与货币政策可以通过影响总需求，最终影响总产出，刺激经济。但长期中总产出是由社会的潜在产出水平决定的，与财政和货币政策无关，这些政策最终仅仅会体现在价格水平的变化。这也就是为什么从 2010 年起，物价开始全面上涨，政策越“给力”，也就意味着物价上涨得越厉害。

代价还不仅仅于此，由于当时的经济政策主要着眼于拉动投资而非刺激居民消费，在资本品与生产要素价格全面上升的同时，还带来了产能扩张，尤其是钢铁、水泥、建材等相关行业。问题是，中国并没有相应容量的市场需求。过去十几年的产能扩张是由强劲的出口消化的，但 2008 年以后，全球经济都处于衰退的阴影下，能消化掉中国多余的产能是有限的。于是，我们看到，投资形成的产能，在今天没法消化了，钢铁、水泥等行业纷纷出现产能过剩。这时要缩减产能，企业面临的可能就是巨额债务，银行体系承压很大。

更深远的危机则是经济体制改革的时机不再，如经济结构失衡、节能减排。由于金融危机，经济结构调整被拖延了，节能减排也不再提了，造纸业、光伏等高污染行业的整顿全面停止，房价调控也放弃了。这些改革的延后，加重了经济的“病情”，让这些领域改革陷入更难腾挪的境地，构成了四万亿最严重的代价。

这个时候，我们再来看温家宝总理对四万亿的解释。我们发现，今天企业被迫缩减产能后，企业倒闭、工人返乡的危机仍在，四万亿只是拖延了危机的时间，我们更需要承受此前所没有的“高物价、高债务负担”等代价。

稳定经济增长一直是近些年经济决策的重点。国务院于2014年年底已批准总投资额逾10万亿元的七大工程包基础设施项目，其中2015年将完成的投资超过七万亿元。国家发改委投资司副司长罗国三对此回应，“7万亿还是10万亿，是媒体自己推算的，具体投资额目前很难计算”，同时强调“这些投资并非强刺激，而是会引导社会资本积极参与投资”。只是“七万亿”太容易让人联想。

党的十八大以后，新一届领导班子上任，屡屡强调经济转型的重任在肩，政策以简政放权、调整结构为要，甚至表态可以为经济转轨适当调低经济增长预期。如今经济增速下滑的压力越来越大，决策者或许也意识到经济增长的重要性，GDP的底线须臾不可放弃，自2014年年中，保增长的文件频出，经济政策已经呈现顾此失彼的局面。

目前看来，七万亿投资还不会重蹈四万亿覆辙。首先，这七万亿并非额外新增的投资，额度在每年例行的新增固定资产投资总量之内，或许2015年的增速可能会高一些，但很难超越2009年高达30%的增幅。我们还要考虑到，全社会固定资产投资的两个重镇（房地产与制造业）都面临投资放缓的阴影，前者受困于房市低迷，难现2009年、2013年的辉煌，后者背负着过剩产能的重压，减杠杆都来不及，哪敢新增投资。

同时，以《预算法》修订案通过为标志，从2013年下半年开始，中央政府连下文件，清理整顿地方政府融资平台，规范融资渠道，地方政府融资平台的大部分业务不仅难获得过去政府信用的担保，还要化解存量债务，逐步地置换、清理。这意味着以前地方政府借银行、债市大举融资的时代已经过去了，这也是发改委、财政部积极引导社会资本参与七万亿投资的原因。

然而，这并不意味着七万亿投资是一笔好买卖。据发改委此前披露的消息，七万亿涉及的“七大工程包”，指的是粮食水利、交通、生态环保、健康养老服务、信息电网油气等重大网络工程、清洁能源、油气及矿产资源保障工程等。这些投资虽然不再局限于“铁公基”等传统基建项目，但仍然偏重于基建，针对生产性设施的投资偏少，投资回报率令人担忧。

黄少卿教授在上海金融与法律研究院主持的一项研究表明，基础设施与生产设施的投资存在最优比例，如果比例不当则会产生效率损失。1997 年，中国基础设施相对生产设施的投资严重不足，处于明显的基础设施短缺状态。当面临 1998 年亚洲金融危机时，中国政府制订了“一揽子”规模巨大的基础设施投资计划，不仅帮助中国免受亚洲金融危机传导效应的影响，进一步还加速了中国在接下来 10 年里的经济增长（平均 12.8% 的人均 GDP 增长率）。但多年的基建投资已经让中国的基建投资相对生产设施投资过剩，2009 年因两者错配导致的 GDP 增速损失已经上升到 1.05%。在这种情况下，更多基建投资的效率无疑更为低下。

中国经济增长的潜力仍然很高。国内外知名学者估算中国未来 10～20 年的潜在经济增长率都在 8% 以上，这主要是因为中国的 TFP（全要素生产率）还有很大的改善空间，中国的人均 GDP 距高收入国家还有很大差距，这些都预示着，哪怕不增加资本与劳动力等要素，仅仅改善资本错配与提高劳动生产率，就可以保持可观的经济增长速度。

所有这些是有前提的，亦即政府不应该再直接或者主导投资，避免把资金投向无效的领域。只是现实不容乐观，虽然发改委、财政部力推混合所有制改革、公私合营（PPP），以促进社会资本参与国有企业或公用事业，但如果国有股掌控关键性、基础性行业不改变，政府仍对企业投资行为有种种审批、限制，那么社会资本在投资活动中只能起到点缀作用，无法提高投资效率。

四万亿原本应该有一个好结局。2008 年公布的四万亿计划明确要求，要加快医疗卫生、文化教育事业发展，加强生态环境建设，如水污染防治、节能减排工程，加快自主创新和结构调整，支持服务业发展，提高城乡居民收入，全面推进税改，减轻企业负担等。这些财政政策如果能切实地执行下去，虽然经济周期的复苏不如货币扩张来得快，但却会改善经济增长的质量，从而影响长期总产出。但这些政策不是被抛之脑后，就是实施过程中走样，如此怎能不让人扼腕叹息。但愿“七万亿”在应对经济衰退的时候，我们不要重走老路，来一次真正的四万亿。

供给侧发力重在体制改革

供给侧改革成为热门词汇。2015 年 11 月 10 日，中共中央总书记习近平在中央财经领导小组会议上首次提出“在适度扩大总需求的同时，着力加强供给侧结构性改革，着力提高供给体系质量和效率”，15 日在 G20（二十国集团）峰会上，他又重申“重视供给端和需求端协同发力”。至此，供给侧改革进入决策的公共讨论。

供给侧改革旨在实现潜在的经济增长率，是对应需求侧而言。近几十年来国际上的供给侧改革的倡导者以美国的“供给学派”为著。供给学派也是对凯恩斯主义的“反动”。20 世纪 70 年代以前的很长一段时间，经济决策层依据凯恩斯的理论制定经济政策，对经济进行需求管理，认为经济衰退是“有效需求不足”，最终形成了 70 年代末的“滞胀”局面。以芒德尔（Robert A. Mandell）、拉弗（Arthur Betz Laffer）为代表的供给学派认为“供给是实际需求得以维持的唯一源泉”，政府不应当刺激需求，而应当刺激供给。

基于这一前提，供给学派主张，经济政策应当着力于消除不利于生产要素供给和利用的因素，主张降低税率、大量削减社会支出（如非必需的社保、财政补贴等），以充分发挥市场机制、鼓励生产，使生产要素供需达到均衡和有效利用。近年来，中国成体系地提出类似主张的是贾康、白重恩等学者牵头成立的“华夏新供给经济学研究院”，形成了旨在从供给侧研究以改革为核心新供给经济学，以此提升要素供给的效率，进而提高实体经济的产出。

供给侧改革听起来新鲜，但并不是新事物。是什么在限制供给侧效率？主要是竞争不充分，包括服务业的准入限制（如医疗、教育、文化娱乐），要素价格管制（如利率、劳动力流动），不当补贴造成的不正当竞争，较高的税收抑制了生产的积极性等，这些症结最终都要回溯到国企改革、金融改革、土地改革、税制改革和政府职能转型等。这些问题在过去的二十多年内，曾被反复地提起，也是近十几年党的三中全会反复强调的改革议题。

供给侧改革难在哪？首先，供给侧强调市场的作用，一定程度上要求政府退出过度的市场干预，不管是财政直接支出还是转移支付，都有可能挫伤生产的积极性，只有通过减税、降低财政支出规模，把资金留在社会用于扩大生产、增加供给才有正途。同时，过剩的产能不应该通过扩大需求的方式消化，而是通过价格、淘汰等方式出清。不管要求政府职能转型，还是淘汰过剩产能，在当下中国，都有不小的障碍。

其次，限制某一特定供给效率的因素非常多，问题的解决也需要多个领域的体制协同改革，无法单兵突进。以医疗领域的供给为例，首当其冲的是行业准入限制，设立一家高等级的医院需要层层审批，包括土地、医疗设备采购、医保资格、医务人员配备以及水电、消防、卫生防疫、垃圾处理等众多审批环节，涉及卫生、规划、城建、人社等多个部门。这需要政府行政审批制度的改革。

医院开业了，医生护士人才的引进是难点，受医生不允许多点执业的限制，新医院招不到好的医生，无法与传统医院竞争，这涉及事业单位改革。医疗服务价格也受政府规制，长期低于市场均衡价格，导致要么医院的经营依赖于财政补贴，要么社会资本不愿意进入医院。医疗的上游如药品、医疗器械的采购、流通，受政府规制也非常多，直接影响着医院的经营自主性和绩效。政府对行业的规制政策需要做很多调整。

显然，化解医疗供给不足，简单的放开准入是没办法解决问题的，不管是药品价格与流通体制，还是医保付费机制，抑或卫生领域的人才体制，任何一个配套政策没有到位，都会限制医疗供给效率，让供给侧改革流产。

教育行业也是如此，中国相当多的地区，义务教育的师资水平远远跟不上居民的要求，要改善教育供给，要么大幅改善现有老师的教学水平，要么逐步把他们淘汰掉，这些都需要辅以强有力的激励机制，自然会引起教师的反弹（这种现象已经出现在出租车等行业），无法一蹴而就，其供给的改善可能需要数十年的努力。

因此，供给侧改革不能仅泛泛而谈，把目标定在降低准入门槛、加快创新、提高产品质量等小目标上，而应该着力于化解影响经济潜在经济增长率的体制性问题，在降低税率、要素价格市场化、劳动力自由流动、放松管制、削弱现有既得利益群体对决策的影响等方面多下功夫。

走出去，新问题

2014 年 10 月 24 日，包括中国和印度在内的 21 国财长和授权代表在京签约，共同决定成立亚洲基础设施投资银行（简称“亚投行”）。正在召开的 APEC（亚太经合组织）会议的主题之一又是加强 APEC 经济体全方位基础设施与互联互通建设，考虑到 APEC 经济体与中国高层最近倡导的“一带一路”经济带重合度相当高。有观点认为，中国版“马歇尔计划”呼之欲出。

马歇尔计划是“二战”后美国对被战争破坏的西欧各国进行经济援助、协助重建的计划，又称欧洲复兴计划。西欧各国先后接受了美国包括金融、技术、设备等各种形式的援助合计 130 亿美元（考虑通胀，约合 2006 年的 1300 亿美元），相当于美国当时黄金储备的 2/3。复兴中的欧洲，没有生产能力，不得不帮美国消化了过剩产能，美国借出去的钱最终又流回美国，欧美达成共赢。

中国目前产能严重过剩，尤其表现在基础设施建设相关的产业，在国内城市化与国际经济形势低迷的情况下，淘汰与消化过剩产能同样艰难。这时，对“一带一路”相关经济体进行资本输出，以此消化自身的过剩产能，并以拉动新兴市场国家和欠发达国家的基础设施建设带动全球增长，于人于己，都是好事。在这一过程中，中国还可以深化对新兴市场国家和欠发达国家的影响力，也是中国成为区域乃至全球负责任大国必不可少的一步。

计划设想得美好，做起来恐怕没那么容易。马歇尔计划之所以可以成功，除了美国拥有足够的实力保证借钱的国家不赖账，更重要的是受援国在这个计划的援助下可以复苏发展。按受援金额排列，前五名受援国为英、法、德、意、荷，这些国家在“二战”以前就已经是全球的发达国家，整体的经济发展程度高、人力资本水平高。各受援国因接受援助成立的OECD，也是目前国际上为数不多的由“高收入”经济体为主的国际机构。

受援时，这些国家的基础设施虽遭破坏，但与发展中国家相比，仍判若云泥。投资于战乱后的欧洲，投资回报率非常高，马歇尔计划带来的资本输入，只需要解决其资本不足的问题，而不需要考虑劳动力的技术水平、法治环境、政府治理等各类软环境是否配套。

中国版马歇尔计划可能面对的经济体远不及马歇尔计划时的欧洲国家，结合“一带一路”涉及的国家和现实情况，中亚、俄罗斯、南亚和东南亚国家是优先发展的方向，中东和东非国家也在“一带一路”的交会处，未来与欧洲、独联体和非洲部分国家也有合作的可能。这些国家，风格复杂，很多都没有完成现代化的转型，如中东国家和土耳其等国的世俗化政治和伊斯兰宗教一直在“拉锯”中，俄罗斯与欧美发达国家的冲突日趋升级，与原苏联国家的局部冲突不断。东南亚的不少国家，与中国还有领土纠纷、排华势力，中国与它们的合作总是不可避免要代入立场站队，对中国的外交政策是不少的挑战。

另外，也正因为他们未完成或未开始现代化的转型，其劳动力素质、基础设施还不及中国，更不用提法治水平、契约精神、商业环境，有的国家连政局都不稳，像阿富汗以及非洲的很多国家。对这些地方的基础设施投资，能否顺利完成是首先会面对的问题，前任领导人承诺，后任领导人撕毁合约的情况在中国对非的投资中并不少见。

南亚、非洲等国的投资环境还远不及中国，如何保证中国投资的权益，是一个很大的问题。有消息指出，委内瑞拉对中国的贷款违约。中国自2006

年起，向委内瑞拉提供了500亿美元的石油支持贷款，委内瑞拉每日向中国出口石油偿还贷款，由于油价下跌，委内瑞拉对中国停止供油，也不还钱，未偿余额高达百亿美元。中国版马歇尔计划如果真要落实，这些国家的信誉是远远不及马歇尔计划面对的经济体，难保中国不会再碰到另一个委内瑞拉。

即使援建的基础设施可以建成投产，这些设施能否派上用场，产生多大投资收益也是未知之数。想想中国地方政府过去几年的投资，中西部地区大批量上马的路桥、铁路、隧道，其实是严重过剩的。中国对“一带一路”相关国家的基础设施援建，最终要产生收益，还是要靠该国、该地区的经济有起色。这恐怕并非易事，要知道这些国家之所以贫穷，没有基础设施当然是一个重要因素，但更根本的还是差在他们的投资环境、贸易便利性、劳动力技术水平不足等软环境。

这也意味着，中国版马歇尔计划在输出基础设施的同时，还需要输出配套制度，帮助和督促输入国建立适宜的投资环境、减少贸易障碍、保护境外与私人投资等，在项目选择等方面，更要注意市场导向，确保基础设施投资可以产生经济与社会效益，以此维护中国作为资本输出国的利益。

我们回顾一下中国加入WTO的历史，美欧等国为了保障FDI的利益，在司法公正、国民待遇、市场准入、贸易壁垒、政府信息透明、知识产权保护等方面做了那么多功课：多轮谈判、磋商、国际仲裁、舆论压力等。中国想要实施中国版马歇尔计划，顺利地完成对“一带一路”相关国家的基础设施投资、运营，美欧日当年对中国做过的事情，中国恐怕同样也得对“一带一路”的相关国家来一遍。毫无疑问，对于目前中国的经验储备，完成这一任务的难度是非常大的。

中国还面临一个更现实的问题：实施马歇尔计划是否会干扰国内市场的健康发展？高铁作为对外基础设施投资的组成部分已经成为中国的对外战略，但南车、北车两家高铁供应商一直处于竞争状态，这对于中国铁路总公司是好事，但输出高铁的时候，难免出现竞相压价，对外战略对国内市场产生了不良的影响。如果中国版马歇尔计划展开，为了避免中国供应商在国外的竞争，我们是否要合并“两桶油”、合并各地形形色色的路桥与建工公司？中国多年发展形成的竞争市场如何自处？而这些问题不厘清，中国版马歇尔计划能走到哪一步，实难预料。

亚投行，机遇挑战并行

时隔13年的2014年，APEC会议回到中国，在北京召开，主要讨论三个重要的议题：推动区域经济一体化、促进经济创新发展、改革与增长，加强全方位互联互通和基础设施建设。其中最重要的就是亚洲基础设施投资银行。

过去十几年，中国经济保持了高速增长，最重要的因素无疑是加入WTO这步好棋。对比俄罗斯，入世比中国晚11年，11年后，国际经济格局已然逆转，中国成为全球第二大经济体、第一大出口国，是区域经济增长的核心动力，而俄罗斯在国际经济事务上的角色已经完全被边缘化。这也表明徘徊于国际新贸易体系之外，就意味着落后与失败。中国经济发展到现在这个阶段，融入新一轮的国际化中，是中国必须要走的路。

目前国际社会正在酝酿新一轮的自由贸易协定，包括美国推动的TPP（跨太平洋伙伴关系协定）等在内的高标准自由贸易协定有可能成为下一轮的国际贸易准则。中国尚游离在这些自由贸易协定之外，不仅可能制约中国的进一步发展，也由于这些协定往往包括了亚洲多个国家，美国的主导与中国缺席的现实，严重制约了中国对亚洲国家的影响。中国要迎接新一轮自由贸易协定，其一要加入TPP，其二就是拉拢自己的一群小伙伴成立亚太自贸区。

对中国来说，更现实的问题是：如何消化因出口增长乏力带来的过剩产能？在国内，不管是淘汰落后产能，还是拉动内需消化过剩产能，不是痛苦就是饮鸩止渴。对外投放过剩产能仍是相对占优的策略。因此有人提出了中国版马歇尔计划：对“一带一路”相关经济体输出基础设施，消化自身的过剩产能，并以拉动新兴市场国家和欠发达国家的基础设施建设带动全球增长，于人于己，都是好事。成立亚投行是中国版马歇尔计划的金融基础。

30年前，日本也走过同样的道路。自1979年起，日本启动对华政府开发援助，包括对华日元贷款、无偿援助和技术合作三类。到2009年年底，累计总额超过350亿美元，占中国接受境外政府贷款总额的40%。其中，日元对华贷款援建项目多为基础设施或重点工程，规模大、周期长、技术要求高且施工难度大，典型代表包括北京首都机场、上海宝钢、上海浦东机场、武汉长江二桥、北京污水处理等以及为数众多的铁路和发电站项目。这一过程中，中国获得了宝贵的建设资金及技术，日本也消化了过剩产能，成为世界上制造业与出口大国。时至今日，日本三井公司仍在造船、航运等领域与宝钢有着良好的长期合作关系，宝钢与日本新日铁仍不断地新建合作项目。

然而设想是美好的，但实施起来恐怕没那么容易。亚太国家甚多，发展水平参差不齐，较发达的如美、日、韩等国，在全球格局下，与中国呈竞争态势，对中国欲发起的亚太自贸区、亚投行的态度可想而知。首批发起成立亚投行的21个亚洲国家中，号称几乎囊括亚洲所有国家，但没有日本，也没有韩国，中国力邀的印度尼西亚和澳大利亚也不见踪影。

我们不能想当然地认为同属亚洲，亚洲各国就会一条心，亚洲国家和中国的关系会比美国更亲。中国每年从澳大利亚进口那么多铁矿石，也抵不过美国的游说，更何况日本、沙特阿拉伯还是美国的盟国。亚洲的诸多发展中国家，相当多数与日美的关系都要比中国亲近，成立一个亚洲的基础设施投资银行都如此艰难，那么亚太自贸区的难度就可想而知了。

中国面临的挑战还不仅于此，无论是成立高于WTO标准的亚太自贸区还是实施中国版马歇尔计划，中国都需要解决更复杂的问题。作为世界工厂，中国可以生产标准化的商品，性价比富有竞争力，行销全球。但高标准的自由贸易区和中国版马歇尔计划，不再是简单地把商品卖给别人，而是需要中国进一步深入到别国内部进行资本输出、提供服务，卖一辆高铁的难度要远远高于卖一辆小汽车。

近年来，中资公司出海，成功的不多，折戟于海外项目的倒是不少。2011年，波兰高速公路管理局正式与中国海外集团终止了高速公路建设的项目合同，这个项目曾经是中国企业首次在欧盟国家赢得大型市政工程项目。这个工程由中国海外集团牵头，中国隧道集团、上海建工集团等承建，几家公司无论是项目经验还是人力资源储备都很丰富，是国内数一数二的优质建工公司。但国内的经验在境外落地时，受到境外环保政策、文化氛围、劳工政策等多个方面的冲击。中国海外集团发现，在中国1亿元可以搞定的事情，在波兰用双倍的钱都摆不平，中国引以为傲的成本优势在劳工输入限制下，也不堪一击。相较高速公路，高铁、电信更是复杂，中国要做的功课还很多。

对于亚洲的发展中国家来说，中国需要做的，可能还包括帮助受援国建立好的投资环境和私有财产保护，敦促其加快国内改革，一方面这是受援国经济繁荣与发展的前提，另一方面也是维护中国的自身利益。

房市生与死

要解决房价的问题，需要解决的是资源错配的问题，而不是强行禁止购买。在北京，优质小学、著名大学、顶级三甲医院、大型娱乐休闲场所，这些设施，不迁出北京，房价怎么可能会跌？

房市调控十年简史

2015年年中，全国一线城市房市全面激活，再现2013年的盛况，其中深圳部分区域房价的同比涨幅高达30%。与之对应的三四线城市，房价却没有多大起色。

近两年，房地产市场经历了最严调控和最宽松政策的起伏。2013年3月1日，房地产调控政策“新国五条”出台，按照规定，出售自有住房按转让所得20%计征个税。政策甫一出台即震动了全国的二手房市场，名下有两套住房的夫妇纷纷办理离婚手续以规避新政，房产登记中心亦人头涌动，加急过户，避免被征税。在上海，过户排队的号码甚至被叫卖到5000元。

这是2013年为了抑制房地产升温出台的新措施，缘起一线城市房价恢复上涨，并且幅度惊人。北京部分小区的二手房价增幅甚至到了20%。之前，业界有预期会出台新的调控政策，以抑制房价，但加码之重，却是始料未及。

2014年9月30日，中国人民银行、银监会联合出台《关于进一步做好住房金融服务工作的通知》，从实际执行角度看，房贷的宽松政策可以说是对之前信贷套数认定政策的全面松绑，其中针对首套的认定甚至超过2009年最宽松政策时期。此通知被业界称为“央行930房贷新政”。

然而，政府调控房价的努力并未得到公众的认可，房地产管得紧了，猛烈的财税政策，让人担忧新增的税赋会转嫁给购房者，不仅不会平抑房价，还将拉升房价。就算抑制了房价，也势必抑制二手房的交易，让刚需购房者转向租房，租房成本将不得不上升。过去的几年内，几轮房地产调控，房租跟随其后水涨船高，抬高了京沪等地的进入门槛，加重了城市白领的生活压力，消费降级现象随后可见。管得松了，被质疑放水，深圳的房地产市场单价十万的楼盘已经不在少数，北京五环内，300 万以下的房子更是少之又少。

实际上，尽管公众对高企的房价批评之声甚多，但政府应对此呼声出台的调控政策却也越来越不受欢迎，为什么会如此？这需要我们检视过去十年的房产调控政策。

十年五轮调控

从增长走势来看，房价在 2004 年进入快速增长通道，随之而来的就是政府对房地产的调控政策。根据调控政策的手段与方向来划分，可以分成五个阶段。

第一阶段：预热期（2002 年到 2004 年年底）。早在 2002 年，国家九部委就发布《关于加强房地产市场宏观调控促进房地产市场健康发展的若干意见》（217 号文），从土地供应、金融信贷、住房结构等方面强调要对房地产市场进行宏观调控。2004 年被称为“房地产的政策年”，在土地转让的方式、开发商资质、贷款条件、货币政策等方面出台了多个政策，以规范市场、控制房价。

这一阶段的房地产调控更多是宏观经济调控，使用的调控手段主要是从供给上控制投资、土地供应等。虽然是地产调控，但没有跳出宏观调控的范畴。房价也一路摸高，全国房价增幅高峰时超过 10%。

第二阶段：结构性调控组合期（2005 年年初到 2008 年年初）。2005 年年初，高房价已经成为一个社会问题。调控加码，手段也转向结构性调控，在抑投资过热的同时，提出“稳房价”的新目标，“国八条”“新国八条”“国六条”和“十五条”相继出台，重点打击囤地行为、改善商品房和保障房供应结构（如70%、90平方米）、提高首付比例、推出税收调控手段，改善供给结构的同时开始调整商品房投资性需求等。

但诸多“调控房价”的“房地产新政”推出之后，房价依旧高烧不退。在这一时段，房价的调控政策还呈现顺周期操作的特点，实际效果加剧了房价周期的波动幅度，在2006年、2007年的房地产市场，可以说是“一边调控一边涨价”，调控政策越猛烈、严厉，房价涨得就越凶猛。

最终，从2008年年初开始，房地产开始整体降温，商品房销售面积开始下降，但这更多是宏观经济形势恶劣的结果。2006年、2007年各项严厉的房地产打压政策又在2008年集中体现，又进一步扩大了房地产交易量下降的空间。

第三阶段：鼓励购买期（2008年年底到2010年年初）。针对自2008年下半年宏观经济形势恶化、房地产行业衰退的局面，在出台“四万亿”经济刺激计划之下，同时也出台了房地产刺激政策，例如对个人首次购买90平方米及以下普通住房的，契税税率下调到1%；对个人销售或购买住房暂免征收印花税；个人住房公积金贷款利率下调了0.27个百分点等。

在政府强力推动下的救市局面上，房地产市场焕然一新，房子热销到北京数年间积累的烂尾楼全数售罄、上海的豪华新盘星河湾一天卖出40亿元。2009年下半年以来，购房者出于投机或买晚不如买早的追涨冲动下，更多消费者又加入购房大军中，造成因为延缓积压后的“井喷”现象，房价增速反而变快，2009年11月，增幅同比高达15%。事实上，在这一轮房价上涨的过程中，京沪等地的房价翻一倍的区域比比皆是。

第四阶段：行政干预全面介入期（2010年年初到2014年9月末）。2010年元旦过后，政府有意干预上涨过快的房价的言论充斥于市场，“国十一条”随后即出台，之后更是史上最严厉的“新国十条”，限制异地购房（限购令），大幅提高二套房贷标准等具体可执行性的措施一下子将高温的房地产市场打入冰窖，各地房地产市场交易严重萎缩，2011年还推出了3600万套保障房的计划，涵盖土地供给、信贷、税收、保障房等各方面的住房差别化调控体系逐渐形成。

到2012年年初时，房地产市场进入了僵持状态。京沪等一线城市的一手、二手住宅成交量、成交均价涨幅均为近几年来的最低点。绿城“破产”、房地产信托风险等也频频传出。虽然学界、业界对本轮房地产调控手段的合理性、合法性多有指责，但不得不说，这些调控手段暂时刹住了房价的涨势。2013年，为了抑制房价，更是史无前例地推出房产转让的增值所得征收个人所得税的措施。

第五阶段：行政干预开始退出市场（2014年10月至今）。2014年9月末，“央行930政策”出台，全国城市除了一线城市外，大多取消“限购令”，货币政策在房贷等方面的认定上全面放松。

谁在买房

回头来看，2004年以来，国务院在房地产调控上思路的变化相对清晰，房地产市场始终摆脱不了宏观经济周期的重要组成部分，总体要服从经济周期的大局，这在2008年年底表现得尤为明显。另外，舆论对房价过高的指责，使得房地产政策越来越侧重向社会政策转变。政府在经济增长与社会稳定两者之间游离不定，先后出台的政策组合的一致性就显得差了很多，让市场无所适从。

调控思路的不一致，也影响了调控的手段，在此前相对单一的宏观经济管理的前提下，逐步引入社会政策工具。只是中国当前社会政策相对粗糙，政府不得不启用原来已经式微的政策工具，如户籍政策在限购中的应用，过度保障的福利房也死灰复燃，这些与近20年以来经济与社会政策的市场化趋势是背道而驰的。更有甚者，2010年开始的“限购令”中，各部委与地方政府频频违反《行政许可法》等上位法，被一些有识之士斥为“重大倒退”。

即使如此，房地产调控的成效依然不尽如人意，我们不禁要问，为什么房价这么难调控？

客观上，房地产市场所谓的刚需确实持续存在，并且规模越来越大，根本因素是快速城市化带来的城市中非户籍常住人口。首先，他们对自有住房有一定的追求，并且由于保障性住房制度的缺位，这部分需求只能转到商品房市场。另外，由于户籍等制度与商品房的绑定，住房在我国还包含了公共品价值的折现，大量集体户口的就业者只有通过购房才能享受到公共服务。

其次，是转型时期中国存在的特殊的购房需求。从某种程度上来看，对商品房的所有权是体现个人社会声誉、社会地位的重要参照。事实上，在办理个人银行贷款、信用卡级别等多个方面，住房都被视作个人信用（或偿付能力）的重要参照系。与此对应的是中国当前的婚房需求，当前城市内，相当部分的购房者是出于结婚而购房，尤其是女方的强烈主张。从某种意义上来看，这是女方的不安全感的自然反映。

女方的不安全感，原因有两种：第一，基于信息不对称，对男方家庭情况不了解，商品房可以将男方家中的财产显性化；第二，对结婚前景的不安全感，基于婚后财产共有的考虑，男方有商品房并在所有权人上添加女方的名字，可以增强两个人的离婚成本，也可以保证女方在离婚后得到生活保障。

更何况，持续上涨的房价使房地产成为极佳的投资对象，在股市低迷与投资渠道欠缺的情况下，买房防通胀、积累财富已经成为最保险的投资方式。尤其是权钱交易、灰色收入占居民收入过高的情况下，更是如此，房姐、房妹、房叔、房婶不绝于新闻，一个人拥有数十套房并不罕见。

刚需是不可能消除的，也不应该抑制，除非有了完善的保障性住房（满足居住需求）、完善的信用体系（个人信用与社会地位衡量体系），或者城市化已近尾声。因此，抑制投资性需求及扩大商品房供给是政策的主线，事实也是如此，只是操作起来却并不容易。

抑制投资性需求，首先面临的是如何鉴别谁是刚需，谁是投资客？实践操作中，政策总是误伤刚需，不管是限购令，还是自住房转让所得征收个税，都让“刚需”们很受伤。这些政策最终也只能暂时抑制他们的购房热情，在政策松动时，势必再次释放。

当然，我们可以采用房产信息公开等手段来规避这些缺陷，但由于大量房产所有者的财产是不合法或者是从灰色渠道获得的，他们对政策又有很大的影响力，所以关于房地产登记信息全国联网、官员财产公示等制度一直很难建立。能有效抑制投资需求的房产税也面临同样的问题。

调控的目标是什么

既然抑制千难万难，那么对房价最有效的冲击，还是提高商品房的供给，最直接的就是土地供给。症结正在于此，目前的土地用途管制是房地产市场乱象最主要的原因。以京、沪、深、杭等地为代表的城市在土地供给上模仿了香港地区的土地管理制度，政府垄断了一级土地市场，人为造成建设用地的稀缺，以此获取高额的土地出让金收入。香港看似区域小，人口密度大，但实际的土地利用效率相当低，90%以上的土地都以绿化、环保等名义不予开发。同样的理由在内地也存在以粮食安全、保护耕地的名义限制城市建设用地的扩张。

回溯房地产市场的历史，房价开始快速上升的时间点正是2002年，那一年国土资源部发布了《招标拍卖挂牌出让国有土地使用权规定》（国土资溪部令2002年第11号），叫停了沿用多年的土地协议出让方式。此时的政府放弃了以往监管者的角色，成为土地的做市商，低价征收农用土地、拆迁旧城，再高价招标拍卖给开发商，与此同时，为了利益最大化，约束城市的土地供给。在房地产市场中，政府已经是利益中人。

经过数年的摸索，低价的工业用地引进大工业项目，带动本地 GDP 与就业，形成了居民收入快速提升与经济集聚，以此带来地产增值。再通过一级土地垄断制度，预先收储，招标拍卖挂牌后以土地出让金的形式分享了土地增值。利用土地出让所得，再投资基础设施，进行新一轮的大工业与商业项目引进。

更为重要的是，这种模式形成的利益巨大，近三年，土地出让所得每年稳定在 2 万亿 ~3 万亿元的规模，仅次于地方政府的一般性财政收入。这也意味着一级土地市场垄断的收益，已经成为政府重要的财源，房价跌落会让地方政府收入锐减，更别提扩大土地供给这种吃力不讨好的事情了。

一面是政府的收入，一面是汹涌的民意，何者为重？在目前的政治体制下，并不难判断。政府宁肯出点钱去建保障房，也不乐意断了自己的财源。当然，出工不出力、挂羊头卖狗肉也不是什么难想象的事。2011 年开始的 3600 万套保障房建设，要达成目标，少说需要 4 万亿元的资金，根本不具有可操作性。

公开统计中，2009 年至 2011 年年底，保障房共开工 2100 多万套，其中以出租为主的廉租房和公租房各占 20% 和 15%，棚户区改造占 42%，以出售为主的经适房和限价房各占 17% 和 6%。这哪里是保障房工程？

这种背景下的房地产调控，也只能是政府面对激烈的公众意见的一个被动的反应：要给公众一个交代，但却不能影响税收，更不能搬起石头砸了自己的脚（房产信息公开与房产税）。

中央调控的决心是强硬的，地方政府官员的表态也是令人欢欣鼓舞的。但回想一下，有哪个地方政府切实完成了调控目标？没完成的地方政府官员中，又有谁被问责了呢？

再仔细研读一下历次政策，房价下跌等目标从来就不是施政目的，如果非要说其中有什么暗示的话，那就是“稳定房价”“遏制房价快速上涨的势头”，在房价下跌的时候，这意味着希望房价不要再跌了；在房价上涨的时候，这意味着希望房价不要涨得这么快。

时至今日，房地产应该怎么调控已经不是个问题，学术界与业界备有无数的方案。关键在于，我们的目标是什么？在这个目标下，我们要平衡谁的利益，谁受损、谁得益，我们不能不切实际地追求皆大欢喜。这就回到一个根本问题上，谁来决定这个利益的平衡点？

显然，这是一个公共政策的决策，理应引入更多的利益主体参与政策讨论与决策。也只有厘清了这个问题，才可能有一致的调控目标，才有可能不出现一方只受损、另一方只受益，才可以有切实的责任追究机制，才有可能切实地达成房地产调控目标。

限购令的教训

到2014年9月29日为止，国内仅北上广深和三亚五个城市的房地产市场仍执行限购政策。据媒体报道，三亚市取消限购文件正在走相关政府部门流程，预计将在国庆公布。这意味着，除了房价最高的四个一线城市，始于2010年的房地产限购政策，历时四年，终于快走到终点。虽然限购令基本上退出历史舞台，但对中国的影响是巨大的，也需要我们检讨政策的"遗产"。

限购令影响的城市颇多。2011年年中，国务院常务会议决定房价上涨过快的二三线城市也需要采取限购措施以后，先后共有46个城市出台了限购政策。这些政策包括限制异地购房（限购令）、大幅提高二套房贷标准等具体可执行性、对于违反限购的房地产购买行为不允许登记等。

限购令是否发挥了作用？国家统计局数据显示，限购令扩围后的10月，全国70个大中城市房价环比开始下跌，11月，环比再次下降。京沪等一线城市的一手和二手住宅成交量、成交均价涨幅均为几年以来的最低点。从这一点来看，限购令似乎发挥了作用。

然而，梳理近十年的商品房销售面积数据可以发现，当时季度增速的最高点是2009年年末，彼时限购政策还未开始。自那以后，销售面积的季度增速就开始下滑，限购政策开始以后，数据有低幅波动，在2012年开始回升。也正是应对2012年年末的房产交易量回升，中央出台了"新国五条"，要求出售自有住房需按转让所得20%计征个税。如此严厉的政策，也未能抑制住房市的火热，房产交易量先增后跌再大增，创造了2013年的房地产大年。到2014年，政策未变，但房市却开始颓废，虽限购令渐次取消，交易量也没见到回升。

由此可见，过去四年的房地产市场的涨跌现象，与其说限购令发挥了作用，不如说是房地产市场的自有周期在发挥作用。由于调控政策的时滞效应，中国的房地产调控一向呈现顺周期操作的特点，实际效果加剧了房价周期的波动幅度。2006年、2007年的房地产市场，可以说是“一边调控，一边涨价”，调控政策越猛烈、严厉，房价涨得就越凶猛。结果在2008年经济衰退来临之际，商品房销售面积的下滑速度也是史无前例地快，主要是2006年、2007年各房地产抑制政策在2008年的集中体现。

这就有一个问题，2006年的调控政策还是针对宏观经济周期的调整，2010年的限购令则是对微观主体的直接限制，操作性很强，房地产市场为什么在2013年还可以继续火热？这是因为现实问题的复杂性，政府不可能整齐划一地规定一个人只能拥有一套房，也不可能完全不允许非户籍人口购房。因此操作的时候，以家庭为调控单位，对户籍人口和非户籍人口做出不同的限制。这就存在着套利空间。

很多人通过离婚、向直系亲属转移房产等手段，让自己达到限购令的准入门槛，实现买房。据统计，2013年上海市的离婚、复婚数量都有大幅上升，其中协议离婚登记60408对，比2012年上升37.4%。同时，2013年上海办理复婚登记14730对，这个数据比2012年足足上升了82.57%。新增的这些离婚、复婚，主要就是为了规避限购政策的。可以说，限购令对房地产市场开了一枪，中枪的却是婚姻登记机构，这些机构这两年忙得不得了，上个月离婚，下个月就复婚的例子并不鲜见。

限购的失败，更在于它让户籍制度死灰复燃。作为一项落后的社会管理工具，近十几年，户籍制度不断消亡，只在社保、教育等有限几个领域还发挥作用，在商品交易领域已经很少有户籍的影子。但限购令实施以来，各地方政府以户籍作为主要筛选工具，对户籍与非户籍人口区别对待，让户籍重回到社会管理的中心位置。受此影响，车牌登记等领域也开始引入户籍、居住证作为前置条件。近几年大城市逐步放开的义务教育入学，在中央严控大城市规模的背景下，户籍制度又成为主要的限制非户籍居民权利的工具。这种趋势也使得户籍改革新方案，了无新意，改革的力度很小。

如今我们面临的问题是，如何消化限购的“遗产”。除了户籍制度的滥用以外，限购的“遗产”还包括政府不受约束的违法行为（违反《行政许可法》《立法法》等上位法）。包括中央政府在内，各级政府并未意识到限购令给中国带来的长期的恶劣影响。2014 年政府工作报告中，分类调控依然是楼市调控的主基调，继续维持“限购令”在调控中的使用，仍然坚持认为政府可以控制房价，坚持为了控制房价，可以剥夺居民买卖自由的权利。这样的思维，如何能完成新一届政府提出的“简政放权”“让市场在资源配置中起决定性作用”的目标呢?

空置率与结构失衡

2014年7月，中国家庭金融调查（以下简称CHFS）发布报告称，2013年中国城镇地区住房拥有率高达87.0%，自有住房空置率为22.4%，均远高于欧、美、日、港、台等国家和地区，高空置率还致使4.2万亿元银行房贷沉淀于空置住房，占用了巨量的信贷资源。IMF副总裁朱民在IMF 2015春季年会期间也表示，目前中国楼市的首要问题是空置率太高，空置面积达10亿平方米，要将地产开工率维持在中等水平，还要进一步提高销售率。

城镇地区住房空置率数据非常重要，它从总量来显示城市住房的供需情况，在今天，社会对房价是否到达拐点出现分歧的时候，住房空置率的高与低无疑更能决定房价的走势。然而这个报告的结论着实惊人，其数据显示，哪怕是像北京、上海的热门城市，自有住房空置率也高达19.5%和18.5%，这意味着每5套房子就有1套是空着，还不包括那些已经建好但尚未出售的房子。这一数据远远超过了人们的直观感觉，这也是CHFS的报告一出，引发了如此之多的争议的原因。

我们应该如何看待CHFS的报告？基于CHFS调查方法的严谨程度，从总量上，笔者愿意相信中国整体自有住房空置率的数据。近十年来，三四线城市的房地产市场供给过剩是不争的事实。不用提供准确的空置率数据，我们就已经能够感受到三四线城市的房地产危机，鄂尔多斯的鬼城、辽宁省各市滨海公路遍布的空置新楼盘，都是鲜活的例证。由于新购房往往处于城郊或者新城，这些区域的就业供给不足，买而不住、无法出租的现象广泛存在。

三四线城市的房价拐点已现已经成为共识。从人口分布上来看，这些城市，除了吸纳当地的农村人口以外，对城镇人口的挽留上，相比一二线城市毫无吸引力。国家统计局和CHFS的数据都显示，农村青壮劳动力向城市转移已经接近尾声，本轮三四线城市的房价走势很有可能是“L”形，很难再有抬头的机会。

但这并不意味着中国所有城市的房子都已经过剩，哪怕一二线城市的空置率仍然高达20%，未来这些城市房地产的需求可能依然强劲。为什么？这需要我们回到人们为什么要买房子。CHFS对住房的刚性需求与改善性需求做了定义，前者包括无房家庭以及有房家庭中的人房分离、分家需求三种，后者主要从居住时间及面积上做了界定。这一定义可能符合国际惯例，但未必符合中国的现实。

事实上，无房居住只是住房刚性需求中的一部分。房价高企的今天，很多年轻人已经可以接受租房的现实。如果只是为了居住，大可不必买房，租房即可，无房家庭也未必就是刚性需求。但中国大城市当下的政策往往要求他们必须要购买商品房。首当其冲的就是落户需求，自1998年房改以来，买房落户就是中国绝大多数一二线城市的政策，哪怕是天津这样的直辖市，也是2014年才取消买房落户的政策，成都、杭州这样的热门城市买房落户一直都没有取消。

众所周知，中国公共服务资源在区域上的分配远远背离均衡的原则，教育、医疗、文化娱乐等方面资源大多集中在一二线城市和东部地区，落户于大城市，就意味着可以享受该城市的公共服务，尤其是教育与医疗方面的资源。

哪怕如CHFS所说，中国房地产市场主要是由多套房家庭的投资所驱动的。这些家庭投资房子，也是看在这些城市会有持续的人口流入。这种公共服务上的落差，使得一二线城市可以长期保持对三四线城市的优势，长期吸引农村户籍劳动力以及三四线城市的城镇户籍人口。这个前提有效，房价就能够保持得住，20%的空置率就不可怕。

在人口越来越向一二线城市集中的背景下，住房是获得当地公共服务的钥匙。租房不可能满足对自有住房的需求。例如，稍好一点的学区房就需要自有产权房作为前提，还可能要求产权必须是孩子父母的。如果没买房就落了户，户口也只能挂在集体户或者落在同学、朋友家里，办理户籍相关事项，就很不方便。作为大城市的“新移民”，拥有自己的住房，还可以为自己的社会地位、信用背书。

即使不买房、不落户，不去享受额外的公共服务，自有住房的好处也很多。在上海如果没有自有住房，办理居住证的时候，需要提交房东的房地产权证原件、复印件，还需要经过备案过的租房合同（这意味着要缴纳税费），手续之复杂、条件之高，令人畏惧。更别提，租别人的房子，经常会遭遇来自居委会的实有人口的调查，稍有不配合之处，可能就会受到被要求搬走的压力。

回过头来看，空置的到底是什么房子？CHFS 的数据显示，商品房与经济适用房的空置率要高于拆迁换房、房改房和单位集资房；按建筑面积算，空置率呈倒“U”形，90～120 平方米、120～150 平方米的空置率较高。我们可以归结为：收入越低，住房空置家庭比例越低；收入越高，住房空置家庭比例越高。

与空置率高企对应的是租房市场的拥挤，平均 41% 的租房家庭与人合租住房，城镇地区平均每套出租房中居住了 1.45 个家庭。根据某生活服务平台的数据，2011 年北京市的合租比例已经近 60%。合租再拥挤一点，就是北京、上海等地打压的“群租”，显然城市里并不是没有足够的房子租给他们，而是他们租不起，或者是房东不愿意低价租给他们，很多房东不在乎空置损失这点钱。

很显然，住房空置率较高和群租现象的二元对应，是收入分配差距过大造成的结果。这也意味着城市里的房子既过剩又不足，过剩在单套面积太大、容积率太低的房子，不足在单套面积小、容积率高的房子，而后者明显不是目前城市住宅建设的主流，而这恰是政府过度管制的结果。对于那些买房子投资的人来说，在股市不振、信托风险高、小微企业经营困难的形势下，不建议他们买房子，那他们的钱能干什么呢？

从空置率入手来谈住房的供给是否过剩忽视了中国当前所面临的结构性问题。空置的房子与市场需求的房子可能是两个市场，并且需求的房子内涵太丰富，远远不是居住所能涵盖的。这些结构性问题不解决掉，不改变公共服务提供机制及收入分配差距格局，单纯由建改租、鼓励租房，是解决不了住房错配的问题的。

评估救市政策

2014年9月30日，央行正式表态，对拥有1套住房并已结清相应购房贷款的家庭，为改善居住条件再次申请贷款购买普通商品住房，银行业金融机构执行首套房贷款政策，这也是央行副行长刘士余“具体内容等文件”中所称的文件。文件还鼓励银行业金融机构通过发行MBS、发行期限较长的专项金融债券等多种措施筹集资金，专门用于增加首套普通自住房和改善型普通自住房贷款投放。

虽然业内对北京上海两地的楼市走向尚存在分歧，但杭州等二线城市的下跌已成趋势，而三四线城市的房地产市场下跌风险就更显著了。首先松动的是限购政策。2014年7月以来，已有30多个城市取消或者大幅度松绑限购，截至8月底，全国仅有9个城市限购还没有放开，包括北上广深以及几个热点城市。限购松绑解决了一些问题，以杭州为例，7月29日放开高端住宅限购的第一周，杭州豪宅市场成交量和成交金额“井喷”。但好形势并未持续，杭州随后的交易量就继续低迷。

为此，部分城市不得不开始救市。海口出台房地产销售奖励政策，岛外中介每销售1套面积在90平方米及以上商品房，奖励1000元，90平方米以下的奖励500元，奖励全年销量前10名的房地产企业每家10万元。四川省出台政策，对金融机构发放首套住房贷款，按贷款金额给予银行3%的财政补助。在巨大的社会舆论下，该政策仅仅发布了一个工作日就被撤回，并称是

"工作人员失误"。

商业机构普遍将央行的政策解读成政府为挽救房地产市场进行的刺激政策。政策出台后，有消息称部分品牌的房地产商立即下发了上调房价的内部通知，这也是他们预期房地产市场会反弹的自然之举。从抑制到放松，对房地产市场确实是松绑，受限购限贷导致需求被抑制的购房者，将重新回到市场。具体来看，非本地户籍的首套房购置，拥有房产需要置换改善性住房购置，高端楼盘买家等是限购限贷取消以后释放需求的主体。

尽管如此，央行对首套房定义的变更也只能算是市场的回归，是经济政策常态化，而非刺激。在正常的市场环境下，拥有住房、没有贷款，往往是优质的贷款客户，其贷款偿付能力要远高于以前首套房的定义（名下无房产、无贷款）。不允许向这些人发放贷款，本来就不是市场行为，取消这些政策是信贷政策回归到市场主导。

至于首套房首付三成、贷款利率下限为基准利率的 0.7 倍，与限贷政策时期执行政策，并无二致，只能算是政策重申。政策归政策，银行在发放按揭贷款时，9.5 折以下的利率优惠也很难看到，因为银行吸纳存款（负债端）的成本太高，大家都不愿意做亏本的买卖。没有新的政策出现前，重申 7 折的贷款利率下限是很难解读为央行放水的。

从宏观全局来看，央行新政还有助于缓解目前的债务风险。目前中国经济全局负债率过高，主要体现在地方政府与企业部门。对于前者，地方政府消化负债最重要的手段就是卖地，而后者，转移杠杆几乎是目前唯一可行的途径。调整首套房可以消化存量新房，增加地方政府的卖地收入，缓解地方政府的债务危机。

更有意思的是此次央行新政中的多个举措还有助于杠杆的转移。目前中国虽然企业与政府部门的负债率（杠杆）较高，但居民部门的负债率相对较低，这主要是因为中国房地产贷款首付比例高达三成，即使房价跌去三成，依然不会损害银行的贷款，考虑到近些年房价上升迅速，居民部门可以承受的房价下跌幅度更高。

调整后的首套房信贷政策，增加有房无贷款或者房产置换家庭的杠杆，挖掘了居民部门的负债潜力，以此降低开发商与地方政府的杠杆。此外，央行鼓励银行业金融机构发行 MBS、进行房地产投资信托基金（REITs）试点等政策，同时也是将房地产开发企业的杠杆转嫁到居民部门。

央行政策虽是利好，但能带动的房地产市场的复苏却有限。首先，这一轮调整过程中呈现出的房地产市场分化的迹象明显。一二线城市的房地产市场的抗跌性明显好于三四线城市，但抗跌性最好的四个一线城市的限购仍未放开，这制约了限贷政策的发挥。在三四线城市，即使居民有意愿置换或增购住房，考虑到房地产后市走向，恐怕也不会在三四线城市置业，而三四线城市的债务危机恰恰是最严重的。

其次，限贷虽然放开，但一二线城市的房价已经相当高了，套均房价远高于普通家庭所能负担，限贷之前买不了刚需，取消限贷之后未必就买得起。取消限贷能释放多少需求，市场的反应并不乐观，闻风而动的更多是豪宅，只是这个市场的容量有限，解决不了多少问题。没人买得起房子，取消限购限贷，也就起不了什么作用。

与一部分买不起房子对应的是另一部分人买了过多的房子。据禧泰数据显示，2014 年 1 月，北京房价平均为 37439 元，2013 年北京城镇职工的社会平均工资（社平工资）为 5223 元，60 平方米的房子，夫妻俩也需要 17 余年不吃不喝才能买得起。但按甘犁主持的“中国家庭金融调查”的数据，2011 年，全国年收入前 1% 的家庭，年收入超过 55 万元，以家庭双职工计算，人均月收入近 2.3 万元，是北京社平工资的 4.4 倍，买房压力大大降低。而东部城市年收入前 1% 的家庭，年收入超过 110 万元，财富前 1% 的家庭财富超过 1000 万元，买房压力就更小了。

但在目前政策下，这些富人很难成为新增的购买力，而要解决穷人买不起房子，就是一个收入分配差距的问题。这或许是政府长期拯救楼市应该着力的重点。这个问题不解决，同样还会派生很多的问题，如能承担较高房价的富裕家庭，可能会与无力买房但居住在城市里的贫民家庭发生冲突，他们将在公共品提供的标准高低、社会治安管理水平等多个方面产生分歧。如果处理不当，很容易造成族群之间的撕裂，京沪两地已经出现这种迹象。

那么，未来应该如何调控楼市？

房地产调控之难在其多元化。在政府看来，房地产是经济的支柱行业、拉动 GDP 的利器，房价越高，GDP 增速越快、财政收入越高，重要性自不待言。在老百姓眼里，城市里（尤其是大城市）资源太多，有就业，有公共服务，好大学、好医院、体育场、游乐园，还有品类繁多的娱乐生活，买房子买的是公共服务，买的是消费升级。拥有住房是一个人要城市化的副产物，房价要与绝大多数人的支付能力挂钩。房价高意味着他们可能无法在城里立足。

这两个截然不同的属性，决定了房地产调控会左右摇摆。纵观房地产调控政策，总体要服从经济周期的大局，降价并不是唯一目标，要不然 2008 年年底也不会对房地产进行大刺激。另外，在舆论的指责下，房地产政策越来越倾向社会政策。政府也在宏观调控与社会稳定两者间不断地游离，以此构成近十年以来的调控政策框架。房地产也始终摆脱不了宏观调控的要求和居民对房价高的指责，既要服从经济周期的大局，也要回应购房刚需的指责，也由此诞生了限购令。

事实上，回过头来看，为什么人们要在城市里买房子？为什么一二线城市的房子更抢手？这是因为城市里的资源太多，有更多的就业，有更优质的公共服务，还有品类繁多的娱乐生活。一二线城市房子贵，是因为政府对其投入的资源更多，如好大学、好医院、体育场、游乐园，房产溢价在这里。

想一想，资源是全市、全省甚至是全国的，但投向却是集中于某一地的。房价在这一地域上涨也就很正常，要解决房价的问题，需要解决的是资源错配的问题，而不是强行禁止购买。此时强行控制房价，而不去管市场上的要素扭曲是不能解决问题的。在北京，优质小学、著名大学、三甲医院、大型娱乐休闲场所，这些公共设施，不迁出北京，北京的房价怎么可能会跌？

从短期措施来看，政府可以修改规划，提高部分住宅区的容积率，如降低套均住宅面积、增加楼层数、减少住宅楼间距等。对于中国绝大多数房价过高的区域来说，容积率都太低，把想买房但收入偏低的群体排除在外。看看香港那些让密集恐惧症心寒的住宅楼，除了缩小收入分配差距，要解决更多的人买得起房子的问题，增加小户型、高容积率的住宅供给恐怕是一个不错的临时措施。

房价预测术的破产

2014年上半年的房地产市场清淡，交易量大幅萎缩，房价胶着，后市变得不明朗起来。这时，想购买房子的人开始迟疑，不知道是不是进入市场的好时机。他们既担心在高点买入，成为“接盘侠”，也担心错过楼市阶段性调整的好时机，在未来房价涨起来的时候，增加数十万元的买房成本。

在这个僵持时刻，买房人会觉得，到底能不能买房，专家的意见或许可以听一下，帮助自己做一个判断。事实上，专家的意见，不仅仅在这个时候被吸收。在房价疯涨或者微跌的时候，专家的评论、观点也总是可以获得成千上万的阅读与评论，左右了为数不少的持币待购者。

谢国忠是最为著名的房市唱衰派，2004年10月，他发表的《有史以来的最大房地产泡沫将在近期破裂》开启了“唱衰中国房市”的十年之旅，“房价五年之内跌一半”的言论屡次出现。结果大家都知道了，房价可能会有小跌，但总会再创新高。著名经济学家徐滇庆也折戟预测房价，2008年7月8日，因为与媒体评论员牛刀打赌唱空深圳的房价而赌输，在《南方都市报》上向深圳人民道歉。

任志强、董藩则是房市唱多派，两者唱多的原因略有差异，但总体坚挺房市，并且力主房市拯救中国，唱衰的人只是在赚人气。每次他们抛出此类观点总被“炮轰”，指责其“屁股决定脑袋”，一个是开发商，另一个是原建设部专家委员会委员，他们的话就是忽悠购房接盘。但结局都是他们对了，房价确实在上涨。

事实上，对于一个珍惜自己名声的人来说，任何预测房价走势的行为都是一种冒险。过去的案例表明，凡是唱衰的，最后都会被网民骂，网民相信了他们，没买房子，大亏特亏。而唱多的更惨，他们的言论一被抛出就会被指责“屁股决定脑袋”，或者是“屁股坐错了方向”，为开发商代言。

住宅作为一种商品，从长远来看，在长周期中，房价调整是大概率事件，不管是日本、韩国、中国香港等20世纪后半叶发达的国家和地区，还是美国、英国、德国等老牌发达国家，房价调整都像经济周期一样不可避免，区别只在于周期是长还是短，来得早还是晚。既然如此，预测房价就是一件非常不靠谱的事情：房价一定会跌的，只要这个人活得够长，总会有这一天的。

但这种预测有意义吗？假设2015年，北京房价为近2万元/平方米，如果相信谢国忠2004年的话，那时的平均房价也不过才5000元/平方米左右，要跌到那个程度，北京的房价至少要跌去八成以上。何况要为了赚钱，一个人完全可以在2004年买入，到2013年卖出，稳稳地赚钱。

对买房人来说，房价趋势并不重要，涨与跌的时间点是最重要的。因为他们等不了那么长的时间，买房子总是伴随着投资、结婚、子女入学这些事情，几个月时间都嫌长，更何况几年。但这和预测股价又有什么区别？听股评专家买入卖出股票的股民们，有几个人赚了钱？

想明白这一点，专家的预测或许就没有那么重要了。如果想投资，又不是专业投资者，那么超过支付能力、以高杠杆去投资房子就不是最佳的选择。别人买房子全是赚的，轮到自己就未必，保证自己不被贷款拖垮才是前提。而对绝大多数人来说，买房子是用来居住的，更应该考虑的问题是，这个城市是否适合自己工作、生活，自己愿意为此付多少按揭和首付。

房产税，怎么征

2014 年 11 月，财政部财政科学研究所原所长贾康表示，按照中央的立法工作部署，房产税的立法程序应该在 2016 年前能够走完，如果顺利的话，2017 年可能就要开始依法征收房产税了。据贾康推测，房产税形成草案之后，还会征求社会各方面的意见，社会舆论可能会有激烈的争论。

财政部部长楼继伟任职后，明确了增加直接税比重、开征房产税的税改基调。十八届三中全会在决议中要求完善税收制度，指出要逐步提高直接税比重，加快房地产税立法并适时推进改革。这一决议明确了两条关键原则：第一，立法先行，立法没完成，房产税就不会开征；第二，长期来看，必然开征房产税。2014 年年中出台的《深化财税体制改革总体方案》，进一步落实了全会的决议。

征收房产税不仅是政府的意愿、纸面上的期望，更是现实的迫切需要。随着“营改增”的深入落实，营业税作为地方政府独享的第一大税种将融合进增值税这一“央地共享”税种。“营改增”第一次扩围的 2012 年，全年营业税实现收入 1.57 万亿元，占全国税收总收入的 15.6%，占地方税收收入的 26%。当所有营业税均转为增值税以后，虽然地方分享的税额不一定会减少，但在中央财权强势的情况下，地方税收的灵活性大大降低，开辟新税种是自然之举。

更直接的压力来自地方政府的财源约束。10 月初，中央连发《关于加强地方政府性债务管理的意见》和《关于深化预算管理制度改革的决定》，从制度上堵住了地方政府违规借款、举债的漏洞，将地方政府搞建设、发展的融资渠道纳入到债券市场、预算管理、人大监督授权的道路上。可以料想，中央开明渠、堵暗道之举势必会促使地方政府有更强的动力发掘新税源、支持中央为地方政府开设新税种的努力。

从国际经验和中国现实来考虑，房产税是唯一一个体量大到能够填补上以上需求的税种，一旦立法征收，税收的可持续性甚至要好于增值税、营业税。从结构上来看，按照2012年所得出的数据，流转税占全部税收的70%以上，税收结构失衡的直接结果是企业税负重，影响经济效率。作为一种直接税，房产税的开征与扩围，最终会改变目前流转税等间接税比重过高的弊端。

房产税虽然闻起来“香”，但却不容易吃下去。作为直接税，房产税的立法与实施将直面纳税人。回顾一下2011年个税起征点的调整经过，据财税部门的统计，起征点调整之前，工薪所得个人所得税实际纳税人有9000多万人，调整后，减少至3000余万人，纳税面由28%降至8%左右。据甘犁主持的“中国家庭金融调查”的数据显示，全国自有住房拥有率高达89.68%，城市户口家庭的平均资产达247万元，而中国家庭的房产占总资产比例的70%。这意味着房产税适用的纳税义务人的基数要远远超过个税所适用的人群。

2011年的《个人所得税法》的调整，仅仅是一个起征点的调整，社会舆论的激烈程度就已经令人咂舌，据测算，起征点调整后一年不过减税1600多亿元。而房产税若要开征，运行成熟后，一年新征的税势必会过万亿，立法之难可想而知。再考虑到公务员、事业单位、国企等群体，虽然因为名义工资不高，缴个税不多，但他们拥有的房产往往要远远高于普通人，他们也会是房产税的强有力的反对者，这将成为房产税立法与实施的难点。

立法阻力只是现实问题，如果中央强力推动，也可以通过。但立法之后，如何实施房产税的征收可能更令人头痛。房产税波及面如此之广、牵涉利益如此之深，实施时必然需要一整套的制度安排来保证公平与效率。但有些问题是无法回避的。例如，为了避免对低收入家庭冲击太过于厉害，房产税的计税范围是按家庭计算还是按自然人计算？房产税会设置一个免税范围，但免税房产是按房产面积核定还是按房产总价核定？房产的计税总价又以何种标准核定，购买价格还是当前市场价值？

所有这些分歧背后都会涉及一大批强有力的群体，不同的政策会极大地影响个人生活。如果处理不当，后果不堪设想。例如，如果免税房产按房产总价核定，免税总价为100万元，那么原先住在市中心的低收入家庭，房产价值300万元，但一年家庭收入可能只有5万元，按0.5%的税率缴税，每年应缴税高达1万元，远非他们所能负担得了的。为了避税，他们将不得不卖掉市中心的房子，到郊区买一幢总价100万元以下的房子。这些老市民对于他们不得不离开居住多年的地方的怨气怎么可能会小？固然政府有不动产统一登记、个人信用征信、房产交易登记等多种手段来保证房产税征收率，但这些怨气不化解掉，政府面临的问题就远远不是社会稳定的危机了。

保障房，为了谁

2012年8月7日，有媒体报道，中国发展研究基金会发布的《我国城镇化进程中的住房保障问题研究》中指出，“在调研中发现，由于地方保障房资金一直处于紧缺状态，所以在各地方上报的保障房数量中，至少有一半以上是由国企和企业员工福利房组成的”。此言一出，全国上下都大为震惊。随后中国发展研究基金会发表声明，斥此言论为不实报道。

然而，舆论到了这个时候，报告本身到底是什么结论已经不重要了。2011年年初，政府表态要建3600万套保障房，公众可谓欢欣鼓舞，但这种鼓舞并不是没有杂音的，正是公众对保障房太期待了，所以他们更加担心保障房最终会花落别家。近些年来，以公务员、央企等为代表既得利益群体在养老、医疗、社会福利等多个领域自肥食利，公众的担忧并非杞人忧天。“保障房有一半是福利分房”是赤裸裸地把公众的担忧摆在台面上。

什么是保障房？1998年的房改文件《关于进一步深化城镇住房制度改革加快住房建设的通知》（以下简称“98房改”），基本思路就是将住宅市场分为两个部分：商品住房和保障性住房，前者刺激供给和改善质量，增加住房市场的效率；后者以政府补贴和政府保障的方式解决住房问题，确保社会公平。“98房改”方案中，明确了经济适用房和廉租房在保障体系中的各自供应对象，分别以政府补贴和政府保障的方式解决住房问题，确保社会公平，以此区别于提高效率的商品房市场。

然而，保障房存在先天不足。最先显现出来的问题是，钱从何来？房改启动以来，土地财政渐成政府财政收入的主要组成部分。垄断的一级土地市场、快速增长需求（购房者的收入增长和住房按揭贷款），使得房价持续上升，也保证了土地出让金的增速，也维持源源不断的房地产税费收入。换言之，因为没钱，所以政府才要借高房价获取收入。现在要政府拿出他们费尽心机收来的钱来建保障房，如何可能？

尤其是当前中央地方财政收支格局的失衡，靠中央对地方政府下命令、签军令状的约束来保证保障房的建设，无疑是相当不严肃的监督机制。并且不管是政府的资本还是市场的资本，在低利润率的情况下参与到保障房建设中，很可能意味着市场可能发生了扭曲，借保障房之表，行“富人房”“官员房”为里，是近几年保障房建设过程中屡见不鲜的景象。

进一步分析则会发现，由于短时间内住房建设的供给是有限的，保障房的“大跃进”，势必要和商品房抢夺土地、资金、产业工人、建筑原材料等，对公共服务、城市规划影响也很大，保障房与商品房的竞争关系是无法回避的，如果压缩商品房开发来完成保障房任务，将进一步抬升商品房的价格，也有违目前房价调控的初衷，更将严重地影响政府的土地出让金与税费收入，对政府来说是不可容忍的冲击。

所谓上有政策，下有对策，中央对地方下达的保障房指令，说到底还是长官意志的产物，是另类的迎合上意的政绩工程，未必能解贫民之困、急百姓之需。势必出现重数字、不重品质，重生产指标、不问使用人的需求等现象，保障房的品质、公共服务很成问题。或许政府还会扩大、扭曲保障房的含义、概念，将动迁房、限价房等都计入保障房，在数据中大面积注水。这些都是以往计划经济惯以为常的现象，前车可鉴。

事实表明，3600万套保障房确实是不可能完成的任务。住建部在稍晚一些时候对“保障房有一半是福利分房”作了回应，相对清晰地给出了官方定义的保障房及其构成。2009 年至 2011 年年底，保障房共开工 2100 多万套，其中以出租为主的廉租房和公租房各占 20% 和 15%，棚户区改造占 42%，以出售为主的经适房和限价房各占 17% 和 6%。问题是，这些都能算是保障房吗？事实上，自“98 房改”以来，政府对“什么是保障房”一直没有清晰地界定过。

占保障房比重达 42% 的棚户区改造房，在城市中，一般和城中村、旧城改造一起进行，操作中实行产权调换或者货币补偿，补偿标准和商品房市价相差无几，列入保障房很是勉强。以产权出售为主的经适房和限价房，销售对象更多的集中于公务员、事业单位和国企员工，说是福利房并不过分，因为政策的适用对象大部分都不是低收入或中低收入群体，至于开着宝马车住进经适房的现象更是屡见不鲜。廉租房的房租则远远低于市价，巨大的利差使得真正需要廉租房的低收入者住不进去，市场上却有廉租房在挂牌出租。因此，撇开棚改房不谈，说保障房中有一半是福利房，并不夸张。

从最简单的资金投入就可以看出端倪。有机构估算，1000 万套的保障房至少需要 1.3 万亿元的资金，相当于 2011 年 50% 的土地出让金，3600 万套就需要近 5 万亿元的资金。这些年以来，政府虽然财政收入增长比较快，但花钱更快，哪有那么多钱来盖保障房？扭曲保障房的定义，将棚改房、动迁房、限价房等计入保障房，在数据中注水不是什么难以想象的事。

这还不是最关键的，重点在于，要建什么样的保障房？保障房工程启动以来，鲜有政策实施细则来明确保障房的适用对象、申请办法、违规处理机制等。3600 万套的数字也没有需求论证，不知道从何而来。政府对保障房工程的总结大多集中在开工多少套、完工多少套，大量出现重数字、不重品质，重生产指标、不问使用人的需求，重建设进度、忽视分配政策等现象，鲜有文件提及到底是哪些人享受了保障房，是否真正解决了他们的需求。

过去十几年的经验告诉我们，保障房建设的完工只是政策的开始，保障房的分配和使用环节，问题将大量涌现。例如需求不匹配，建好了房子没人住，上海公租房遇冷正是此例；例如分配不公平，权力腐败使得公平导向的保障房沦为权钱交易的工具，以保障房之名，行“富人房”“官员房”之实；例如保障房的品质与公共服务，使用环节问题频出，让居民不堪其扰，北京“7·21特大暴雨”后，保障房被浇出原形，渗水、裂缝比比皆是。

于是，当真正的保障房适用对象一厢情愿地以为政府在给他们盖房子，却发现保障房沦为富人房与官员房的时候，当他们搬进雨天漏水、冬天透风的房子的时候，保障房工程的公信力何在？“民心工程”势必变身“闹心工程”，还会成为社会不稳定的因素。这样的保障房是我们最初想要的那个保障房吗？

所有这些问题的症结在于，没有落实保障房的分配政策。当前的保障房工程，说到底还是长官意志的产物、拍脑袋的结果，未必能解贫民之困、急百姓之需。分配政策，只以简单地以低收入和中低收入家庭一笔带过，殊不知在现实中根本没有可操作性。真正的保障房政策，首先应该明确的就是分配规则，明确各类保障房的适用对象、申请办法、违规处理机制。适用对象界定清楚了，根据这部分人的需求、规模、收入水平，保障房要建成什么样、建多少、什么样的品质、政府补贴多少钱，自然也就清晰明了了。

要走出这一步并不容易。“民心工程”要真的为民所想，就必须改变重大决策形成与政府行为的问责机制，其根本是财税体制的民主问题，只有把这些问题梳理清楚了，谁来出钱、为谁建房、建什么样的房子才有可能理顺。当然，虽然不容易，但这一步总是要走出来的，保障房工程进展到今天，退回去是不可能的。现在落实分配政策，让公众的期待具体化、可量化，也是亡羊补牢、为时未晚，还可以回应公众质疑、约束地方政府行为，很值得中央政府跟进。

中国的“两房”

2014年2月20日，住建部专家透露，住建部拟将住房公积金中心升格为住房保障银行。据称，建立住房保障银行的具体工作将分两步展开，第一步是修改《住房公积金管理条例》解决住房公积金缴纳、管理、使用等过程中存在的一些问题，使得公积金能更好地为中低收入者服务。第二步是在公积金管理中心的基础上设计升级为住房保障银行的具体方案。

这也不能算是突发新闻了，2月初《新世纪周刊》就在《住房银行由谁办?》中披露了住建部的思路。根据“十二五”规划和本届政府的政策目标，需要解决3600万套保障房和1000万户棚户区改造。初衷是好的，但政府并没有这么多钱去建这些房子。如果实打实地建这些房子，前后需要投入近5万亿元资金，相当于2013年财政收入的四成。

而政府面临最紧迫的问题则是，已经建成的公租房沉淀了大量资金，无法及时回笼，还需要追加运行资金。基于这种考虑，住建部提出成立独立的“住房保障银行”，作为支持保障房建设的主力。而现有的住房公积金体系则结余了大量的资金，正好可以作为住房保障银行的基础。他们认为，这也暗合住房公积金保障中低收入群体居住的政策目标。

从住房公积金的设计初衷来讲，它是用于职工购买、建造、翻建、大修自住房用。制度本质希望通过职工一起缴纳基金，形成蓄水池，同时形成有房职工帮助无房职工的局面，体现基金会的互助、保障。

但现实中，并不是这样，因为房价处于高位，房款的首付、总价都不是一般职工能负担得起的，所以实际上，都是家里有钱的才能买得起房子，也只有他们才能提取公积金，获得公积金贷款。结果就是，没买房的人给买了房的人提供帮助，背离了政策设计的初衷。

这些年还有新的障碍出现：北京、上海等多数大中型城市，都实行了限购政策，但法律又要求他们必须要缴纳住房公积金（强制性），即使这些缴纳住房公积金的人买得起房子，也买不了，形成外地人补贴本地人、不能买房子但要缴纳住房公积金的局面。

现有住房公积金系统积存的大量闲置基金，本身就是政策失灵的信号，它代表了没买房而缴纳基金的人被掠夺。因此，需要重新审视住房公积金制度。我的同事傅蔚冈就曾建议，购首套房抵扣个人所得税等国际通行办法才是更好的替代政策。

但住建部试图改革的方向却不在此，他们希望利用住房公积金系统闲置的基金来进行保障性住房的建设。这一政策在实践中，会产生法律强制买不起房子的人交钱，让政府建保障房给他们住。这些买不起房子的人为什么要交钱给政府，让政府给自己找房子租？如今这些保障房大多以公租房为主，租金与市场价相当。他们难道不会拿这些钱自己到市场上租房子吗？

换个角度来看，如果住房保障银行是一个以营利为目的的机构，那可以让商业银行来做。经过多年的机构改革和市场竞争，商业银行已经相当有效率了。

如果住房保障银行不以营利为目的，而是为了低收入群体能租上房子。那为什么要让那些买不起房子又被迫缴了住房公积金的人来补贴别人？要知道，他们本来就是要被照顾的对象。

《住房公积金管理条例》的第3条明确指出，“职工个人缴存的住房公积金和职工所在单位为职工缴存的住房公积金，属于职工个人所有。”住房公积金是购房者的钱，而且是被强制储蓄的，他们是想去购买房子，而不是让政府给自己租房子，更不想政府建房子租给别人。要动用职工个人的这笔钱，住建部首先应该了解，基金会缴纳人是否同意。

令居者有其屋，这是一个美好的愿望。不仅仅在中国，美国同样如此。美国甚至将拥有住房视为“美国梦”的标志，为此通过政策机构设立美国梦承诺（American Dream Commitment）的资金来缩小美国人“住宅拥有愿望上的差距”。但现实的残酷在于，只有有能力的人，才能拥有房子，也只有有能力的人，才能租到好房子。政府应该保障居民不流浪街头，但这也只应该是最低限度的住房券式的补贴。

立法之初，为老百姓画了一张大饼固然可以令我们一时欢欣鼓舞。但潮水落去，我们会发现，我们承担了自己负担不起的房贷或缴费，反而不划算。哪怕是美国人均收入于人均 GDP 十余倍中国的情况下，让更多的人能够买得起房子的政策，令美国遭遇了“次贷危机”，直到今天，才有复苏的迹象。始作俑者就是政府信用支持的“两房”：房利美与房贷美。

筹划中的中国住房保障银行比“两房”的缺陷更多。第一，美国“两房”不发放“开发贷款”，开发商融资是市场行为；而中国的住房保障银行重点就在向保障房项目发放开发贷款。保障房项目原本利润就低，风险也高，从市场角度来看，大多数城市的保障房项目开发的风险很高，贷款的安全性很令人担忧。

第二，美国的“两房”不直接向个人发放住房抵押按揭贷款，而是购买商业银行打包的住房抵押贷款，这样可以让商业银行更有激励去发放按揭贷款。这样的好处在于，判别购房人的信用是一个专业的工作，只有银行才有这个能力。但中国的住房保障银行，恐怕和现在的住房公积金中心一样，会直接向个人发放贷款。一旦住房保障银行全面铺开，并且吸收公众存款，它能承担得起经营风险吗？

更忧心的情况在于，住房保障银行如果成立，将在中国正在进行的利率市场化进程“开了一回倒车”。住房公积金贷款为了保障中低收入群体的利益，本身就不是利率市场化的行为，不管是未来的开发贷款，还是个人住房抵押按揭贷款，其利率都要比商业银行要低。住房保障银行做得越成功，就越彰显了中国金融市场的分割。

目前中国的金融体系已经出现资本市场与信贷市场之间这条深不可测的“鸿沟”，金融决策层想尽办法去弥补，也未能很好地解决，这也是金融系统性风险的主要诱因。如果住建部可以以保障居住的名义建一家银行，那人社部是不是要建一家养老保障银行？铁路总公司是不是应该成立一家铁道建设保障银行？这足以让我们停下来思考一下，住房保障银行是否应当缓行。

京沪永远涨

随着信贷政策放松，北京、上海的房价持续上扬。2014 年 9 月，上海外环以外的一个楼盘以 3.68 万元的单价开盘，现场人山人海，盛况为近年少见，据传是因为开盘价比之前报价低了 10%。2015 年第二季度，四大一线城市楼市成交量、成交均价创下近五年新高，北京、上海的房价已经近高处不胜寒。

市场有观点认为，这是开发商以价降换量增。即使如此，上海外环以外，2 万元的单价是主流，近 4 万元单价的楼盘很少见。万科地产的毛大庆此前也认为，北京资源的丰富程度决定了北京房价会继续上涨。这似乎验证了微博名人“菜场经济学家”的名言——京沪永远涨。

2014 年，房地产量价齐跌，市场总体趋冷，但城市之间的房地产市场开始分化。“京沪永远涨”只是一种极端的表达，温和一点的观点认为三四线城市下行风险很大，并面临着长期的结构性调整，很难再有较大的上涨空间；而一二线城市虽然可能有一时的波动，但长期看好，北上广深等重要城市更是“绩优股”。

北京的房价贵当然有其理由，主要是因为它集聚了太多了公共资源，毛大庆认为北京拥有全国最优质的教育、医疗、文化、艺术资源的 30% 以上，更是全国的就业中心、创新中心。上海、杭州等一二线城市在资源集聚上，虽弱于北京，但也是区域的资源中心，并且各具特色，可以持续地吸引外地人口流入，房价也有上涨的道理。

然而没有永远上涨的房价，既然是市场，就一定会有价格波动，何况像房地产这样与宏观经济周期强相关的行业，价格波动更是不可避免。房价也需要涨与跌的轮换，让购房人理性起来，从而抑制资产泡沫的扩大。

问题是政府不希望房价下跌，哪怕只是暂时的调整。2014 年 8 月，北京华嘉胡同拍出“地王”，拿地的单位居然是北京西城区国资委控制下的公司，成立不足一个月，其出生就是为了拍出“地王”。为了维持名义地价，政府不肯放量供应土地，继续维持土地的稀缺。最近七八年以来，京沪等地土地供应持续滑落，2013 年一二线城市的房价大涨，根本原因在于住房需求增长了 18%，而住宅土地供应量同比却下跌了 13%。

京沪等地的房价已经太高了。香港楼价一向也是华人地区的房地产标杆。但港岛的楼盘单价不过每平方米 10.5 万元人民币（约为 1.3 万港币/尺），略高于北京中关村带优质学区的楼盘价格，而新界的新楼盘则在每平方米 4 万元人民币波动，相当于上海中环靠近内环的新房价格。京沪房价赶上甚至超过香港并不是什么难以想象的事情。

京沪与香港也越来越相似，京沪越来越香港化。这种相似表现在奇高无比的房价，更涉及经济社会中的各个方面。首先，是居高不下的生活成本与商务成本，城市的准入门槛很高。高生活成本是高房价的结果，房价高使得租金也会连年攀升，有戏言，“香港的一盘菜中一半是房租”，京沪也是如此。成本高，劳动力价格就贵，租金高，服务成本就高，这些都制约着制造业、服务业的发展，城市经济空心化。成熟的制造业、软件业撤出京沪已经不在少数。

其次，高房价带来的财富效应，使得先天有房的青年具有先发优势，增加了阶层流动的难度，底层青年上升空间不足。巨大的房价收入比，使得多数青年无法不借助父母而独立买房，有钱才能买房，房价跑赢收入，不断攀升的房价产生的财富效应，进一步加大了贫富差距，阻碍了阶层流动。即使有能力买房，年轻人也会被绑在房贷上，劳动力流动和创业的可能性大大降低。想一想，创业十年，不抵买房一套。这会打压创新、摧毁城市的创业激情，在京沪等地已经表现得十分明显。

很明显，京沪两地学香港，全国城市学京沪已经成为潮流。经济弱于广东、江苏的浙江，很多县的房价却居全国前列，经济发展上名不见经传的县，房价往往可以和江苏的地级市相媲美。要知道浙江的县中，有一半是人口流出的。

或许内地城市，应该向广东、江苏学习，包括京沪两地。粤苏两省主要城市以及县城的房价对比其经济发展水平都不太高，而粤苏两地城市的土地供应量一直充足，虽然买房子的人不少，但供应量大。而这也是为什么粤苏两地制造业特别发达，吸纳了如此之多的外来人口。对于今天来说，现实的问题是，地方政府在取消限购限贷政策以后，千万不要再出台刺激政策或者限制土地供应，让太多的内地城市变成香港，对中国的未来并不是一件好事。

求解地方债

打破中央政府对地方的隐性担保，打破地方政府的软预算约束，扩大地方债券的信用利差，以利率度量出地方政府的治理绩效。到了这个时候，地方政府的债务危机还可以得到根本性的解决。

中国式城市化

以地区 GDP 和经济增长率排名来考核政绩，挑选下一级领导班子和领导是过去中国政治考核的重要手段。由于基础设施投资、引入大型工业项目等形式是拉动 GDP 最为有效的方式，在过去的十几年内，为了增长的竞争催生了大量不必要的形象工程，基础设施建设过度投资，浪费了政府开支。如果仅限于此，那还不算太大的危机，关键在于政府没钱，还想搞建设，那就只能借债了。

2008 年金融危机后，在中央四万亿经济刺激政策的鼓励下，地方政府推出了数目众多的大型建设项目，并通过银行贷款、资本市场发债等债务融资工具筹措资金，这是今天地方政府债务危机的直接原因。据东方证券邵宇测算，2014 ~2016 年，地方政府偿债率水平均越过红线，“举新债还旧债”规模较大，2014 年 1. 67 万亿元、2015 年 2. 6 万亿元，2016 年 1. 64 万亿元，平均每年约为 2 万亿元。从总体数据来看，邵宇估计，2013 年预计政府债务规模 32. 6 万亿元，其中，中央政府 12 万亿元，省、市和县三级政府 19. 6 万亿元（含 3 万亿元 BT 代建，BT 意即“建设—移交”），乡镇政府 1 万亿元。

如此巨额的债务直接对中国金融系统的稳健性构成了挑战，要根据解除地方政府债务对系统性风险的冲击，就必须正视借债建设基础设施的危害，也必须改变现有为城市化融资的模式。

中国做对了什么

以相对中立的视角来看中国近二十年的经济发展，虽然困难重重，但经济增长的成就仍然举世瞩目，不容忽视。中国经济增长何以如此高速，一个公认的事实是高比例的投资驱动，近十年来，如此多的借款和政府财政开支，最终流向了以基础设施建设为代表的大型项目，这些项目如何推进了中国的经济增长？在上海金融与法律研究院策划组织的《城市化与金融》系列课题中，我们尝试着回答了这一问题，我们认为中国做对了两件事情，改善了中国经济增长的绩效。第一，基础设施建设减少了中国整体上的投资错配，降低了因此带来的潜在GDP损失；第二，以土地为主的政府融资中介，为中国创造了安全资产，整体上提高了中国融资市场的效率。

上海交通大学的黄少卿研究员主持了《城市化与金融》的子课题为“基础设施投资效率”的实证研究。该研究表明，基础设施与生产设施的投资存在最优比例，如果比例不当则会产生效率损失。1997年，基础设施相对生产设施的投资严重不足，对于中国绝大多数省份而言，经过价格调整后的基础设施和生产设施边际产出比大于1，中国处于明显的基础设施短缺状态。当1998年亚洲金融危机来临时，中国政府制定了一揽子规模巨大的基础设施投资计划，不仅帮助中国免受亚洲金融危机传导效应的影响，还进一步加速了中国在接下来10年里的经济增长（平均12.8%的人均GDP增长率）。经过价格调整后的基础设施和生产设施边际产出比在1998年以后的5年里急剧下滑，接近于1——基础设施和生产设施之间的最优配置比。这个发现表明，基础设施和生产设施之间误配的程度显著降低了。

投资在结构上的错配会抑制GDP的实际增速，在1997年，平均而言，中国大约3.65%的GDP因基础设施和生产设施之间的误配损失掉了。亚洲金融危机以后中国政府进行的大规模基础设施投资改善了资本结构。1997～2003年，中国每年大约0.4%的GDP增长源于基础设施和生产设施之间关系的改善。到2003年，仅0.67%的GDP是由于基础设施和生产设施之间的误配损失的。

政府主导的过度基础设施投资改善了投资结构，带来的效率提高只是基础设施投资带动中国经济增长的一个侧面。基础设施投融资链条的形成更改善了中国金融市场的投融资效率，以此改善中国整体的投资环境，促进经济增长。

复旦大学的王永钦教授主持的另一个子课题是关于“地方政府融资平台”。该课题对地方政府融资平台及345家城投债进行了实证研究。我们发现，为基础设施建设为主的融资平台实际上是受到流动性约束的地方政府在经济发展过程中进行的金融创新，非常类似资本市场发达国家最近一二十年内出现的资产证券化。

融资平台是地方政府通过划拨土地、股权、国债等资产，组织成立的一个资产和现金流均可达融资标准的法人公司。在必要时政府再辅之以财政补贴作为还款承诺，以达到承接各种信贷资金的目的。

作为金融市场高度欠发达的国家，中国可以用作抵押品、放松融资约束的“安全资产”较为匮乏。在融资平台用土地作抵押的项目，以及用该项目做抵押品的证券化的资产（ABS），实际上尽可能地创造了安全资产，不仅会提供地方政府为城市化和经济增长的融资，而且也为企业和投资者提供了足够的优良资产。在一定历史时期，这是比较适合中国制度水平融资安排的方式。

而土地之所以可以成为抵押品则是源于中国快速的城市化，土地成为中长期保值与增值的最佳要素。以土地作为中介，以土地用途管制、一级土地市场为保证，中国形成了以土地为核心的城市化模式。基于2000～2008年的全国省际面板数据的证实：土地出让金收入上涨有效地推动了中国整体经济的增长。推动的途径可能是地方政府通过土地财政增强财力，加大工业配套基础设施建设和城市化建设，改善投资环境和居民生活水平，促进当地经济繁荣，也可能是地方政府的财政支出需求已经由土地出让金得到满足，就不再增强对企业的税收稽查力度，企业税负得以减轻，有利于企业经营壮大。

基于2003～2011年城投债的数据证实：城投债的利率高度依赖于其抵押品价值—预期的经济增长潜力，这表明土地出让金的高低是市场对地方政府经济增长潜力的定价。同时具有优质抵押品的城投债的利率对其他的信息并不敏感，而抵押品价值较低的城投债的利率则对其他的信息比较敏感。这间接说明土地作为信用中介的可靠性，也说明中国金融市场对“地方债”（名义上是融资平台债）的定价方面还是比较有效率的。

中国式城市化的成本与危机

以土地为融资中介，以政府主导的基础设施建设为城市化的动力，尽管拉动了中国过去十几年的经济增长，但弊端也是显而易见的。

数据显示，到2008年，对于中国绝大多数省份而言，经过价格调整后的基础设施和生产设施边际产出比接近于1。更有甚者，最不发达地区的某些省份，该比值已经低于1，表明这些省份的基础设施已经供给过剩了。这时的投资应该平衡生产设施与基础设施的比例，不应该再进行过度的基础设施投资（相对生产性资本）。但2008年的四万亿经济刺激计划再次开启了大规模基础设施投资，恶化了基础设施和生产设施之间的配置状况。到2009年，因两者错配这个损失又上升到1.05%。在今天这个时点，其损失肯定还在扩大。

地方举债投资是为了提振经济，经济增长带来的财政收入增加又保证了债务融资的稳定性。根据这种思路，通过计算基础设施投资增加的税收现值与2009年基础设施投资额的比较，以贴现率为10%计算未来30年因基建投资而额外增加的财政收入现值，我们发现大多数地方政府并未因2008年的经济刺激计划而带来财政风险，但青海、新疆、云南、贵州和内蒙古等地区的地方财政收入中额外增长的部分可能难以补偿投资成本，存在财政风险。但2008年以后，中国的基础设施建设持续处于高位，其财政风险不容小觑。

风险更大的是中国正出现房地产挤出实业投资的现象。地方政府的政府性债务融资一般依赖土地储备作为抵押品，促使地方政府维持或者推动房价、地价上涨，鼓励房地产的发展。中国过去的十年没有对房地产市场进行适当的规制，过多的土地供给和超前的基础设施建设，使得一些二三线城市出现了空城、鬼城，大型城市中新建社区的空置率也处于较高水平，在很多城市出现了资产泡沫，同时也出现了局部的去工业化的现象，这是一个比较危险的苗头，中国已经开始步日本的后尘。

日本在1985年废除了法律障碍，允许储蓄系统的资金可以自由流向房地产业（此前是导向实业），从此房地产成了可以自由交易的金融资产，资金纷纷流向房地产行业。此后仅仅五年的时间内，日本的资产泡沫就走到了无以复加的地步，泡沫在1990年破灭，从此日本经济一蹶不振，至今已经超过了二十余年。企业的资产负债表和国家的资产负债表（财政赤字）一直都没有修复好。在产业结构方面，泡沫挤出了实体经济的投资，日本国内出现了产业空心化，国内资本外流，由于缺乏技术创新，没有支持经济增长的产业基础。

我们如何继续推进城市化

基础设施投资暂时相对过量，并不代表未来不需要基建投资，更不代表未来的城市化不需要融资。恰恰相反，未来十几年内的城市化需要更稳定、更可靠的融资渠道。以土地及其衍生品作为抵押的金融体系虽然有助于缓解地方政府和相关经济主体的融资约束，是一种次优安排，但是过度依赖于土地和住房这种资产也容易产生泡沫化和去工业化的现象，而且由于其顺周期性会加剧经济的波动。不仅如此，地方债务、土地出让金、房地产价格等总是纠缠在一起，一荣俱荣，一损俱损。在这种形势下，面对地方债务风险是高还是低，废止还是发展融资平台等问题，公众与专家产生了大量的意见分歧。问题的本质归结为，未来的城市化融资体系应该是什么样的？

再来分析融资平台，融资平台的本质是以土地为核心资产，包装出来的一个资产和现金流均可达融资标准的法人公司。形式上是为了绕开了法律对地方政府融资的限制，本质上却成为各地政府管理权益资产的工具，融资平台等同于地方政府。银行间市场发行的“城投债”，实际上也是地方债的变种。

在这种情况下，以县级及以上地方政府为单一信用主体，承接相应的债务，并发行地方债（券），置换原有融资平台的信贷债务，可能是一个更有效的措施。同时，用地方政府的政府信用来替代土地成为新的信用中介，在中国政府治理水平日渐提升之时，地方政府债券和融资平台的企业债券是一种可以比拟土地的另一种相对安全的资产。

这样处理的好处是，可以避免房地产投资挤出实业投资。相对于日本，德国为中国提供了一条较好的发展路径，德国和日本在1985年前的发展模式是非常类似的：金融体系都是银行主导的，资本市场（特别是股票市场）不发达，产业结构上都是制造业主导，比较倚重出口。德国则相反，其严格规制房地产部门，从来没有让住房成为可以自由交易的资产，一直秉承制造业为主的传统，保持着强劲的经济增长，即使2008年的世界性经济危机也没有对其产生很大的影响。

事实上，中国当前房地产的挤出效应、房地产泡沫的势头已经显现。地方债的出现将为居民提供可以充当抵押品和保值手段的安全资产，将房地产承载的过多的金融功能剥离掉，有利于化解房地产泡沫，“挤入”实业投资。

在基础设施投资的效率方面，政策制定者必须认识到平衡基础设施和生产设施的重要性。与改善最不发达的省份的基础设施相比，更有效率的做法是，建设生产设施并改进其生产率。同时，一旦地方发债成为中国城市化的主要动力，那么债券投资人自行去判断地方政府融资平台的投资效率，尤其是成熟的机构投资者。这将有效地改善目前基础设施建设效率不彰的弊端，金融市场将约束地方政府融资的规模、使用范围和效率。投资人的理性行为，将基本排除形象与政绩工程。当地投资人的长期理性，还会提高民生项目的投资规模。

以地方政府信用来发行地方债券还可以解决更多的问题，不仅可以规避以银行式间接融资带来的金融市场整体的效率低下，还因为债券对投资人的能力要求较低，适用于中国欠发达的金融体系。除此以外，地方债的融资模式还将建立地方政府对投资人、纳税人进而到选民的负责机制，由于债券市场的透明性要求，地方政府势必要披露财政信息、约束自身的负债率，提高政府治理的绩效，债券市场将对地方政府的治理带来直接的压力，以促进其朝健康、高效的方向改善。在食品安全、职业安全、环保、治安环境等多个涉及纳税人幸福指标的项目上，地方债市场的动向将真正地给予地方政府压力。

中国没有底特律

2013年7月中旬，美国密歇根州最大的城市底特律向联邦法院提出破产申请，而此前我国审计署公布对36个省、市两级地方政府主体的审计结果显示，9个省会城市负债率达100%，已经资不抵债。中国的城市会不会破产，会不会出现中国的底特律成为公众关注的焦点。

严格来说，中国的地方政府没有债务。《预算法》规定，“地方各级预算按照量入为出、收支平衡的原则编制，不列赤字”，并且明确规定“除法律和国务院另有规定外，地方政府不得发行地方政府债券”。现行所谓的地方政府债务大多不是地方政府的直接债务，而是地方政府有或明或暗偿付义务的债务，包括隐含的担保承诺、对融资平台的软预算约束等形式，所以用“政府性债务”来定义更合适。

有意思的是，现行存在的地方政府对融资平台举债的担保是非法的，《担保法》规定，“国家机关不得为保证人”。实际执行中，却没有落实，中央也多次清理地方政府的担保行为。严格说来，这些担保义务也是完全无效的，中央政府完全可以要求地方政府不得履行这些担保义务。所以这些文本只能暂放在融资平台里，而无法作为正式的合同文件，只能算是“抽屉协议”。这是中国式地方政府债务的特色：表面上有很多债务（政府性债务），深究一下却没什么债务（法律上不承认这些债务），但实际上这些就是地方政府的债务（社会各界都要求地方政府承担这些债务）。而在底特律的融资过程中不存在这种现象，它的债务是实际存在的，也是法律所要求的，不存在潜规则。

当然，中国的地方政府不是底特律的更直接的原因，是社会融资结构与央地关系的不同。底特律的债务主要是金融市场中的债券投资者，破产损害的只是特定的投资人的利益，尤其近几年底特律的债券资信差而收益率高，已经是垃圾债券，购买者大多抱着赌一把的心态，其破产根本无损于系统性风险。这也是美国联邦政府很“淡定”的原因。

而中国的地方政府债务大多以银行提供的信贷为主，无视地方政府的债务风险，势必拖累银行，引发恐慌，这会危及金融全局，引发系统性风险，并且这些银行的股东以中央政府的财政部、汇金公司为主，造成了“地方生病、中央吃药”的局面，这意味着中央不会放手让地方政府陷入破产的境地。所以2005年财政部曾要求“已构成担保行为的，地方政府要保证偿还”。

这也意味着地方政府不会像底特律一样破产。但正是这种心态，使得地方政府存在一种侥幸心理：我在任，建了路、修了桥，功劳是我的，贷款是银行的，还不还和我没关系。美国的议会如此强势，尚且没约束住政府举债的冲动，约束中国的地方政府就更困难了。但借了钱总是要还的，最终风险全集中到中央政府身上了。这就是“中国没有底特律”模式的最大风险。要改变这一点，恰恰是需要中国出现底特律，让中央不再为地方政府兜底，剥离地方政府身上附着的国家主权信用，一城一市破产不影响全局，经济全局的发展才能更平稳一些。

政府债券与财政纪律

2014年5月21日，财政部发布《2014年地方政府债券自发自还试点办法》（以下简称《方法》）称，2014年上海、浙江、广东、深圳、江苏、山东、北京、江西、宁夏、青岛将试点地方政府债券自发自还。《方法》的核心要义是，试点地区在国务院批准的发债规模限额内，自行组织本地区政府债券发行、支付利息和偿还本金的机制。

5年来，地方政府债券融资的口子越开越大。2009年，财政部代理发行地方债；2011年允许4个地区试点自行发债，但由财政部代还，随后扩大试点。到今天允许地方政府自发自还，可以说，地方政府举债融资制度迈出了"质"的一步。

为什么要发行地方债？这和地方政府需要新的融资渠道有关。之前地方政府大量采用"银政合作"，尤其是2008年的四万亿政策，数千个融资平台以土地等作为抵押物向银行贷款，是目前地方政府债务的主要构成。

银行信贷缺点很多，受监管部门的信贷政策约束很大，也受制于经济周期，在2011年审计署对地方政府债务进行审计后，地方向银行融资的能力大幅缩水。银行信贷更容易导致地方融资的期限错配，长期投资对应短期负债，在经济周期来临之时，很容易造成金融风险。此后以银行理财为代表的一系列非标资产融资工具和信托成为地方融资的重要渠道。这两年，随着监管机构清理非标资产，地方的融资空间越显逼仄。

在这种背景下，自2009年开始，地方政府融资平台在银行间市场发行债券的规模越来越大。据WIND（万得资讯）的统计口径，含城投债、地方自行发债等各类地方发行的债券，到2009年年底已达2.79万亿元。以2013年年末审计署的审计口径，到2013年6月，地方政府负有偿还责任的银行贷款才5.5万亿元。债券市场已经成为地方政府重要的融资工具。

因此，越来越多的专家建议，修改现行《预算法》中“地方政府不得发行地方政府债券”的规定，为地方政府开辟新的融资通道。马骏等人更认为，从国际和国内经验看，引入债券市场和配套改革可以硬化地方政府的预算约束、提高财政透明度。这也招致另外一些专家的反对，他们认为这会让地方债务的总量和风险变得更不可控。

但不管怎么反对，地方政府已经在发行债券了。债券市场中的城投债，之所以能发行出去，主要还是因为融资平台背后的地方政府。随便查阅一份城投债的评级报告，最重要的章节永远都是地方政府的财政情况、还款信用。城投债已经是事实上的地方债了。更何况城投债之外，大量的银行贷款、信托、银行理财也是依托地方政府信用获得的融资。如果地方发行债券融资会让风险不可控，这些融资渠道是不是也有同样的问题。

同时我们还要看到，当前地方债务主要源于2008年中央政府放松地方政府的金融融资约束，在财政分权的格局下，形成了对地方政府发展经济的激励。这么做的副作用是地方的金融杠杆高，并引发了经济过热，最终中央不得不通过金融集权化解其负面效应。在这一链条中，地方债务不过是中央与地方博弈下的副产品，中央不应该也没有能力去约束地方政府的借债冲动。从这一点入手，要一劳永逸地解决地方债务“收死放乱”的无序局面，就要改变地方过于依赖向银行融资的现状，因为银行的信贷严重受制于中央的政策。

债券则是一个好的替代品。一个地方能不能借债发展，对于债券投资人来说，地方政府的信用、所涉项目的好坏、还款能力的保障等多方面因素都很关键。以机构投资者为主体的金融市场，对地方政府履行还款义务有着更强的约束，对借款展期、违约的惩罚更为严厉。信用等级下调、债券违约的压力会让地方政府必须约束财政纪律不乱花钱、提高财政透明度、提高投资效率，以此增强投资人的信心。

当然，这些设想都是美好的，债券市场要达到重塑地方财政纪律地步还有很长的路要走。首先，债券的量要足够大，以至于地方政府无法通过银行、信托等腾挪手段“拆东墙补西墙”，刚性兑付债券到期，必须老老实实提高内功。

其次，要加强债券市场的制度建设。2011 年试点地方自行发债时，出现了地方政府债利率低于国债利率、地方政府的信用高于国家信用的奇怪现象。背后是因为地方政府追求政治形象，承销商和投标方为其“抬轿子”，严重背离了市场化发债的原则。

最后，我们必须清醒地认识到，中央政府要为风险颇高的地方债务负主要责任，正是中央无序的宏观调控，让地方政府陷入债务危机。如果中央真有意规范地方政府的举债，那么放开地方债算是一个不错的机会，在做大地方债规模的同时，完善债券市场制度建设，让市场来帮助地方政府强化财政纪律。

AMC 不是上帝

2013 年 5 月底，全国首家地方版资产管理公司（AMC）——江苏资产管理公司悄然成立，落户在无锡市，负责处置江苏省内金融机构的不良资产。有媒体报道，浙江也有望成立相同的机构，处置包括温州等地在内的金融机构的不良资产。这还不能解决问题，2015 年，中央政府主持发行地方债券置换地方政府存量债务。但不管怎么样，地方政府仍然是处置债务的主体，成立 AMC 及相关形式机构集中化解债务是最重要的选项。

地方成立 AMC 意在化解不良贷款，那我们要问，为什么会产生不良贷款？近年来包括无锡尚德在内的光伏、钢贸、船舶成为江苏不良贷款的“重灾区”，2013 年的前五个月，全国新增不良贷款中江苏占了 40% 左右，有观点认为江苏正在步浙江的后尘，经济或金融体系正处于危机中。事实上，从整体来看，全国的新增不良贷款主要集中在长三角地区产能过剩行业，中小企业的新增不良贷款也很多。

所有这些问题看似是新冒出的，实际上是 2008 年以来的危机反映在眼下的账面上。中国加入 WTO 以来，外需增长迅速，以制造业为主的出口导向型行业获得了突飞猛进的发展。但这并不代表产能可以无限扩张，随着中国产能向全球扩张，外部需求的增长是逐步放缓的。2008 年的全球金融危机带来的外贸出口增速放缓，中国原本就应该调整产能，适度放缓扩张速度。

然而，我们并没有选这条路，政府通过信贷扩张，提高企业的债务率延缓了这一进程，产能进一步扩张。安信证券程定华认为，2007 年之后，A 股企业的盈利上升完全是由资本开支和杠杠的上升所获得的，企业的负债率明显上升。从国际比较来看，中国企业债务占 GDP 的比重是成熟经济体的两倍，而中国企业利润水平却仅为他们的一半。要化解不良贷款，就要正视不良贷款对应的资产是制造业的产能，所谓不良，就是过剩的另一种说法。要消除过剩，就必须承受企业破产、GDP 下滑及制造业工人的失业与转行业。

只有正视上述问题，我们才可以谈地方 AMC 能否化解不良贷款、盘活不良资产。从形式上来看，江苏 AMC 复制的是华融、东方等四大资产管理公司的模式。亚洲金融危机后，为了启动银行改革，政府设立的四大 AMC 负责接收并处置对口银行的不良资产成效如何呢？华融的董事长赖小民曾透露，四大 AMC 持有的 1.4 万亿元不良资产，最终现金回收率仅 17%，是非常低的。很多资产一卖了之，很少考虑资产未来的升值价值。这些 AMC 处置不良资产虽然不力，但扩张地盘却很有一套，近年他们分别在证券、基金、保险等领域成立了公司，还入股银行、信托，变身成为金融控股公司。主业做不好，副业却一样也不少。但江苏 AMC 要走这条路吗？

虽然四大 AMC 这条路前景不佳，但江苏 AMC 恐怕要沿着这条路一直走下去了，其主要控制人——无锡国联的模式与四大 AMC 非常接近。截至 2011 年年底，无锡国联拥有全资控股企业 75 家，金融类的银行、创投、信托、期货样样不少，实业类也涉及酒店、电力、光伏等多个行业。很难想象江苏 AMC 的任务是仅仅处置不良贷款，也很难相信它会像国际知名投行那样去并购、重组企业，以完成企业的价值再创造。当然，这也符合中国式地方政府一贯的形象，直到它们所支持的企业完全失去竞争力，它们才会放手。

笔者认为，无锡市乃至江苏省之所以会出现这种局面，和当地地方政府的作用是分不开的，经济形势好的时候，地方政府帮把手、给予帮助，当然会让企业更上层楼。关键在于政府能否总是先市场一步，判断准方向？答案是否定的！几年前，在光伏、钢贸领域陷入危机之时，要不是地方政府乱救援，今天这些行业不会把产能铺得这么大，不良贷款也不会达到如此之高的境地。所以地方版 AMC 的定位绝不能是无锡国联的“大而全”企业，如何经营资产、管理资产，这是市场应该做的事情。即使是企业的并购重组，也应该尽量交由商业化的金融机构去处置，这样不仅可以提高效率，也可以降低纳税人对商业公司的补贴。

如果非要江苏 AMC 相对长久地发挥作用，在处置完不良资产后，江苏 AMC 或可充当区域开发银行或基金，只是未来扶持、开发的方向不应该集中于制造业，而应该着眼于现代服务业的基础设施的配套，以此推动经济结构向着更加均衡、更加健康的方向转型，这样的 AMC 或许更令人期待。

我的债务，你的问题

自2013年地方政府融资平台的债务规模披露以来，融资平台的债务风险就成为市场关注的热点。如何化解债务风险、打造良好的融资渠道成为决策当局的工作重心。两年来相继推出不少举措，包括中央部委摸底债务规模、试点地方自行发债、贷长还短缓释风险等。审计署自2013年起，三次披露三级地方政府债务，以及相应的违规资金及整改情况。

从审计结果来看，融资平台涉及的违规资金违反了《公司法》《担保法》等基本的公司法律制度，如《公司法》中注册资本到位要求、《担保法》中国家机关不得为保证人等条款。这些是市场经济运行的基本保障，融资平台公司同样需要遵守，但实际并非如此，虚出注册资本、地方政府为融资平台做担保是最为普遍的违规表现。由于融资平台的实际控制人是地方政府，也少有政府机构会去监督。

2010年6月10日，国务院曾下发《国务院关于加强地方政府融资平台公司管理有关问题的通知》明确要求，地方各级政府不得以财政性收入、行政事业等单位的国有资产或其他任何直接、间接形式为融资平台公司融资行为提供担保。2011年8月，财政部也表示，地方各级国家机关不得从事违法违规担保承诺行为。政策所指正是当下已经泛滥的各种违规现象，中央也越发担心因违规担保所带来的政府的隐性赤字形成系统性风险。

此前社会上关于地方债务的处置有很多猜测。自2011年起就有债务到期，并且在未来几年会持续到期，短期内借新债还旧债已经成为共识，此次得到了数据的证实。正如温总理所说，目前国家的债务规模尚在可控范围，并且地方政府控制大量资产，变现能力很强，地方债务短期尚且不会形成风险。长期来看，这些债务如何偿还，决策层却一直没有给出清晰的思路。2011年四省市自主发行地方债试点以及中央代发地方债的扩容，都暗示了中央将给予地方政府越来越大的自主权，以便于地方政府自行处置地方债务。温总理提出市场化处置等手段，也是这一思路的体现。只是中央与地方共同偿还公益性项目，地方债偿还主体还不是很清晰。

上轮地方政府债务源于亚洲金融危机。1998年开始的大规模基础建设投资，在2002年陆续形成国有商业银行的坏账，中央最终先后几次将近四万亿坏账从银行系统中剥离出来，成立了四大资产管理公司，拯救了银行业。这些不良资产直到今天仍未处置完毕，资产回收率不足两成。由此可见，最后是中央消化了债务，实际上就是全体纳税人承担了不良贷款的消化。

本轮地方债务的形成与上轮相似，只不过地方政府通过融资平台来获得贷款。虽然形式上由土地增值、资产的预期收益做抵押，但实际的债务风险并不低，并会受经济周期及长期经济增长的影响。更令人担忧的是，因为地方政府缺乏硬的预算约束，不可能严格地量财政之“入”为投资之“出”。这使得投资成功是地方政府的政绩，投资失败却是中央政府的风险。在这种情况下，地方政府当然倾向于更多的项目、更多的贷款，这是2009年地方政府融资平台上投资项目一拥而上的主要原因。

在这种情况下，中央政府必须考虑，不同的地方债务处置方案，将对未来地方政府的融资模式产生影响。如果这次中央帮助地方解决债务而没有相应的制度约束，那就暗示着承认地方政府的软预算约束，地方政府仍然不会遏制超过自身能力贷款的冲动。尤其当前地方政府支出的压力不仅仅在大规模的城市化建设，更体现在养老、医保、住房等多个领域，这些都会对未来地方政府的可持续财政形成很大的冲击。中央解决了地方今天的危机，能解决明天的吗？

所以处置地方债务的关键在于，界定清楚中央与地方的财事权关系。这需要在中央政府与地方政府的事权画出一条线，明确中央与地方在城市化建设、社会福利等领域内各自承担的角色，以此再平衡中央与地方的财权。在这个基础上，按照上述原则分类，对现有的存量地方债务进行清理，明确偿还的主体。这样做，一方面，可以杜绝以后地方政府搭中央政府的便车；另一方面，一直以来央地财事权失衡是中国财政体系的痼疾，在处置地方债务的同时，不断地谈判、调整债务的偿还主体，本身就是界定央地关系的最佳时机。

当然，从更长远的视角来看，中央政府还需要界定政府的角色，并不是所有的基础建设都是必需的，也不是所有的福利都是政府应该提供的。对于政府投资的批评，已经汗牛充栋，无须多言。社会福利也是如此，欧债危机就给我们上了生动的一课，民生固然重要，但无界限地大包大揽社会福利，会越发加重财政体系的负担。

债务置换的道德困境

2015 年 3 月，财政部下达了 1 万亿元地方政府债券置换存量债务额度，以此置换 2013 年政府性债务审计确定截至 2013 年 6 月 30 日的地方政府负有偿还责任的存量债务中 2015 年到期需要偿还的部分。通俗地说，就是把地方政府对银行等的债务变成地方政府发行的债券。随后，财政部表示还将下达更多额度的地方债发行指标，以置换地方政府的存量债务。

为什么要进行债务置换？目前地方政府直接、间接负有偿还的债务规模惊人，根据 2013 年年末的审计结果，就高达近 20 万亿元。且不谈本金偿还问题，仅每年的利息就不得了。这些债务以银行贷款、银行理财和信托计划为主，大多是 5 年以内、以 2 ~3 年为主的中短期借款，借款利率高。对地方政府来说，还款压力大，对资金借出方来说，资产的流动性低，风险也很大。

而债务置换计划是在财政部甄别存量债务的基础上，把原来地方政府负有偿还义务的理财产品、银行贷款、信托等期限短、利率高的债务置换成低成本、期限长的地方政府债券。从期限上看，2 ~3 年的贷款置换为 7 ~10 年的债券；从利率上看，6% 以上贷款利率，甚至 15% 的信托收益率替换票面利率仅 5% ~6% 的中长期地方债。不仅风险向后缓释，每年的利息成本也大大降低，1% 的利率下浮，利息就可以节约 100 亿元。从现实上看，银行仍然是债券的主要买家，地方政府债券置换存量债务后，银行的资产端，从对地方政府融资平台的贷款，变成持有地方债，虽然收益率低了，利润受到抑制，但资产的风险低了，流动性也高了，一举解除近些年市场对银行贷款质量的疑虑。

考虑到目前地方政府融资平台的债务一般未经过地方人大的审批，管理混乱，而地方政府债券的发行需要纳入政府的一般预算管理，债券置换贷款后，地方政府的融资行为将得到最大限度的约束，可以有效抑制其过度融资或无效投资的行为。

债务置换的好处是明显，当然也是有代价的。首当其冲的就是地方政府软预算约束的抑制失控。今天地方政府债务规模失控，源于2008年以来地方政府的负债规模超过了其承受能力，这种不当行为应该受到惩罚而不是鼓励。但据财政部披露的信息，各地获得的债券额度将按照各地2015年到期债务和全国统一比例（53.8%）测算分配。这意味着当年放得越多，今天获得的债券置换规模就越大。过度负债的行为并没有受到惩罚，当年那些借债谨慎的地方政府反而吃亏了。

另外，既然不是所有的债务都纳入债券置换，那么什么债务会被划入债券置换呢？债务对应的资产肯定有好坏之分，对于资本市场来说，更多的信息，意味着可对资产进行评级，好资产给予高评级、低利率，坏资产或完全没有收益的项目给予低评级、高利率。但对于地方政府来说，它们所希望的就是把最差的资产拿出来发债，同时也要获得最高的信用评级以保证以最低的利率发行债券。

很明显，所有将要置换的债务，都是由地方政府负有偿还义务的债务，其信用为政府信用，债券的发行利率更重要地取决于地方政府的信用。问题是，中国的地方政府的信用很大程度上受到国家信用的隐性担保，其发行的债券在金融市场中也很难形成较明显的信用利差。

在这种情况下，同样是政府信用担保的债权，贷款的收益率要远远高于债券，银行等债券投资人有什么动力去认购债券呢？最终可能还是要靠央行定向宽松或者窗口指导，让银行自己在资产端进行债权置换。

如果制度不变，债券置换贷款这种财务安排本身不可能改变地方政府债务的风险水平，最终只能是拖延了时间，寄望于未来的经济增长可以消化债务。问题是，中国经济陷入衰退周期，地方债务能否拖到复苏繁荣的那一天？

然而，相对于银行贷款，发达的地方债券市场原本是可以改善地方政府对投资人、纳税人进而到选民的负责机制，因为债券市场的透明性要求以及借新还旧的还债压力，地方政府势必需要披露财政信息、约束自身的负债率，提高政府治理的绩效，促进其朝健康、高效的方向发展。要达到这一点，首先就是要打破中央政府对地方的隐性担保，打破地方政府的软预算约束，扩大地方债券的信用利差，以利率度量出地方政府的治理绩效。只有这样，地方政府的债务危机才可以得到根本性的解决。

谁推高了社会融资成本

2014年以来，降低社会融资成本、解决中小企业融资难成为社会关注的焦点问题。从5月开始，国务院及相关部委多次提及要降低企业融资成本、增加金融对实体经济的支持，并印发《关于多措并举着力缓解企业融资成本高问题的指导意见》（以下简称《意见》），《意见》指出，解决好企业特别是小微企业融资成本高问题，对于稳增长、促改革、调结构、惠民生具有重要意义，并从十个方面落实政策，要求金融部门采取综合措施，着力缓解企业融资成本高问题，促进金融与实体经济良性互动。

社会融资成本高，指的是非金融企业获得资本的成本高，这限制了企业扩大再生产的可能。考虑到目前中国企业较高的负债率，相当多数的企业，息税前利润都不足以覆盖利息成本，企业给金融机构打工的现象并不鲜见。

社会融资成本高是一个新问题。21世纪以前，中国处于金融抑制状态，金融市场不发达，银行信贷是社会融资的主要渠道，占社会融资规模的九成以上，同时利率又受到央行的严格管制，存贷款利率由央行直接控制。这种金融环境，社会融资成本想高也高不起来。

利率管制造成中国整体利率处于较低水平，便宜的资金使得企业对信贷过度需求。但为了控制通货膨胀、维持稳定的经济增长，央行还控制着信贷投放量，实际信贷供给远远小于市场的需求。央行同时“管价”（利率）又“管量”（信贷供给量），使得中小企业在同等利率下更难获得融资，这是当年中小企业融资难的主要原因。

因为在正规金融体系内无法获得信贷，中小企业转向非正规金融机构融资。民间借贷是最主要的非正规融资方式，融资利率往往会触及合法利息水平的上限：4 倍的法定利率。对非正规金融的清理整顿也是以往金融规制政策的重要内容。正规金融的低利率与非正规金融的高利贷利率水平之间的差距，就是可以获得信贷的企业的租值。获得信贷无异于洪水时上了“诺亚方舟”，既然上了方舟，仅其获得的租金就使得其竞争力远高于未获信贷的企业。

这也可以解释为什么中小企业在市场繁荣期的时候，可以迅速扩张，而在经济衰退期的时候，也最先出局。市场繁荣期，央行信贷扩张，在满足了大型企业及国有企业的贷款需求外，信贷仍有剩余，无法获得贷款的中小企业也可以获得一定的贷款，以进行投资生产。在衰退期，央行缩减信贷规模，大型企业获取信贷尚且困难，中小企业自然得不到贷款，也就会最先出局。央行还通过信贷的分类管理政策，针对落后产能、风险较高的行业进行控制，禁止信贷资金流入，从而保证这些行业的负债率不会过高，危及金融体系整体的安全。

这种形势在 2010 年以后发生了变化。随着金融市场化的深入，直接融资占社会融资规模的比重越来越大。除了企业债券、股票融资等对企业资质要求较高的融资渠道以外，票据、信托、委托贷款等融资方式成为信贷市场之后的重要补充，其中信托业管理的资产总额就超过 12 万亿元，达银行贷款余额的 15%。金融脱媒使得融资者直接与投资人对接，金融市场的广度和深度大大增强。

以往的经济周期中，央行开始紧缩的货币政策时，首先是民营中小企业无法获得信贷，先行倒闭。其次是绩劣的国企，最后是国有大型企业和央企。但由于直接融资的规模越来越大，2010 年央行收缩信贷规模以后，在信贷市场中无法获得贷款的企业和行业，转向直接融资市场融资。最早的是票据融资，随后是信托和委托贷款，再后来各类资管计划、同业业务。直接融资规模的扩大，让货币政策出现了某种程度的失灵。

紧缩货币政策失灵的结果之一，就是仅靠约束信贷供给控制不住企业的负债率了，企业的负债率一路走高。据渣打银行王志浩的计算，亚洲国家中的企业债务和税前收入之比，一般是1~2，中国是3.5，企业有很大的还债挑战。这还只是中国上市公司的水平，如果扩展到所有企业，情况只会更糟糕。

从微观上看，企业的债务率不可能无限制地上升。债务率越来越高，意味着企业经营的风险越高，其进一步融资的成本不可避免也要上升。融资的成本也不可能无限制地上涨，如果投资的收益无法弥补融资的成本，融资行为就会停止。

事实却并非如此。银行对外的贷款利率本身并不高，根据央行的数据，目前大企业和国有企业可享受6%~7%的利率，而中小企业的利率则在10%以上。而社会融资成本高，主要体现在银行信贷的非利息成本，主要是担保成本等，除此以外，非信贷融资的高利益率才是推高社会融资成本的主要原因。过去几年信托业兴起的时候，信托收益率超过10%的产品比比皆是，借款人需要付出的成本往往高达15%以上。据公开资料显示，平安集团陆金所的借款人需要付出的资金成本更是高达15.81%~29.61%。如此高的融资成本，按目前的非金融企业，尤其是工业企业的利润水平，根本无法覆盖。到底是谁在使用这些资金?

从信托业的借款人的分布来看，主要是房地产企业和政府融资平台在接受高成本融资。前者高成本融资是因为房地产市场的持续火爆，这还只是一个周期性现象，房地产陷入衰退时，其融资行为自然也会停止。政府融资平台则纯粹是借着政府信用作背书，根本不在乎项目的收益能否弥补融资成本，也不是正常企业的融资行为。

无效的政府投资，使得市场对政府偿付债务的能力产生了怀疑。为了维护政府信用“金身不破”，刚性兑付遍布地方债券、政府融资平台借款，并逐步扩散到政府还款承诺函、国有大中型银行的金融产品、中间业务，金融业出现了普遍性的刚性兑付。市场上居然达成了一种共识：收益率10%以上的债券，15%以上的信托产品是必须刚性兑付的。

从紧的货币政策格局下，虽然政府融资平台还可以从信托、理财等直接融资渠道获得借款，但货币供应量增速毕竟在放缓，直接融资增加的量，不过是信贷融资减增的量，总体规模有限，有限的资金，过度的政府融资平台的资金需求和房价上涨的预期下，势必会抬升全社会的融资成本，这才是社会融资成本高的本质原因。在这种背景下，中小企业在信贷紧缩的情况下，被动接受了高成本融资。

地方政府不计成本地融资只是社会融资成本高的直接原因。虽然信贷投放增速放缓，但考虑到信贷余额有80多万亿元，存量调整也可以释放出不小的额度。但以部分央企为代表的僵尸企业和过剩产能，多为资金密集型企业，以钢铁、矿产、建材等为代表，占用了过多的信贷资源。这些企业经营往往已经陷入困境，生产能力过剩，投资效率极为低下。但央企先天具有获得信贷的优势，他们僵而不死，甚至还在扩张中，典型的案例就是中钢集团。

2014年9月末，市场传闻，“中国中钢集团公司（以下简称中钢）银行贷款本息数百亿元全面逾期，国务院出面协调”。中钢的债务黑洞源于国资委“做大做强”的压力。2003年，中钢销售收入只有130亿元，随后4年增长867%，到2007年突破1200亿元，在中国企业500强排名中由2003年的第150位上升到了2008年的第33位。高速扩张的背后是债务规模的上升，在2008年经济衰退后，中钢逐步陷入困境，到2010年中钢换帅之后，危局仍未解，直至贷款逾期。有意思的是，尽管是中钢主动向银行告之贷款本息逾期，银行仍然将其列入“关注类”贷款，中钢、国资委及市场普遍也不认为中钢会破产。这样的企业不退出市场，释放信贷，有竞争力的企业怎么有机会获得信贷？

中钢危机后，国资委研究中心研究部部长许保利指出，中钢债务危机的教训之一，就是“银行不能认为对央企的信贷就毫无风险”。市场的观点恰恰相反，中钢这种贷款几近全面逾期的企业，都无法破产，如果银行贷款最终还能收回，那么央企就仍然是银行最好的客户。

僵尸央企占据的信贷资源无法释放、融资平台不计成本的借款构成了中国社会融资成本高的两根支柱。我们也可以看到，扭曲的信贷结构，不仅使得资本密集型的投资机会集更多地向国企、大企业倾斜（它们更容易获得信贷），也使得创新密集型的投资机会也更多地向大企业倾斜（它们天然具有竞争优势，容许的犯错率更高）。这是中国的成功企业的多元化战略容易成功的主要原因。换言之，多元化的成功，更多反映的是资本的昂贵而非企业家才能，而大企业更容易低价获得资本；相应地，中小企业贷款融资困难，无力对创新机遇介入和进行竞争。

刚性兑付下的社会融资成本高还有另一个副作用就是系统性风险上升。当大部分公司的投资收益还不如买理财产品，全社会投资赚的钱，还不够还融资的利息，风险几乎就在眼前。虽然大多数高成本借款都不是银行信贷，但在银行仍然主导非信贷融资的渠道，银行承担的风险不仅没有降低，反而越来越大，越来越脱离银行的控制。最近的几起信托、债券违约，银行最终都无法置身事外。可以说，中国不存在发生局部性金融风险的可能，任何一丁点的小风险，引发的都是系统性风险。

既然非信贷融资是推高社会融资成本的主要渠道，要降低融资成本，清理整顿非信贷融资自然是重中之重，国务院及“一行三会”下发的文件几乎涉及所有的非信贷融资渠道。整顿的效果也是显著的，非信贷融资的规模整体下滑。2014 年央行公布数据，前三季度社会融资规模为 12.84 万亿元，比上年同期少 1.12 万亿元，7 月曾出现了断崖式下跌，同比少 1.69 万亿元。非信贷渠道中，信托贷款新增规模下降最为显著，同比少增 1.23 万亿元；未贴现的银行承兑汇票同比少增 5173 亿元；外币贷款折合人民币同比少增 1409 亿元；委托贷款同比少增 329 亿元。

非信贷融资规模的缩减，也意味着政府融资平台的资金饥渴度进一步提高，要保证其不陷入危机，放松信贷自然也是意料之中的事情。2014 年前三季度人民币贷款增加 7.68 万亿元，同比多增 4045 亿元，9 月新增贷款占社会融资规模的比例已经从 8 月的 73% 上升至 9 月的 80%。大量的新增贷款，是定向贷款的形式，流向棚户区改造、铁路、服务业等及“三农”和小微企业。

这也意味着持续多年的金融脱媒可能会出现停滞，对正在进行中的利率市场化进程并非喜讯。非信贷融资渠道，一直是利率市场化最坚定的推动力，而银行和央企则是最主要的阻力。重回信贷主导的融资结构，虽然短期可以缓解社会融资成本高的危机，但无助于中国从根本上解决。定向放松信贷的最终流向也是不可控的，最终会造成全社会资金宽松，这可能会让央行近年来抑制过剩产能、控制通胀与房价的努力付诸东流。要化解社会融资成本高的问题，还是要回到如何淘汰僵尸企业以释放信贷、抑制政府融资平台不计成本融资的思路上。

要解决这一切，我们首先要明确几个问题：第一，以中钢为代表的央企、政府融资平台既然偿不起债务，就应该破产或被重组；第二，银行应该承担央企、政府融资平台可能存在的贷款本息损失，政府在资本金之外，不应承担额外的救助责任；第三，政府融资平台的对外借款额度（包括贷款及举债、信托等非信贷融资）应该纳入到财政预算的约束之内。

利率市场化怎么走

利率市场化是金融市场化的核心。利率可以分为三个层次：一是央行货币政策的调控利率，主要是央行与金融市场之间的利率，如央行逆回购利率；二是金融市场利率，主要是包括商业银行在内的金融机构之间的利率，在中国更多地体现在银行间市场的货币市场和中长期债券市场，如SHIBOR（上海银行间同业拆放利率）；三是信贷市场利率，主要是银行类金融机构与存贷款客户间的利率，受到央行较为严格的管制，目前存贷利率差较大。

利率自由化是指信贷市场利率由商业银行自行决定、货币市场及中长期债券等的利率由金融市场交易主体自行决定、央行通过市场化手段与金融市场交易间接实现货币政策目标。总体来看，中国金融市场利率更接近市场化，央行调控利率次之，信贷市场利率受到的管制最多，直接由央行决定，由于调控利率并未完全市场化，央行进行货币政策操作时，不得不继续采用货币供应量或调整存贷款利率来完成货币政策。

信贷市场的存贷款利率是金融体系中最为重要的利率，考虑到银行业资产规模占全行业的比重及贷款占社会融资规模的比重，其利率管制是当前金融资源错配的首要因素。2004 年 10 月 29 日的存贷款利率调整确立的“贷款利率管下限、存款利率管上限”的利率管制原则，持续 7 年多的利率管制（2004～2012 年），压低总体的存贷款利率水平，控制了贷款人的借款成本，让央企和地方政府（以其控制的地方政府融资平台和地方国企为代表）、房地产、出口导向型企业和资金密集型制造业等也成为既得利益者，又维持贷存息差，保证银行业的利润水平，银行业完成从救助对象到垄断暴利的华丽转身。它们也共同成为利率市场化的障碍。

利率管制造成中国整体利率处于较低水平，使得企业对信贷过度需求。但为了控制通货膨胀、维持稳定的经济增长，央行还控制着信贷投放量，实际信贷供给远远小于市场的需求。央行同时管价（利率）又管量（货币供给量），而且由于国有和国有控股银行业金融机构占大头，其实政府也管贷款方向，信贷资金向国企和政府项目倾斜。所有这些使得中小企业在同等利率下更难获得融资，是中小企业融资难的主要原因。

随着金融市场的深化，各子市场的界限模糊，跨市场、跨领域的金融产品打通不同市场间的利率，银行理财、信托、分级基金、委托贷款等融资手段成为传统存贷款业务的替代品。互联网金融更以技术优势，以极低成本吸引小额储蓄用户，为他们提供多元化的投融资服务，较为明显的案例是余额宝成立一年多，其基金规模就超过所有传统的基金公司，跃居行业第一。发达国家曾经的“先机构、后散户，先大额、后小额”的利率市场化策略由此被打乱，部分失效。中国的存款利率市场化必须正视互联网金融所带来的诡异的“逆袭”，如果放任这种情况而不改变，银行的存款将迅速向资本市场搬家，尤其是那些最基础的储蓄存款。

我们认为利率市场化的推进过程，并没有什么待解的难题，所缺的只是改革的决心与毅力。总的来看，利率市场化的改革应该是信贷利率、金融市场利率与央行货币政策工具三者同时市场化。具体看来，在核心的存贷款利率中，第一，贷款利率应该率先全面放开。一般的企业因为财务约束，对贷款利率很敏感，其与银行的谈判中，自然可以形成市场化的贷款利率。有问题的是存在预算软约束的央企、地方国企及融资平台等，他们往往不计成本地进行大规模融资占款，是近年社会融资成本高的一大直接原因。因此，在贷款利率放开的同时，应当建立一套规则约束它们的贷款，允许其更多转向债券市场融资。债券市场则有债务透明度和更为刚性的偿债约束。同时，需要通过改革打破国企刚性兑付的“金身”。此外，还需要引入预算民主的约束机制，进一步强化对政府负债和救助国企的制度约束。

第二，发展存款的替代性产品，扩大存款利率浮动区间，直至取消存款利率管制。配套取消贷存比控制，减轻银行吸纳存款的压力，发展同业拆借、债券等利率相对自由化的负债产品，将大额存款的利率先市场化，等到存款保险制度建立以后，小额储蓄的利率自然而然就可以由市场决定。

第三，放开银行的准入限制，逐步直至全面放开银行对各类金融产品的自主定价权。利率市场化改革需要正视价格管制是准入限制的结果，允许优胜劣汰、公平竞争才是真实利率“形得成”的基础。让银行可以自主决定以更高的利率吸纳存款，向高风险对象发放贷款，最终让银行形成以风险定价能力为核心的竞争力。从这一点来讲，金融市场不放开准入、不解除投融资限制等一系列制度缺陷不废除，利率市场化就不可能真正地实现。

第四，完善金融市场利率，建立以 SHIBOR 为核心的基准利率，作为存贷款等金融产品定价的灯塔，同时成为货币政策的中间目标。然而“灯塔易修、渔船难摇”，首先，需要财政部的配合，完善国债发行体制，丰富国债品种，建立健全完整的国债收益率曲线。其次，完善 SHIBOR 的报价与形成机制，保证 SHIBOR 能真实、有效地反映高信用等级银行、金融机构之间的无担保信用融资价格。鉴于中国四大行在金融业的垄断地位，建立起防范它们操纵 SHIBOR 的机制也非常重要。最后，保证银行间同业拆放市场参与主体的多元化、规模大、交易量高和信息披露充分，让更多的金融资产与负债性产品（如庞大的存贷款市场）的利率可以并有愿意锚定 SHIBOR，而非传统的存贷款利率。

第五，存贷款利率市场化以后，部分传统货币政策工具失效，央行货币政策工具应当从数量型向价格型转变，货币政策目标从货币供应量转向通货膨胀，可以将SHIBOR作为中间目标，通过盯住目标的基准利率来引导整个金融市场利率体系，继而影响金融机构的存款贷利率定价，以此影响企业、居民的投资、消费行为。此外，货币政策能承担的作用有限，控制通胀与保证增长往往无法兼得，更无法解决调整经济结构，保证经济增长与调整经济结构等职责应当从央行剥离，不应该再实行支持“三农”和中小企业、定向降准、向政策性银行定向宽松支持重点发展领域等政策。

财税法治化

《全国人大常委会关于修改〈预算法〉的决定》为《预算法》修正案可执行开了一个好头，为《预算法》助力中国转型成为预算国家迈好了第一步。但现行《预算法》以及《全国人大常委会关于修改〈预算法〉的决定》未解决的问题也很多。总的来说是两条：政府与市场关系及央地事权分割，其解决的成效决定着中国向预算国家转型的成败。

织里抗税的遗产

2014年以来，随着财政收入增速锐减，应收尽收成为财税部门的主要策略，小微企业抵制征税的行为一直不断。

因为中小企业生存困境艰难，国务院常务会议多次动议要出台减税新策。织里抗税5天后的31日，财政部出台了65号、66号部令，启动了针对个体工商户的增值税与营业税的减负政策，如销售货物增值税的起征点从月销售额的2000～5000元调到5000～20000元。营业税改征增值税以后，小企业的税率也大幅下调了40%。

对于个体工商户性质的小型与微型企业来说，这确实是一个利好。然而，我们不禁要再问，这个政策能有多好？我们认为，利好有限。首先，由于中小企业的财务建账水平有限，税务征缴部门难以用销售额等从量从价征收方式，定额缴纳、本地机构包税成为普遍的征税方式。以织里为例，当地的童装企业的税制实行的是定额核定、从量征收，2010年每台机器征收343元，2011年每台征收620元，并且征税权委托给社会化代征机构，亦即包税制。在这种制度，税务部门对征多少税有着很大的自由裁量空间。其次，增值税与营业税仅是中小企业负担中的九牛一毛，除了林林总总的税及附加费与基金外，还有年检、卫生许可、牌照换证、报刊等行政收费与摊派，提高起征点很难有效降低税负。从疲软的宏观环境与复杂的社会形势来看，政府财政增支的任务还很重；从财政部的立场来看，减税只可能是象征性的，中央及地方政府不太可能真正地推进“结构性减税”。

不得不指出，高税负、二次分配不公等税政痼疾已经严重透支了社会稳定，相当多的社会信任危机都是这一痼疾的结果。例如，织里事件中的外地业主对本地富裕业主小轿车的打砸，发达城市的本地居民对外地居民的仇视，社会普遍的仇富心理，对开发商的痛恨，对知名企业家不慈善行为的指责。这些背后隐含的都是对自己生存境况的不满意，深切地感觉到自己没有赚到钱，所以他们把气撒到富人身上、撒到开发商身上。为什么赚不到钱？以中国劳动力当前的平均工作时间及努力程度，这是完全不正常的。毫无疑问，问题是出在政府身上，税负过重及税收的再分配不合理是其中最主要的原因，政府不仅在宏观资源配置机制及再分配机制的公平性上无所作为，还成为主要的既得利益者，在初次分配（征税）和再次分配（财政支出）的制度设计上把政府利益作为主要的考量。

在税政的设计上，税务部门也尽量避免与纳税人直接接触，大量采用间接税、价内税及代征代缴，使得普通的纳税人无法切身感受自己所缴纳的实际税费，也无法得知最终的税收归宿是多少。例如以企业为征税主体的增值税等一系列间接税，其最终承担者无疑是纳税人，而直接税中的个人收入所得税一般是由机构代扣代缴，烟酒、奢侈品、燃料油中的消费税也以价内税的方式列述，普通消费者根本不知道价格中的税率之重，甚至高达80%。

危险还不止于此。高企的税负，为纳税人带来的苦痛，需要有渠道来释放，例如实际收入以超过税收增长的速度提高，也可以是让其拥有抑制高税负的抗增税权利。但在当前，这是一种奢想，超税率的高收入增长是不切实际的。而在抗税权利与声音上，除了学界纷杂不齐的争议以外，社会没有形成有效的抗增税声音。税政的主要议题变动基本由财政部控制，作为纳税人的代议机构，全国人大没有能力也没有权力提出有效的有利于纳税人的税制改革方案。纳税人对税政缺乏有效的影响力，结果也是显而易见的，税收超规模增长，近些年税制的调整也总在个税起征点、费改税等细枝末节上徘徊，缺乏通盘、有效的减税政策和税制结构调整。甚至我们看到，任何减税的主张，都受到了财政部、国税总局的强烈反对。

所谓财者，为国之命而万事之本，其重要能力雄居国家诸能力之首。从税收预算与决算来看，历年的税收预算增长相对合理，与 GDP 增速相仿，在 10% 左右。但税收决算数却总是超过预算数的 10% 以上，年增长超过 20%，是 GDP 的两倍。这样的税收预算案如同儿戏，根本没有参考价值，却年年如此。20 世纪 90 年代初，王绍光和胡鞍钢提出的国家能力的概念，深刻地影响了其后的政策导向，以财政汲取能力为核心的国家能力在随后 20 年迅速增长。王、胡二人的主张不乏洞见，财税的增长连带着宏观调控能力、强制能力、执政合法性也随之改善，国家能力确实有很大提升。但我们也要看到，现代社会财政汲取能力是无法单独存在，必然与税政（及其更为根本的政治制度）的合法性、合理性密切相关，这是现代政制的基本理念。以史为鉴，清末十年的政府财政收入由 8000 万两白银迅速拉升至 3 亿两白银，年增长率达 30%，财政能力不可谓不强，这种强能力却造成晚清衰亡，因为他带来了太多的抗税的怨气，在政制没有做出相应的调整，是政府所无法承载的。

因此，民弱国强、强制而无约束的财政汲取能力的提高，其背后所带来的是各级政府与执政党的合法化能力大幅降低。我们不应忘记千禧之交的农业税抗税风潮。当财政汲取的程度侵害到纳税人的生存空间时，对农民来说，已经不是活得好与不好的选择，而是能不能活的危机。他们会不惮于使用让人难以想象的暴力来抗税。这时要维持社会与财政稳定，政府将被迫使用强制工具来压抑抗议，财政负担也将迅速攀升。此时政府就面临严重的两难局面，不压制，抗税会形成风潮，压制局面也只能延缓危机，风险会越累积越大，越维稳，越使得温和的抗税行为激烈化、暴力化。

农民抗税的结果，我们已经知道，2006 年国家已全面取消了农业税。今天又见抗税，政策应该何为？我们认为，治标之策，要尽快从全局调整税收结构，在保证政府功能的前提下，尽可能降低全社会的实际税负。在缓解社会信任危机和社会稳定性不足的同时，也将激活纳税人的进取心及经济的活力。当然，必须要看到，要达到这一步，需要有更基础的制度安排，如纳税人代议制、税权法定等，这些安排所带来的税收增长才是稳定的。中央或许一直想找合适的时机进行结构性减税，但总有这样那样的制约。但我们不得不说，形势越来越紧迫，减税是通过微观改进还是宏观调整都可以讨论，但总之方向是要尽快让税负降下来，而不是升上去，在这一点上，我们没有太多的选择。

谨防掠夺之手

每年的两会期间，多半会有记者提问，惊人的财政超收是否是与民争利。2012 年时，时任财政部部长谢旭人否认这一质疑，表示财政收入的提高是由经济较快增长、物价上涨及预算外收入纳入预算管理等因素形成的，财政收入与居民收入也并不是简单的此消彼长的关系。此语一出，即招致李剑阁等业内人士的批评。

统计数据显示，近年财政预算增长相对合理，与 GDP 增速相仿，在 8% ~ 10% 。但税收决算数却总是超过预算数的 10% 以上，年增长超过 20% ，是同期 GDP 增速的 200% 。一年的 GDP 产出就那么多，政府拿得多了，个人和企业拿到的自然就少了，政府财政收入的增长超过 GDP 的增速，个人和企业收入的增长自然就低于 GDP 增速。所以，财政超收是实实在在的与民争利，无半点可争议之处。

在此基础上，我们再来看财政收入的合理性。首先，地方政府预算外收入统一都纳入公共预算管理，确实是近些年几次大的财政收入跃升的原因，例如土地出让金纳入预算内。但预算外移到预算内，只是税收负担的显性化。这只能说明，个人与企业的税负一直很重，而不能为当前财政收入增速过快的合法性提供支持。

更为恶劣的是，中国赋役、税费的传统历来就有“明税轻、暗税重、横征杂派无底洞”的弊病。所谓暗税、杂派，大多是法外或非法征收。原本就应该停止征收的暗税杂派，而今不仅没有停征，还被中央以预算内的名义将它们合法化。在与民争利方面，中央地方可谓一条心。

其次，当前中国，物价上涨确实会带来税收收入的增长。因为中国税收结构以流转税为主，并且从价征收，这使得财政收入随经济周期会呈现波动性。也正因为这种特性，在投资低迷及通货紧缩时，财政收入的增长也显得比较缓慢，财税部门才特别青睐高投资率和通货膨胀。最为明显的例证就是2009年，财政收入的决算数仅略高于预算数。因此，在经济增长滑坡时，财税部门会主张积极的财政政策，这也是近年来宏观调控政策的方向之一。

税收工具的本意在于为社会福利和公共事业筹集资金，旨在促进社会公平。2006年中国财政收入迅速增长以后，财政部相关负责人表示，财政收入增长以后，通过预算安排用于保障和改善民生，其中相当大一部分是以劳动报酬，以及直接或间接的生产生活补贴等多种形式转移给了城乡居民个人。从财政支出结构来看，民生投入占比确实明显提高，但投入的方式还有不少需要改进的地方。自上一届政府以来，财政支出惠及大量民生项目，包括保障房、医保、养老等，如新型农村合作医疗，极大地减少了农民因病致贫的现象的发生。但由于中国社会处于转型中，信息不对称及权力寻租很难避免。放眼全球，全体居民纳税、少数人享受福利也是所有社会福利都要面临窘境，而这些少数人往往就是富人、懒人等。国内的政策实践中，尽管政策设计千防万防，但开宝马车住进经适房、保障房仍然不在少数。这样的转移支付损害了社会公平，某种程度上还加剧了贫富阶层的分化，亦即秦晖批评的负福利社会。

所谓财者，为国之命而万事之本。财政资金的分配是二次分配，决定着居民的收入，是促进内需的关键。这也是经济结构转型迟迟无法推进的主要原因，要拉动内需、推进消费对GDP的贡献，这意味着让要居民手头有钱，政府就要让利于民。

施莱弗等人曾提出政府的“掠夺之手”和“扶助之手”的概念，认为俄罗斯转轨之所以艰难在于政府更多的是发挥了“掠夺之手”的功能，而中国改革的成功则得利于政府的“扶持之手”。要让财政支出向民生进一步倾斜、发挥财税体制的二次分配职能，就要继续保持政府过程“扶持之手”的优势，要现实操作来看，将预算的制定置于各级人大之“手”，才能从根本上保证财政支出可以发挥“扶持之手”的功能。就短期的税负而言，不管是刺激经济的需要，还是供给侧改革的呼唤，不管是结构性减税还是临时性减税，实际税负的降低都应该成为最关键的财政政策目标。

谁的《预算法》

2014年8月，全国人大常委会通过《预算法修正案》。自2012年7月6日，全国人大网公布《预算法修正案（草案二次审议稿）》（以下简称《草案》），《预算法》修法被社会公众所知以后，《预算法》的修订可谓一波三折。但草案所透露出的立法宗旨和框架距离学术界和公共的要求过远，除了规范预算外收入、细化预算编制等程序性条款上方面做出了些许改进外，整体的改进程度有限，更在人大与央行的监督条款上出现大幅倒退，为近些年来各法律修正案中极为罕见的倒退。同样的现象也出现在《预算法实施条例》的起草上，作为《预算法》实施的行政法规，是落实《预算法》实施的重要步骤。然而2015年6月向社会公布的征求意见稿更令人十分失望。

首部《预算法》是1994年通过的，当时分税制刚刚开始，行政机构、纳税人对预算缺乏理解，法律条文的用词也不十分规范。因此全国人大在1997年就动议修改《预算法》，其间碍于财政部门的阻力，修法多有不顺。2006年全国人大预算工作委员会牵头起草完毕的《预算法》修正案，因为吸取了较多的国外预算制度的先进经验，还招致了财政等政府部门的强烈质疑，认为对行政机构的限制和监督过重，《草案》随之被束之高阁。这使得2009年重启预算法修订时，行政部门的参与度大为提高，由人大与财政部各自起草方案，再融合形成的《草案》，还要经过国务院常务会议的讨论和修改，财政部在其中起到了主导作用。

首部《预算法》存在何种问题？一言概之，在预算的决策、执行与监督环节大量缺乏具体性界定、可操作性或明确要求。这使得行政部门在预算过程中权力过大，而纳税人及立法机关的声音较弱。曾主管财政部预算司的高强概括总结为：预算编制完整性、预算管理执行、财政机制和转移支付制度、地方政府的债务、预算监督和违法行为、预算公开六个方面。

所谓财者，国家大事。预算是国家之财的收支，是国家日常生活中最为核心的事件。无论是近几年被屡屡提及的税负过高、国富民穷，还是财政部门的年终突击花钱、私设“小金库”，还有那数不胜数的政绩项目、脸面工程，其背后与《预算法》的失灵都有着千丝万缕的关系。《预算法》修正案中哪怕一个小条款的变动，都会在现实中放大成数百上千亿元的资金规模。因此，《预算法》修订非常应该让公共充分地关注与参与。

然而，《预算法》在公共空间中引起的声音并不大，主要是因为它对个人的影响相对间接，不像个税、劳动合同法等与个人利益攸关。他们意识不到《预算法》直接决定了自己要交多少税，能享受什么样的公共服务。更有人消极地认为，当前体制下，税已经被收上去了，怎么花本来就是平民百姓管不了的。有学者还把《预算法》修订中的争议，归结为部门的利益博弈。这些都限制了《预算法》的公共参与。

但《预算法》的公共参与度不高，更多的不是纳税人的冷漠。《预算法》的修订过程对公众持续保密，不仅公开媒体鲜见报道，以往向学术界征求意见的惯例亦不见踪影，直到2011年年末才对少部分专家开始征求意见，到二审最后一刻，才对公众公布全文。这种闭门修法的情形与近几年通过的《刑事诉讼法》《物权法》《劳动合同法》等法律截然相反。

为何《预算法》的修订如此怕生？说到底，还是因为财政部主导下的《预算法》修订过于强调了行政部门的权力，尤其是财政部门，立法精神有违现代法治的政府治理机制，在纳税人意识日益觉醒的社会中，他们怕过早、过大地让公众知晓，会阻碍草案的通过。

《草案》第五十一条，预算收入应“及时、足额地上缴国家金库（以下简称国库）和依法设立的财政专户”，草案新增了“财政专户”。事实上，国库之外，本不应该再有财政账户，近十几年以来，各部门、各级政府设立于央行国库之外的财政账户数不胜数，多到上级政府及中央财政部门都搞不清楚的地步。近些年来，财政部也在彻查小金库，规范、减少、合并财政专户。江苏等地还发生了财政负责人私自决定将财政资金存入商业银行、谋取私利等违法乱纪事件。面对这一局面，财政部想到的竟然不是如何消除，而是通过立法将这种行为合法性，甚至背离了自己近年来的努力方向，让人完全摸不着头脑。

预算超收是近十几年财税痼疾，是税负快速上升的重要原因，但《草案》第六十一条规定，“有超收收入的，除依照法律、行政法规规定安排支出外，可以用于冲减赤字，或者安排预算稳定调节基金用于补充以后年度预算资金的不足”。完全无视纳税人和人大的权力，这意味着即使预算超收资金完全由财政部门决定，那预算还有什么意义？

1994年《预算法》规定中央国库业务由中国人民银行经理，草案第五十四条删去了这一款，还增加了财政部门对国库的管理和监督权。但财政部相当于国库的“会计”，央行相当于“出纳”。取消国库的央行经理制，等于是将会计和出纳都委任给财政部。即使是治理结构再乱的企业中也较为罕见，更何况国家预算大计。

通篇看过《预算法》修正案草案，很多条款都只定原则（并且相当模糊和随意），具体条款都空白授权给国务院或财政部去制定。在四类预算中，《预算法》只规定了公共预算，国有资本经营、社保、政府性基金三块预算授权给国务院另行规定。预算调整、预算执行、预算监督等环节赋予财政部门的权力都过于强大，看不到多少人大与纳税人的权力。在技术细节的处理上，行政部门立法中随处可见的万能授权条款，难觅踪影。如《草案》第四十三条，人大审查预算报告的条款中，看不到“其他人大认为应该审查的事项”。

财政部也辩称，国库管理方式的国际惯例是财政主管、央行协管。确实如此，但国际的惯例很多，更主要的还有立法机关对预算的决策有充分的修改和否决权，预算的国际惯例，不是财政部主管国库这样的细节，而是分权制衡，公开、透明，财政部主导下的《预算法》有哪条达到了这个要求？如此强化财政部门权力的《预算法》有什么资格去谈国际惯例？

这样的修法方案，在“二审稿”公开征求意见时，公众的批评声音达到了历史高点，最终未能通过全国人大常委会的审议。直到十八届三中全会对财税体制改革的方向做明确的部署后，《预算法》的修订工作才开始加速。到2014年通过以后，本轮修订历时十年，经过四次全国人大常委会的审议，历史上，只有《行政强制法》《社会保险法》等与个人利益直接相关的法律才有“四审”的待遇，由此可见修订过程争论的激烈。

最终批准的《预算法修正案》对立法宗旨、全口径预算管理制度、预算公开、预算监督等方面都做了大幅修改，规定政府的全部收入应当上缴国家金库，维持央行经理国库的职责；“预算公开”方面全过程公开、全面公开、可操作性强；预算编制进一步细化，均为最详细的一级。在放开地方政府发债、改革转移支付制度、建立跨年度预算平衡机制，也做了较大的调整，是现有政治框架下，预算法修订案所能达到最好的情形。

不仅《预算法》修订超过预期，国务院随后落实《预算法》的文件也颇鼓舞人心。首先是弱化预算收入的概念，消除了收过头税的制度基础；明确一般性转移支付为转移支付的主要方式，占比提高到60%以上；同时明确了政府财政部门的职责，除了编制、执行预算以外，管理财政收入与支出的差额部分——财政盈余和赤字等。

但好梦到此结束，2015年6月24日，国务院法制办公布了《预算法实施条例（修正草案征求意见稿）》（以下简称《条例草案》），《预算法》修订过程的成果在《条例草案》中折损颇多，大量《预算法》明确的事项，在《条例草案》中要么忽略不提，要么偷换概念、替换原有条款应有的含义，如果“条例草案”照此通过，《预算法修正案》的修法成果将毫无疑问地被架空。

首先，《条例草案》无视公众和各级人大在政府预算过程中的审查、监督等作用，《预算法》的相关条款在《条例草案》中大多找不到对应条款，无法保障公众和各级人大的权利在政府预算过程中的落实。同时，《条例草案》过于强调财政部门的预算管理权力，但又没有遵循法治原则以法律形式明确各方的职责义务，一些条款将权力笼统的空白授权给财政部。

其次，《条例草案》中的有些条款甚至突破《预算法》等法律法规的强制性规定，曲解法律精神。例如“政府的全部收入应当上缴国家金库”“央行经理国库”在《预算法》《中国人民银行法》《国家金库条例》等多次明确。但《条例草案》否定央行对地方国库的经理权，强行割裂中央国库和地方国库，并将两者统称为“国库业务经办机构”，破坏了国家金库的统一性和完整性。

财政专户在法律和相关法规中也被严格限制，但《条例草案》违反《预算法》和国发45号文的严格限制并逐步取消大多数专户的明确规定，降低财政专户的开设门槛，改为“财政部负责核准财政专户”，而不见了“报国务院批准”的明确规定，实际上为各级财政部门保留和新设“财政专户”大开方便之门。如果《预算法实施条例》按照《条例草案》的版本通过，新《预算法》的许多条文将被架空。

事实上，财政部门也曾饱受各级政府、各部门私设小金库、财政专户之苦，他们之所以在《条例草案》中放纵财政专户，抑制人大审查监督预算、央行经理国库的监督制衡角色，是因为部门利益使然。习近平总书记在中共中央十八届四中全会指出：“我们在立法领域面临着一些突出问题，比如，立法工作中部门化倾向、争权诿责现象较为突出……要明确立法权力边界，从体制机制和工作程序上有效防止部门利益和地方保护主义法律化。”而《条例草案》透露出来的宗旨正是通过立法将财政部门的利益法律化。

《预算法实施条例》作为国务院发布的行政法规，不是财政部一个部门的部门规章，其起草组的人员构成也不应当限于财政部门。要杜绝立法过程的部门利益法律化，就需要开门立法。

《预算法》和《预算法实施条例》，不是财政部的法律，而是纳税人的法律，它要约束的恰好是财政部的权力。我们在制定《公司法》《证券法》等基本的约束市场经济主体的法律时，条文唯恐不够细致。但公司再大，影响到的也只是一部分人，更不存在强制与征收行为。政府之事，却事涉所有人，危害远远大于一个公司。但在制定约束政府权力的法律的时候，立法却唯恐细致。绝对的权力面临的是责任与危机，铁道部前车之鉴不可不查，此足以为财政部门为戒。

政府怎么花钱

政府之财，来自纳税人，其征收与支用自然绕不开纳税人，而《预算法》与税收法定是限制政府征收与支用税款的工具。新一轮预算法，自 2012 年 7 月披露“草案二次审议稿”，进入公众视野，到 2014 年 8 月末全国人大常委会表决通过《关于修改〈预算法〉的决定》，是近几年财经立法史的重要事件。一部合理的《预算法》应该如何限制政府花钱？

权责发生还是现金收付：从中长期预算规划到国家资产负债表

新《预算法》明确规定“预算分为公共预算、政府性基金预算、国有资本经营预算、社会保障预算。公共预算、政府性基金预算、国有资本经营预算、社会保障预算应当保持完整、独立，同时保持各类预算间互相衔接”。

预算完整性是原有《预算法》未完成的问题，国有资本、政府性基金及社会保障等领域的预算一直未纳入到《预算法》的管理之中，但这些预算外收支在财政部门的操作中却是统一管理的，它们的收益与亏损，直接影响到公共财政的收支。京沪等地，由于人口结构发生变化，以现收现付为主的社保体系的收支开始出现缺口，财政部门往往会调拨公共财政的资金去弥补差额。而数十万亿的国有资本虽是全体民众的财产，但未纳入预算管理，国有资本的收益只有近几年才开始向国家分红，并且比例甚微。

这些《预算法》管理之外的国家资产经营，亏损时要挪用财政收入补缺口，收益时，却不向纳税人分红，权利义务严重失衡。此次《预算法》全口径的预算管理，是一个进步。但在第二十五条中，却将决定这些预算收支范围的权力授权给国务院，不仅使保障预算完整性落在空处，更违反了《宪法》规定的“预算由人大审查和批准”的原则，全国人大常委会在三审时，应该将此权力收回。

预算的完整性只是保障某一时点的全口径预算收支，但无法动态地掌握中长期财政收支的变动，而后者恰恰是保障经济、社会可持续发展的必要前提。尤其对于转型的中国，城市化率、劳动人口人数、社保覆盖面积与水平、居民财富水平等因素强烈的影响到未来的预算收支。因此，跨期审视预算收支成为《预算法》和国家预算管理必须面对的议题。

从现实来看，财政最大的支付风险来自社会保障，抛开未来社保覆盖面扩大和保障水平的提高不谈，单论当下的社保承诺水平，未来的社保预算支出缺口就将持续扩大，可能陷入失控地步。根据中国银行曹远征、德意志银行马骏等独立课题组的分别测算，如果当下社保体系不做任何改变，中国养老金的统筹账户，从2017年起，财政对其的额外补贴就要开始上升，到2050年将达到当年财政支出的两成以上。与GDP规模相比，养老金缺口到2020年将达到0.2%的GDP，2050年达5.5%的GDP。今后38年累积，养老金总缺口的净现值相当于目前GDP的75%。

财政收入方面也存在相应的情况，国有资本与政府性基金收入近年来呈现骄人的势头，成为地方政府的收入主要构成和地方基建投资的主要资金来源。但这两者的收入严重依赖于土地和利率两个市场的扭曲政策，一旦一级土地市场垄断地位发生变化或者利率开始市场化，国有资本和政府性基金的经营状况将发生逆转。但地方和中央都很少注意到这一点。危机其实并不遥远，2011年开始的以限购为主的房地产调控、2012年开始的利率市场化和经济衰退，政府性基金收入及国有资本经营已现疲态，财政收入下滑预警、国有企业利润下降预警频现报端。

有学者很早就提出中国应该开始中长期预算规划，在预算编制过程中从跨年度角度考虑年度预算编制，以三年、五年、十年乃至更长的周期，建立提供预算支出预测的宏观经济框架，审查各支出科目未来的规模。在此基础上，对收支规模的合理性进行评估、调整，可以有效地降低中长期的收支规模变动对短期财政收支的冲击。从中长期来看，中国预算收支的不稳定性已经非常明显，主要体现在收入与支出的结构错配、信贷市场的期限错配等方面。

在当前财政收入结构中，政府性基金收入占很大比重，尤其是承担了大量事权的地方政府，土地出让金等非税收入的地位举足轻重，这些收入以较弱的合法性与非常规性为特征，随着经济周期和立法情况变动。与之相反的是财政支出趋于公共财政，转向社保、教育等普遍服务的趋势明显，这些支出约束很刚性，一旦启动，很难缩减规模。非常规化的收入结构与常规化的支出结构错配，中长期对收支平衡的冲击很大。并且这些支出义务相对隐性化，在现金收付制的预算管理中，很难判断是否存在危机。

另外，2010 年起披露的地方政府债务，背后对应的固定资产的形成和高负债率。然而，固定资产形成的经营性收入与资产增值多体现为低水平、长周期的收入，至少在十年以上，但项目的融资却以短期银行信贷为主，期限大多为三年、五年。期限错配有两种后果：第一，出现系统性的企业部门的债务风险；第二，如果政府要缓解风险，需要通过一系列的经济刺激计划，释放信用，最终演变成政府的债务危机。

中长期预算规划虽然重要，做起来却非易事，需要我们建立新的预算编制方式。目前我国的预算编制以短期的现金收付制为主，从会计报表上看，最多只能算损益表。要进行中长期预算规划，就需要编制国家层面的资产负债表，将不同结构、不同期限的资产与负债纳入到一张表中来审视这些资产与负债未来的收入和支出情况。

只有搞清楚国家的资产负债表才有可能对中长期的损益表有一个清醒的认识。摸清国家的家底（包括政府、居民、企业与金融机构等部门），可以判断“国家财富”的规模、可持续性，可以将经济、社会政策和结构性问题长期的、隐性的成本显性化。以当前为例，以土地出让金为主的政府性基金收入上对应的是国家资产（国有土地使用权）的减值，并非营业收入（税收），可见稳定性很难保证。多增一分社保固然可以增加当期收入，但也会相应地增加负债（远期承诺），从这一点来看，提高社会缴费率，固然可以降低当前支付风险，却增加了未来的风险。

曹远征等人的研究指出，通过国家资产负债表的编制，可以联结短期和长期的损益表，犹如一架“望远镜”，通过审视当前的资产与负债结构，可以观测未来的风险（支出义务的变化）来调整今日的政策。因此，《预算法》必须应对这种变化，改变目前以现金收付制为主的损益表管理，以权责发生为原则，在跨期的视角审视资产负债表，这种视角下的“五年计划”“产业结构调整”也有意义。

量入为出还是量出为入：从税收国家到预算国家

2012 年 7 月的《预算法修正案（草案二次审议稿）》和 2015 年 6 月的《预算法实施条例（征求意见稿）》饱受争议，前者的争议在于立法没有与时俱进，与公众的期望较远，随后全国人大常委会吸纳了公众意见，2014 年通过了修正案基本达到了公众期待的效果，是近年修法的成功之作；后者的争议在于《预算法修正案》修得很好，但实施条例的修正案没有忠实遵循法律条款的要求，部分条款背离了《预算法》应有的宗旨。

所谓预算，本应该是经法定程序审核批准的国家年度财政支出计划。但《预算法修正案（草案二次审议稿）》和《预算法实施条例（征求意见稿）》

大量的条款，如预算执行、预算调整的批准与监督、预算收支范围等，往往只定原则或直接空白授权给国务院、财政部进行立法，将《预算法》和《预算法实施条例》的修订变身为行政立法、部门立法，财政部变成国家预算的权力主体。

公权力机关职责有二：征税与花钱。决定征税的权力归立法机关，税收法定，纳税人依法纳税；决定花钱的权力也归立法机关，政府及财政部根据经法定程序产生的预算安排财政支出。从这一点来看，财税收入来自依法征缴，新开税种要经议会，因此只能预测财政收入，而无法事先计划征缴规模、增幅。所以国家预算就是预算支出，不存在预算收入的说法。

所谓的“预算收入”（征税）及其增减，由议会决定，往往取决于政府要花多少钱，这就是预算支出的概念。那议会如何决定政府要花多少钱？这取决于纳税人要求政府做什么事情，即政府事权的界定。可以说，整个财税体制的核心就是对政府事权的界定。这也是征税权和预算权要同时归立法机关的原因。

立法机关界定政府的事权，测算预算支出的规模，据此增减税种，量出为入，这就是现代预算国家的概念。

那财政部在其中起什么作用呢？财政收入规模由法定税收决定，财政支出规模由议会批准的预算决定，除了执行预算和国库管理以外，管理财政收入与支出的差额部分——财政盈余和赤字——就是财政部的职能，财政部根据中长期预算规划，根据不同的经济形势，进行筹资活动——用盈余冲销赤字或者发行公债、扩大赤字，充当的是国家财务总监的职责。中国式预算显然与众不同，财政部的职能也有着中国特色。

中国的《预算法》与预算实践中，预算有两张表，预算收入与预算支出，收入与支出的规模都做了安排。预算支出一般由财政部编制，报全国人大审议，过去的经验中，全国人大全部都表决通过，没有预算修正和否决的案例。

从支出科目来看，政府收了税，但规模比较大的支出科目离纳税人需要的公共服务都比较远，间接有联系的像基建投资、科技创新，没联系的像三公经费、政府大楼。而体现平等的主要科目——转移支付，也是以专项转移支付为主（高峰时占转移支付比重的60%），不仅资金使用效率不高，对于解决区域间、群体间的平等问题收效甚微。近几年渐行渐近的公共财政支出，也存在这些问题。

至于财政部要编制多大规模的预算取决于税务部门能收上多少钱，是典型的量入为出的财税体制，全国人大很难决定钱怎么花。这些因素都使得财政部非常在乎预算收入的完成情况，在实践中，预算收入不仅按量完成，并且超收增幅惊人。一方面是因为大量的税收和准税收（如社保）的征税基础并非法律，而是行政法规和部门规章；另一方面即使是法律决定的税收，也给财税部门预留大量的自由裁量权。

中国也并非不存在量出为入。对财政部门的过度赋权的结果之一，就是使得各级政府的财政状况直接影响企业和居民的宏观税负。在中国，以流转税、从价税为主的税制结构中，税收总额对物价水平、经济周期高度敏感，也呈现周期性波动。这时就会出现一个问题，在量入为出的财政原则下，财政收入飞速增长，超过预计增幅，额外新增的税收一般不会用于冲销往年赤字，而是直接列入当年支出，这意味着支出规模随之扩张，这也是每年年中和年末各级政府突击花钱的原因：完成预算支出。但财政收入增速放缓甚至负增长时，支出规模相对刚性，无法相应缩减。这时财税部门就不得不保证财政收入完成预算规模，通过应收、尽收、征收过头税或者增加新的税种、指定用途税（费）来筹措资金，如提高燃油消费税、房产税试点等。每年财政部都不得不下文禁止地方政府征收过头税等行为。

收入增长时的量入为出与收入下降时的量出为入交替进行，是近20年全社会的宏观税负不断爬升的首要原因。为何？因为中国并不是真正的量出为入，收入支出“一盘棋”，政府的事权并不是纳税人及人大决定的，支出的规模当然就没法被约束。

从这一点来讲，只有征税权和预算支出权同时归财政部门才有这种效果，两者只要缺一，上述现象就都不可能发生。这也是英国议会在掌握征税权之后又会获得预算权的原因。

由此可见，怎么花钱是《预算法》的核心，但钱花在哪更为重要，政府事权界定是《预算法》可以约束政府行为的基础。只有在这个基础上，量出为入才能得到最彻底、有效的执行，这才能完成从税收国家走向预算国家。

从效率政府走向责任政府

2015 年 9 月，国家审计署发布了《2014 年度审计署绩效报告》。2014 年，审计署审计（调查）单位 1361 个，审计署财政拨款支出共 12.07 亿元，全年可用货币计量的审计工作成果 3090.17 亿元，投入产出比为 1∶256，人均审计成果为 9274 万元，也就是审计每花 1 元财政资金，可为国家带来增收节支等经济效益 256 元。2011 年时，审计署全年可用货币计量的审计工作成果为 866.8 亿元，投入产出比为 1∶96，3 年时间，审计工作进步显著。

审计署作为国务院组成部门，代表中央政府的审计公权力部门的财政收支情况，是预算监督的重要力量之一，审计部门的绩效及其进步从侧面上反映了当前财政收支的可改善空间相当巨大。

即便如此，审计署还有很大的进步空间，目前审计署定位为事后监督机构，主要以财务审计为主。一个有效的预算监督体系应该包括事前、事中与事后，同时不应该局限于财务审计，而应该是政府责任审计。

从命名来看，中国“审计署”的英文名为 National Audit Office（简称 NAO），对国务院负责；与之相对应，美国是“政府责任署”，对国会负责，英文名为 Government Accountability Office（简称 GAO）。Accountability 这个单词明确定位了 GAO 的角色，尽管 GAO 仍然承担联邦政府的主要审计工作，但只占工作量的很小比例。政府责任署的主要工作是对联邦政府进行绩效审计、项目评估、政策分析，以提高联邦政府的工作绩效。

在税收国家时代，政府支出讲究的是效率，是集中力量办大事，从背后的诉求就是增强政府能力。1993 年，王绍光和胡鞍钢发表了著名的《中国国家能力报告》，提出国家能力（主要是指中央政府）的概念，并认为汲取财政能力是国家能力的核心。这一提法，为稍后开展的分税制改革提供了理论依据。

近 20 年以来（尤其是近 10 年）财政增速以远高于 GDP 增速的能力，中央财政收入占 GDP 的比重也越来越大，可以说1993 年的分税制改革以及《中国国家能力报告》中的期待完全达到。这一基础使得中国在近十几年内，应对金融危机、举办国际盛事、筹建特大基建项目，举世望出、无出其右，发达国家几十年、上百年才能竣工的项目，中国几年就可以完成，中国政府可谓效率之王。

政府能力的增加有两个层面：其一，提高用钱的规模；其二，提高用钱的效率。所谓用钱的效率又有两个含义：第一，把钱用到该花的地方，如为纳税人提供公共服务；第二，用最少的钱办最多的事。近 20 年来，中国逐步走向公共财政，公共对《预算法》修订的期待和诸多建议，这些都体现了纳税人对预算国家的期待：由纳税人决定政府做什么。预算国家更强调政府的绩效——政府为纳税人做了什么。但这还远远不够，我们还需要知道政府做得够不够好，我们关心的不仅仅是投入/产出的效率，更关注效益、结果、反馈和纳税人满意度等综合因素，这既是责任政府，也是纳税人期待的政府。

预算国家渐行渐近

2014 年 10 月 8 日，国务院发布了《关于深化预算管理制度改革的决定》（以下简称《决定》），根据新修订的《预算法》部署了进一步深化预算管理制度改革的具体措施。这是继 10 月 2 日发布《关于加强地方政府性债务管理的意见》以后的第二个相关政策。《决定》明确了要划清市场与政府的边界、推进预算公开透明，从完善预算、建立跨年度预算平衡、优化财政支出结构、提高财政支出绩效、规范地方政府债务管理等七个方面逐项落实《预算法》的规定。

8 月末，第十二届全国人大常委会第十次会议表决通过了《全国人大常委会关于修改〈预算法〉的决定》，并决议于 2015 年 1 月 1 日起施行。至此，历时 10 年的修法进程通过四次审议终获通过。根据《立法法》的规定，“列入常务委员会会议议程的法律案，一般应当经三次常务委员会会议审议后再交付表决”，历史上，只有《行政强制法》《社会保险法》等与个人利益直接相关的法律才有“四审”的待遇。作为一项规范财政支出行为的法律，立法过程的艰难，也从一个侧面显示《预算法》所涉事体之大。

新修订的《预算法》在多个方面进行了重大的调整，包括立法宗旨、全口径预算管理、预算公开的力度、预算监督等方面，基本达到了社会此前的期望。在放开地方政府发债、改革转移支付制度、建立跨年度预算平衡机制，也做了很多市场此前热烈期盼的改动。一直为《预算法》的修订奔走、呼吁的蒋洪、韦森、李炜光等专家认为，本轮《预算法》的修订是在现有政治框架下所能达到的最高水准，评价不可谓不高。

然而，再好的《预算法》也只是 txt.（文本文档格式）文件，要成为 exe.（可执行文件格式）文件，还有很长的路要走。首当其冲的是如何落实《预算法》，把法条中的文本变成可执行的法律。国务院新发布的《决定》起到的作用就是落实《预算法》。

单从文本来看，《决定》落实的力度还要超出预期，《预算法》规定的重要内容，《决定》都有提及，还有不少亮点。首先，弱化预算收入的概念。现代预算国家中，预算指的就是预算支出，而收入只能预测，无法预算。《决定》明确“收入预算从约束性转向预期性，根据经济形势和政策调整等因素科学预测”，消除了收过头税的制度基础。

其次，加大政府性基金预算、国有资本经营预算与一般公共预算的统筹力度，弱化政府性基金与国有资本经营预算，将政府控制下的资金支出尽可能地纳入到一般公共预算，而一般公共预算受法律的约束更强，账本更容易得到公共的监督。这种迹象也体现在转移支付的改革方向上，“增加一般性转移支付规模和比例，逐步将一般性转移支付占比提高到60%以上”，这将有力地约束中央政府部门的权力，把中央对地方的转移支付纳入到法治化的轨道中，对财政收入超收的资金使用规范也是如此。

对公众和传媒来说，新《预算法》在预算公开上做得比较到位，政府支出按经济分类基本支出公开到“款”、项目支出公开到“项”；决算编制中，所有政府支出都按功能分类公开到“款”，均为最详细的一级。《决定》中更加大“三公”经费的公开力度，细化公开内容，除涉密信息外，所有财政资金安排的“三公”经费都要公开。

可以说，《决定》为《预算法》修正案成为 exe. 文件开了一个好头，为《预算法》助力中国转型成为预算国家迈好了第一步，预算国家渐行渐近。但现行《预算法》以及《决定》未解决的问题也很多。总的来说是两条：政府与市场关系及央地事权分割，其解决的成效决定着中国向预算国家转型的成败。

《决定》明确了政府财政部门的职责，除了编制、执行预算以外，管理财政收入与支出的差额部分——财政盈余和赤字，财政部门根据中长期预算规划，根据不同的经济形势，用盈余冲销赤字或者发行公债、扩大赤字，充当的是国家财务总监的职责。但《决定》甚至《预算法》都没有说清楚：财政支出是由谁决定的，税种、政府性基金是由谁决定征收？

政府之财源于纳税人，因此由立法机关界定政府的事权，测算预算规模，据此增减税种，量出为入，这就是现代预算国家的概念。《决定》明确要求“划清市场和政府的边界”，强调“优化财政支出结构”，也要求“对竞争性领域的专项转移支付逐一进行甄别排查”，取消、压缩或零增长。除此以外，人大在预算编制、修改及否决等方面的权力要真正落实到位。

至于税收法定，现有的二十余个税种，只有三个税种是法律确立地位的，增值税等几个大税种都是由行政法规征收的，其他为数庞大的政府性基金。要落实《决定》提出的“不得违反法律法规的规定和超越权限多征、提前征收”“坚决取消不合法、不合理的收费基金项目”要求，还需做大量的工作。

另外，综合近些年的财税改革和财税收入格局，我们可以看到强中央、弱地方的收入格局已然形成，近年力推的“营改增”更是加强了中央的财权。《决定》要求“未经国务院批准，各地区、各部门不能对企业规定财政优惠政策”“不得突破国家统一财税制度”，进一步强化了这种趋势。《决定》要求“在明确中央和地方支出责任的基础上，认真清理现行配套政策”。现有格局下，央地事权关系的调整完全取决于中央的思路。考虑到中央的政策多数是由地方执行的，在复杂多样的地方特色下，中央要完成这一任务，是一个不小的挑战。

财政减收，拉弗曲线

2015 年 1 月，有媒体透露，2014 年我国财政收入预计同比增长约 8.6%，这意味着自 1991 年以来全国财收增速重回个位数时代。在此之前国税总局公布 2014 年税收总额超过 10 万亿，但同比增长仅 8.8%。已公布数据的省市中，至少有五省份的 2014 年财政收入未完成年初预算。

政府很久没有体会到财政收入增长乏力的滋味了。分税制改革以来 20 年，财政收入的增速一直都保持在 10% 以上，而且绝大多数年份都在 15% 以上，哪怕是亚洲金融危机的困难时刻，财政收入增速最低都在 14.2%。从 1994 年到 2013 年，GDP 增长了 10.8 倍，而财政收入增长了 23.8 倍。

财政收入下滑的直接原因是经济增长乏力。中国财政收入以流转税为主，前五大税种增值税、企业所得税、营业税、进口相关税种、消费税，除企业所得税外均为流转税，经济周期直接影响税收的高低。历史经验表明，财政收入的周期与经济增长同步，其波动幅度还要高于经济周期。经济繁荣时，财政收入的增速的变动率高于 GDP 增速的变动；而经济衰退时，财政收入增速的衰退速度也要快于 GDP 增速的衰退。

据官方口径与主要机构的预测，2015 年的经济增长将进一步放缓，低于 2014 年的 7.4%，甚至会低于 7%。2015 年房市会依旧低迷，尤其是三四线城市，不仅新的土地卖不出去，庞大的库存如何消化都成问题，地方政府的土地出让金收入也会进一步缩水。这意味着 2015 年中国不仅整体很难完成 8%

的财政收入增长目标，政府性基金收入（以土地出让金为主）还会出现较大幅度的缩水。这将使得中国广义口径的政府收入会出现有史以来的负增长。

在过去20年的财政黄金时代，财政收入占GDP的比重从1994年的10.8%上涨到2013年的22.8%。有钱的时候，政府可以任性，既要盖政府大楼，又给公务员涨工资，公务员队伍逐年膨胀到2014年的717万人，当然，有钱的财政也给老百姓全覆盖了医疗保险、连涨了退休养老金。

然而，未来的政府恐怕要面临着长期财政收入增速乏力的局面。虽然在2013年财政收入仅占GDP的22.8%，但这仅是一般公共预算，宽口径的政府收入还包括政府性基金、社保收入和国有资本经营收益，这四类政府预算在2013年的收入合计20.3万亿，占GDP高达35.8%，也就是说，每年创造的财富有35.8%被政府拿走。如果再考虑“两桶油”、国网及电信等国企，他们庞大的营业收入并未形成利润上缴国库，而转化为国企员工的高收入与内部浪费，具备了再分配的功能，政府攫取的社会新增财富已然过多，很难继续保持过去的增速。

在这种情况下，政府及其财税部门应该怎么办？取其下策是力保财政增收。近年的财税部门年中会议，都是部署、督促地方完成预算收入目标，如2014年年中，国税总局局长王军强调“在堵漏增收上下功夫”，副局长丘小雄要求“千方百计完成收入任务”“加强对高收入者的个人所得税征管”“有序曝光重大税案，有效发挥震慑作用”。在这种工作思路下，收过头税、超收的现象屡禁不止，在2012年，沈阳市更以运动式罚款为财政创收手段，全市出现大面积商户关门避检。这时的企业更不愿意投资，这无疑是对经济增长的再一次伤害。

那何为上策？在经济下行时，政府应当尽可能地减轻企业经营的负担，让企业轻装上阵，企业度过危机，未来的税源自然也不成问题。2014年，政府为小微企业减免了增值税等税共612亿元。考虑到年营业收入500万元以下的企业，增值税及各类附加费，税率不到3.4%，再考虑所得税等，纳税的小微企业年营业收入大约为1.5万亿元，只有中国石化2013年收入的一半。

按前述计算，目前35%的平均税负（边际税率自然更高），中国显然处于拉弗曲线的另一端：税率超过了限度，以至于提高税率会减少政府收入，而减税可以刺激经济增长，扩大税基，税收收入反而增加。

就具体操作而言，余永定、朱海斌等学者均提出，央行可以降准，释放两万亿或者更多的存款准备金，财政部发行等额国债，置换（回收）央行向商业银行释放的存款，防止出现2009年的信贷扩张。此时，财政部发行的国债，优先用于整体性减税，也可以支持“三农”领域、棚户区改造、技术改造、基础设施等领域。虽然政府一时背负了债务，但保证财政收入增长，维持政府对经济社会的控制力，还可以降低全社会的税负，为未来的税收增长留下火种。

政府间事权法治化

十八届四中全会后出版的《〈中共中央关于全面推进依法治国若干年重大问题的决定〉辅导读本》中，财政部部长楼继伟发表署名文章，强调需要推进各级政府事权规范化、法律化，要明晰各级政府事权配置的着力点，地方事权行使应以不损害政治稳定、市场统一和其他地区利益为原则。

《预算法》修正案通过以来，财税改革的速度加快。《预算法》界定了政府作为一个整体的预算支出的权力，随后国务院发布的《关于深化预算管理制度改革的决定》，进一步要求划分政府间事权划分，“在明确中央和地方支出责任的基础上，认真清理现行配套政策”“对属于中央承担支出责任的事项，一律不得要求地方安排配套资金；对属于中央和地方分担支出责任的事项，由中央和地方按各自应分担数额安排资金”。但政府间的事权到底如何分割仍然悬而未决，尤其是中央与地方之间的事权分割，央地对此并没有明确的原则与思路。

近十几年来，地方屡屡突破统一的财税制度、法律法规框架，以实现地方的政治、经济与社会意图。例如，地方政府为招商引资，对高科技、先进制造业、高端服务业等允诺税收优惠、财政补贴。上海、天津等地为了吸引优质企业和优秀人才，推出返还 20% 的个税（地方分享部分的 50%）、购房退个税等优惠政策。财税优惠形成的政策洼地，明显增强了发达地区优势，扩大了区域经济发展的失衡。

财税补贴政策除了用来吸引外来资源，也被地方政府用来保护本地企业。

在新能源补贴、新技术研发、农业企业等方面，本地企业获得与税收优惠和财政补贴。近年新能源汽车流行，各地方政府都出台了购买新能源汽车补贴的目录，但无一例外的是，只要有本地的车企，就一定在目录中，加大了外地车企进入本地市场的难度。早些年的啤酒、烟草、酒企等行业莫不如是。地方各行其是的格局严重阻碍了中国统一市场的形成。

楼继伟接任财政部部长以来，着力推进全国财税制度的统一，他多次强调，“未经国务院批准，各地区、各部门不能对企业施行财政优惠政策”“不得突破国家统一财税制度”，收权中央、单一财税制度的思路越来越明显。事实上，以目前中央的财权及决策影响力，中央在政府间事权分割决策上拥有绝对话语权。按理说，地方很难冲突中央划出的条条框框，中国比其他联邦制或地方自治的国家更容易形成统一市场。

然而，尽管中央政府强调维护“国家统一的财税制度”，要推进“各级政府事权规范化、法律化”，违反统一制度、违反法律法规的部委并不少。例如，房地产调控中的限购令，违反了上位法《行政许可法》，限购令加强了户籍在社会管理与经济政策中的使用，已经成为影响劳动力自由流动的最重要的制度障碍，其政策遗产正逐步蔓延到义务教育、落户等。城市规模差异化管理的政策，也使得各地方限制外地人流入的依据，这使得财政对户籍与非户籍人口的公共服务投入上很难一碗水端平。

回过头来看，央地事权不清晰，一个很重要的原因是央地事权的界定没有法治化，政府间事权的界定更多地依赖政府间的谈判，规则变动相对随意，且没有严格遵守上位法，这使得地方政府有空子可钻。政府间事权界定法治化以后，事权界定的变动也将由法律决定，责任追究、变动规则可以预期，才更有利于各级政府各司其职。对中央政府来说，要让政府间事权规范化、法律化，首先要明确中央政府的事权，并将其法律化，这自然包括维护全国统一市场、保证政治稳定等职责。

从专项到一般

2015年2月2日，国务院公布《关于改革和完善中央对地方转移支付制度的意见》(以下简称《意见》)，作为落实国务院《关于深化预算管理制度改革的决定》的文件，《意见》要求增加一般性转移支付规模和比例，逐步将一般性转移支付占比提高到60%以上。加快转移支付立法，尽快研究制定转移支付条例，条件成熟时推动上升为法律。

转移支付是现代财政的核心内容，主要弥补地方政府财力不均衡带来的公共服务均等化的支付压力，具体到中国，就是上下级政府间财力与事权不匹配带来的收支失衡。1994年分税制改革以后，中央政府的财力不断扩大，事权不断下放，造成中央钱多事少、地方钱少事多的格局。从数据上看，1994年，中央财政收入占全国比重为30.3%，财政支出占比55.7%，中央甚至不得不向地方借钱完成财政支出。最近十年，形势正好颠倒过来，中央的财政收入占全国的比重高达50%以上，但财政支出比重却逐年降低到2013年的14.6%。2013年，地方收支差额高达5.07万亿元，是当年全国财政收入的39.3%。

地方政府的5万亿元收支缺口绝大多数需要中央通过转移支付来弥补。目前中央对地方转移支付分为一般性转移支付和专项转移支付，一般性转移支付中，均衡性转移支付是主体，针对地方政府承担的基本公共服务，中央用转移支付保证全国层面的均等化目标，其拨款机制一般按人头等因素计算。

而专项转移支付具有应急性、救济性和跨区域等特征，如地震、洪水等救灾事务，跨流域污染事务等。

但中国的转移支付结构并没有达到上述目标。其一，一般转移支付的计算方式主要考虑户籍人口数目，人口流入地政府的资金不足，往往拒绝向非户籍人口提供公共服务，导致地方市场之间呈现分割状态，这在义务教育、社会保障等领域表现的格外明显。中央对地方高比例的转移支付并没有很好地维护中国的统一市场。

其二，中央对各省市的转移支付金额的计算公式复杂，更多考虑各省的财税收入，多缴多移，少缴少转，并没有起到“劫富济贫”这一全国公共服务均等化的目标。

其三，更大的问题在于专项转移支付。由于一般性转移支付按人口等刚性指标计算，一旦确定，财税、计划等部委对资金的划拨、支付的权力就会大大限制。所以近20年来的转移支付的增量部分大多以专项转移支付的形式体现，也就是一事一议，由地方向中央申请。以2013年为例，中央对地方转移支付和税收返还总额为48019亿元，一般性转移支付仅15953亿元，其余3.2万亿元中的大多数都是专项转移支付，占比67%。

地方政府不得不为此“跑部钱进”。“跑部钱进”看起来是地方政府的问题，究其根源还是中央政府及其部委不肯放弃对资金使用权的审批权力所导致的。同时中央政府居庙堂之上，对各地实际情况的把握并不细致，项目从设立到运行，效率低下的地方随处可见。

《意见》的核心内容有两点。第一，以事权界定来厘清转移支付的种类，具体而言，归属于地方事权的转移支付，列入一般性转移支付；归属于中央与地方共同承担的事权或者中央委托给地方的事务，列入专项转移支付。这也意味着未来转移支付将以一般性转移支付为主。第二，基于上一条原则，《意见》明确了一般性转移支付的比重要超过60%，并且要求严控、清理、规范专项转移支付的管理。以2013年为例，从33.3%提高到60%，涉及金额为1.28万亿元。

虽然《意见》对转移支付体制的改革已经算是一个不小的改变，但仍然问题重重。例如专项转移支付比重仍然过高，占比在40%，按2013年的数据计算近2万亿元，不足以从根本上削弱专项转移支付带来的各种弊端。同时各个专项转移支付涉及群体的游说能力都不可小觑，一纸《通知》能多大程度上改变现状，也是未知数。

回过头来看，转移支付改革的根源还是在政府间事权的界定。目前政府事权及政府间事权的界定相对混乱，并且法律地位较低，《立法法》第八条规定，基本的财政制度只能由法律决定，但法律层面只有《预算法》第十五条、第十六条提及分税制和转移支付，并没有涉及政府间事权的具体界定，实践中多由国务院和部委决定，不仅权威性不足，并且变动随意。因此，必须立法为先，在法律层面对政府间事权进行界定，以此从根本上遏制中央部委对一般性转移支付的抵制。

无细节，不法定

2015 年 3 月 8 日，提请十二届全国人大三次会议审议的《立法法》修正案草案三审稿中，二审稿中明确的“税种、纳税人、征税对象、计税依据、税率和税收征收管理等税收基本制度”要制定法律的条款消失，代之为“税种的开征、停征和税收征收管理的基本制度”要制定法律，这一表述明显比较笼统。全国政协委员、上海财经大学公共经济与管理学院教授蒋洪认为，这意味着税收立法权又回到了行政部门手里。

税收的存在，本来就是经济社会中一种“必要的恶”，从福利经济学原理来看，应该尽可能地减少（韦森教授语）。但是，由于部分公共品领域存在着“市场失灵”，因此以税收为主体的财政体制才有建立的必要性。

从这个角度出发，政府征税应该遵循“税收法定”原则，也就是说由纳税人选出的立法者决定全部税收问题的税法基本原则，即如果没有相应法律做前提，国家则不能征税，公民也没有纳税的义务。税收法定原则是国际通行的征税原则，这也是中国目前既定的税收制度改革方向。

那么中国税收法定的现状是什么样的呢？总的来说，存在三大问题：第一，政府征税依据的法律层次太低，征税行为都是政府部门自说自话，征税之前缺乏公共讨论，纳税人的意见得不到充分的表达与采纳；第二，政府征税常常有法不依，征税依据甚至会出现“从旧从重”的现象，或者绕过法律以费代税；第三，全国人大制定的征税法律，对国务院过度授权，税收的很多要素都授权给国务院具体操作，有些涉及财产征收或缴费的立法，法律只定原则，具体的操作多数授权给政府制定细则。

具体来看，首先现行税收共计 18 个税种，仅有 4 个税种（个人所得税、企业所得税、关税与车船税）是由法律明确征收的。按 2013 年的数据，上述 4 个税种合计税额 3 万多亿元，占税收总额不足 30%。这意味着超过 70% 的税收并未经过法律授权，其中仅增值税和营业税两项，征税额就高达税收总额的 42%（2013 年），其征税依据仅仅是国务院出台的暂行条例（行政法规层次），召开国务院常务会议即可通过。

其次，征税的法律依据不仅层次低，而且也得不到充分的尊重。以燃油税为例，2014 年 11 月 28 日、12 月 12 日与 2015 年 1 月 12 日，财政部、国家税务总局借油价下跌之际，连续三次上调燃油税，招致公众与社会舆论的一片骂声。两会期间，有记者向财政部部长楼继伟质疑财政部的增税行为是否太随意？对此楼回应道，“财政部是和税务总局共同研究，也征求了各方面的意见，征求有关部门的意见，最后报国务院批准同意之后才出台政策的”。

燃油税是消费税的一种，《消费税暂行条例》于 2008 年修订以后，明确“消费税税目、税率的调整，由国务院决定”。2008 年年末，燃油税率发生了变动，国务院发文调整了燃油税率，提高燃油消费税，取代各种道路养护费用。在此之前，燃油的费改税也经过较充分和激烈的社会讨论，并无突然袭击的行为。此时的燃油税的变动尚遵循着国务院制定的行政法规。

到了 2014 年 11 月 28 日，财税部门突然联合发文提高燃油消费税率，没有像 2008 年那次以国务院发文的形式调整税率，也没有经过充分的社会讨论，财税部门或许征求了部分机构的意见，但公共舆论中几乎没有看到此报道。到 2014 年 12 月 12 日与 2015 年 1 月 12 日的两次税率调整，就更加出人意料，财税部门联合发文中的“经国务院批准”的字样也不见踪迹。连续上调税率，更严重挑战了纳税人对政府征税行为过于随意的容忍程度。

最后，正如楼继伟部长所说，有的税种，即使以法律形式明确，但税率变动等项目仍然授权给国务院，由国务院调整，如企业所得税的一些项目。更需要指出的是，绝大多数税种的征税依据是国务院的行政规章，来自30年前全国人大的空白授权。

两会中，针对记者对征税行为随意性的质疑，楼继伟援引1985年第六届全国人大三次会议通过的《关于授权国务院在经济体制改革和对外开放方面可以制定暂行的规定或者条例的决定》为上调燃油税的征税依据。但如今距1985年已经整整30年了，不论经济总量、税收总额与结构，还是纳税人数量与素质都发生了天翻地覆的变化，如此落后的万能授权文件，在中国法律制度建设已经相对完善的今天，早就应该被废除，政府应该尽可能地少用或不用，而不是用来为自己过度征税的行为进行辩护。

正是针对这种局面，《立法法》修正案二审稿中明确“税种、纳税人、征税对象、计税依据、税率和税收征收管理等税收基本制度”要制定法律。这一条款最小限度地限制了政府随意征税的权力，保障纳税人的财产不被随意征税。但三审稿中，条款被变更为“税种的开征、停征和税收征收管理的基本制度”要制定法律。

3月9日下午，在回应条款被修订的原因时，全国人大法工委副主任郑淑娜回答道，“二审稿规定的税种、纳税人、征税对象、计税依据、税率等，这个表述经过专家的论证认为不够科学。实际上税种就包括纳税人、征税对象、计税依据和税率。为了表述得更加科学，我们采取了现在草案的表述”。

根据公开报道，郑淑娜所指的专家，就是以财政部前部长谢旭人为代表的全国人大常委等专家。在《立法法》修订案二审稿的审议时，谢旭人建议将原有的明确税率等的条款修改为“税收和税收征管的基本制度”要制定法律，理由是税收制度本身已包括税种名称、纳税人、征税对象、计税依据等内容，不需要逐个要素制定法律。

郑与谢的表述本无不当，税收的基本制度理应包括税率等基本要素。然而2000年出台的《立法法》第八条，早已经要求“基本经济制度以及财政、税收、海关、金融和外贸的基本制度”要制定法律。但随后的15年，仅仅在2011年，车船税的征税依据从暂行条例上升为法律，这是一个税额非常小的税种，除此以外，并没有其他税收法律出台，增值税、消费税、营业税等大税种的征税依据仍然没有被制定为法律。

这表明，在过去的实践中，税收的基本制度并不包括税率等细节。如此自相矛盾的局面，只有两种解释：要么是政府不作为、其征税行为违反了现有《立法法》，要么是郑淑娜副主任的说法根本不成立。

《立法法》修正案二审时，全国人大常委会的任茂东委员说得更直白和真实一些，他直接指出《立法法》修订案二审稿的条款“写得这么具体可能会带来麻烦，当前的情况不宜这样具体”。所谓的麻烦，就是政府征税没那么方便了。

税率、纳税人等内容是税收的关键内容。以燃油税为例，2008年以前，每升无铅汽油需要缴纳消费税0.2元，2009年到2014年上半年，消费税上调到每升1元，而在过去一年内已经再次上涨超过50%，高达1.52元。仅此一项税率，2015年较2008年以前，就增长了660%。由政府主导的税率调整是多么随意，燃油税给所有人上了生动的一课。

与燃油税的征税依据的法律层次低、变动随意处境相同的是社会保险费，社保缴费的法律依据虽然来自法律——《社会保险法》，但缴费费率与基数在法律中并没有体现，法律空白授权给政府具体实施，基本上由各县级以上政府决定，调整起来快捷便利。以上海为例，社保缴费基数的下限每年都在调整，上海的城镇职工社会平均工资从1993年的471元每月上调到2013年的5036元，20年上涨了967%，年均增长12.6%。

与此相反，再看个税的调整。个税的征税依据是《个人所得税法》，是少有的以法律为征税依据的税种，规定得比较细致，明确了税目、纳税人、税率等基本要素。以薪金、工资为例，其起征点和税率变动非常少，起征点自1980年的800元，到2005年、2007年与2011年分别调整到1600元、2000元与3500元，30年上涨了338%，年均增长仅4.9%，变动难度较大（当然，对纳税人是不利的）。而个税税率自1994年以来，只在2011年调整过一次。

我们可以清晰地看到，税收立法时，如果税率不由法律决定所导致的征税随意性会有多大，也只有将税率、纳税人等内容纳入到法律层次，其变动需要通过全国人大而非国务院，经过公众充分讨论的税率等要素的变动，才可以免受行政机关的过度征收，以此保障纳税人的利益。

现行《立法法》修正案三审稿，甚至比谢旭人等人的建议还要倒退。谢旭人建议“税收和税收征管的基本制度”要制定法律，具体立法时，还存在操作空间，可以把税率等要素纳入法律，而不是空白授权给国务院。三审稿中，规定的是“税种的开征、停征和税收征收管理的基本制度”由法律规定。这意味着税收立法时法律只能决定“税种的开征、停征”，而税率、纳税人等内容将会空白授权给国务院。

这将退回到《社会保险法》的现状：法律只定原则，法律的内容具体授权给国务院及各级政府实施。如果《立法法》真的如三审稿的规定通过，这无疑是近年来立法实践的一个重大败笔。

党的十二届全国人大三次会议期间，全国人大新闻发言人傅莹公开表示，“将在2020年之前，全面落实税收法定原则”。税收法定不能仅仅是一个口号，应该体现在一系列的具体安排。全国人大在立法时，要切实地把税收的关键内容纳入到法律的层次，而不是空有法律皮囊，实质性内容仍然由政府完全自主制定，把税收法定落在虚处。所有这一切，将首先体现在《立法法》能否保障税收立法的有效落实，我们将拭目以待。

扩编预算工委

审查预算草案是两会的重头戏。2015 年两会期间，全国政协委员蒋洪表示，限于审查时间短、与会代表与委员并非都是预算专家、缺乏审核预算的必要辅助信息等因素，两会期间，与会代表与委员很难看懂预算草案，更别说提出有价值的意见。

2015 年是新《预算法》开始实施的第一年。这一年，新《预算法》做了很多有益的修改，如全口径预算纳入政府性基金、社会保险、国有资本经营，保证了预算的完整性，预算编制进一步细化，政府支出按经济分类基本支出编到“款”、功能支出编到“项”等。

新法实施后最直接的体现就是预算草案的页数增加了、内容更细致了。据蒋洪教授透露，现场审核时，除了预决算报告的摘要外，仅下发的资料就已经有九大本。根据厚度估计，平均每本有 200 页，包括了中央与地方的四项基本预算、中央对地方的税收返还和转移支付等。

预算编制细化是好事，问题是现有的制度很难保证预算得到有效的审查。首先，两会会期短，审议预算草案的时间更短，一般来说只有半天。人大代表在会前看不到预算草案，审议预算时才能拿到材料，除了预决算总报告以外，预算的明细版本每个审议小组只发两套、会后无法带走，代表在现场根本没有时间仔细阅读。

其次，人大代表、政协委员不是预算专家，也不应该都是预算专家，政府提供的预算草案数据过于散乱，缺乏概括和归纳，也缺乏图示、分析，很难让人看懂，无法对预算一目了然。查看美日等国的预算报告可以看到，除了翔实的数据外，他们的预算草案大量使用图示对财政支出进行分解，并解释支出增减缘由，通过年度、国别对比，来分析支出的合理性，大大降低了议员审查预算的难度。

从现实来看，两会会期很难得到充分的延长。这意味着我们应该加强全国人大专门委员会对预算的审查权力。《预算法》规定，财政部门应当在两会前四十五日，将预算草案交由人大财经委进行初步审查。而人大预算工作委员会作为人大的工作委员会，专司预算审查工作，协助人大财经委承担审查预决算、预算调整方案和监督预算执行等具体工作。

但全国人大预工委的问题重重。首先，编制少，此前传闻仅 20 余人。其次，专业程度不够，大多从公务员中调任，缺乏专业的学者、行业专家和公共政策分析人员。相比之下，美国国会预算办公室（CBO），编制 240 人，多数为经济学家和专业的公共政策分析专家。最后，现有预工委的成员大多出于财政部，历届全国人大预工委中，仅第一届主任郭振干是从审计署审计长调任，其余大多是财政部副部长调任，在当下环境中，由他们去审查财政部提交的预算草案，很难提出尖锐的意见。

花在审查上的费用省不得。中国财政收支规模庞大，2015 年财政收支预算分别为 15.4 万亿元和 17.2 万亿元，我们需要花费更多的资金与资源去审查预算草案的合规与合理性，哪怕削减 1% 的支出，那也是近 2000 亿元的资金。参照商业机构，莫不在内审与外审上花费重金，以保证股东的权利，工商银行 2013 年的营业收支不过 5896 亿元、2526 亿元，外部审计费却花了 1.34 亿元。

因此，提高人大对预算草案审查能力的第一步，应该对人大预工委进行大幅扩编，至少需要 100 人以上，面向全社会吸纳专业的学者与公共政策分析人员。在预工委事先对草案归纳与分析后，全国人大代表对预算草案的理解难度将大大降低，可以更有效地发挥审议预算的角色。

燃油税不能任性

2015 年 1 月 12 日，财政部、国家税务总局上调燃油税，这是在两个月内自 2014 年 11 月 28 日、12 月 12 日以来第三次上调消费税。经过三次调整，汽油、石脑油、溶剂油等燃油的消费税从每升 1 元上调到 1. 52 元，柴油、燃料油、航空煤油等燃油的消费税从每升 0. 8 元上调到 1. 2 元。三次调整的时机都配合了发改委调低油价的时间窗口，由于加税因素相抵，国内成品油的实际价格下跌幅度，远不如国际油价的跌幅。

财税部门第三次上调消费税率，招致公众与社会舆论的一片骂声。政府借油价下跌、增财政收入的心态确实明显了一点，但万万没想到，上调了两次以后，居然还能有第三次，并且前后只有两个月的时间。从技术上来看，财税部门第二次、第三次上调燃油税违反了征收消费税的法律程序。

消费税的征收依据来自《中华人民共和国消费税暂行条例》，最新一次修订案于 2008 年 11 月 5 日在国务院第 34 次常务会议通过。该《条例》规定，消费成品油需要缴纳消费税，从量征收（每单位缴纳特定额度的税），每升无铅汽油征税 0. 2 元。其中消费税税目、税率的调整，由国务院决定。

随后不久，国务院发布《关于实施成品油价格和税费改革的通知》，开征燃油税“取代公路养路费等费用，以及地方用于公路、水路、城市道路维护和建设方面的部分收费”，大幅上调成品油消费税，“调整后，汽油等的消费税单位税额为每升 1 元，柴油等为每升 0. 8 元”，一直执行到 2014 年 11 月 28 日之前。

由此可见，即使按现有消费税的征税依据，燃油的消费税调整也是由国务院决定，财税部门无权自行决定。2014 年 11 月 28 日，财税部门联合发文提高燃油消费税率时，还有“经国务院批准”的字样，到第二次、第三次时，相关文字全无，全然违反了征税的法律程序。

根据商务部石油行业经济运行的数据，2013 年全国消费成品油为 2.87 亿吨，2014 年预计超过 3 亿吨。其中最大的两个品种汽油和柴油分别超过 0.93 亿吨（1 吨约 1350 升）和 1.7 亿吨（1 吨约 1190 升），按此计算，2013 年征收的成品油消费税超过 3000 亿元，占消费税总额的 36%。按 2013 年成品油消费量进行估算，三次税率提升每年就为中央政府增加 460 亿元、710 亿元和 390 亿元。照此估计，三次提税为 2015 年税收增长的贡献将超过 1600 亿元，相当于 2014 年税收的 1.54%。

我们再来看，2011 年全国两会期间，上调个人所得税的起征点，仅仅从 2000 元调整到 3500 元还是 3000 元，就在全国引起激烈的讨论。其时，国家税务总局副局长宋兰与财政部税政司副司长王建凡回应称，将个税起征点提高到 3500 元已经让纳税人从 9000 万人减少到 3000 万人，个税收入全年减收 1600 亿元左右（次年 2012 年的个税相比 2011 年仅减收 200 亿元）。

而今燃油消费税接连三次提高，额外新增的税收已经超过 2011 年个税起征点调整带来的税额变动，影响的人数也远远超过个人所得税。个税起征点的提高，只不过是 9000 万纳税人的事情。但燃油影响到的远远不止这 9000 万人，每个人都需要衣、食、住、行，燃油在交通、物流等行业的作用，直接影响居民日常的食品价格、出行成本。

与大多数人想象的不同，私家车出行已经不是什么高端奢侈行为，据公安部统计，中国机动车驾驶人数量突破 3 亿人，其中汽车驾驶人 2.44 亿人，持有小型汽车驾驶证的驾驶人达到了 1.8 亿人，是 10 年前的近 20 倍。另外，中国民用机动车保有量已达 2.64 亿辆，其中汽车 1.54 亿辆，汽车数量仅次于美国居世界第二位。这些汽车绝大多数以燃油为主要动力，燃油税的高与低直接影响他们的使用成本。

很难想象，影响如此之大的税项，居然只由财政部与国税总局联合发文就进行了调整。就在不久之前，国务院还下发了《关于清理规范税收等优惠政策的通知》，要求各地方政府统一税收政策制定权限，坚持税收法定原则，除依据专门税收法律法规和《中华人民共和国民族区域自治法》规定的税政管理权限外，各地区一律不得自行制定税收优惠政策。如果财政部自己都在违反税收法定原则、直接突破现有的税收法律法规，它还有什么权威去规范地方政府的违规行为？

财税部门的三次提税行为既违法（违反《消费税暂行条例》）也不合理（燃油税影响比个税大，但征税比个税要随意），同时他们声称的征税缘由也是无法成立的。

三次提税的通知，都明确调整燃油消费税的原因是“为促进环境治理和节能减排”，在每次后续“自问自答”式的记者会上，财税部门也强调提高税收是为了“防治大气污染”，新增税收会优先用于京津冀的大气防治等。

大气污染是近些年城市面临的困境，雾霾成为北京、河北等地环境治理的重中之重。提高汽车的使用成本、为治霾筹集资金其实是非常可行、有效的政策。然而，公众并不买账，为何？如果为促进环境治理和节能减排而征税可以实现，要有两个前提：第一，新增税收的使用是指定用途的；第二，纳税人可以参与征税多寡及税收的使用。在当今社会，两者均不可能。

税收不同于收费，无法指定用途，用于特定目标，是纳入到一般公共预算统筹安排的。这意味着纳税人无法看到自己多缴的这些税到底用在什么地方，所以财税部门表态新增税收用于治理环境污染、解决京津冀雾霾，根本是一个不可实现、不可监督的承诺。他们无法量化多征的税到底用在什么地方。

其次，以事权变动来调整税种、税率本来是获得征税合法性的最佳方式，这也是现代预算国家的概念。但这需要纳税人能参与到决策中。而事权的界定（治理什么污染，需要为此花多少钱）并不由政府自己自说自话，而是要由代议机构讨论、决定。财税部门不过是执行机构，他们无权为纳税人决定是否应该治理污染，也更无权据此变动税率。

事实上，环境治理只不过是财税部门征税的借口，三次提高燃油税，不过是因为油价下跌，提高消费税，带来的公众争议最小。由于中国缺乏约束政府的代议制机构，纳税人无法决定钱怎么花，财政部自然是想怎么花就怎么花，其工作重心就是如何征税、方便地征税、防止逃税与抗税，以及征更多的税。

这些因素都使得财政部非常在乎预算收入的完成情况，在实践中，预算收入不仅制定目标，并且经常超收。一方面是因为大量的税收和准税收（如社保）的征税基础并非法律，而是行政法规和部门规章；另一方面即使是法律决定的税收，也给财税部门预留大量的自由裁量权。尽管如此，他们还经常越过法律法规，违规征税。这些都表示中国更像是税收国家，而非预算国家，征税总是政府的首要任务，而老百姓要求政府提供的服务，他们往往视而不见。

如果要进行环境治理，最应该做的是谁污染谁付费，污染越多、付费越高。目前，污染最严重的地区，大多是经济发达地区，新增税收的使用也主要集中在这些地方。但纳税人却是全国范围的，中国幅员辽阔，燃油的使用不独大中型城市才有，农村及中小城镇的需求也很大，如柴油驱动的农业耕作机械、人口密度低的中长途客运和摩托车等，他们的收入低，生活成本却不小。这些地区受燃油带来的污染较小，为了治理京津冀地区的雾霾，他们也要承担额外的税收，事实上造成劫贫济富，税收的公平性何在？

退一步讲，日常的公共事业强调，使用者付费、谁受益谁缴费，其价格变动尚且需要征求消费者意见。此前北京地铁取消 2 元票价，按照里程越长、票价越高的原则计费，北京交通部门就为此召开过听证会。税率变动对个人财产的影响显然远比公用事业收费的影响要大，不受益也要缴税并且具有强制性，其调整程序自然要比公用事业收费更加严格，财税部门连一个像样的听证会和征求意见都没有。这种征税方式不招致骂声反倒不正常。

税改与黄宗羲定律

自1998年《公路法》公布以来，到2008年，燃油税就被正式提上议程。燃油税是将养路费等交通收费捆绑在油价上的税收，2001年的燃油费改税方案中规定，“开征燃油税取代公路养路费、公路客货运附加费、公路运输管理费、航道养护费、水路运输管理费、水运客货运附加费（以下简称“六费”），以及地方用于公路、水路、城市道路维护和建设方面的部分收费。”

所谓税收，究其根本，是个人向政府购买公共品所支付的对价，由于这种对价支付减少了个人的可支配收入，因此，税收在征收和使用上都要遵循公平原则，唯有公平，才能保证这种契约关系的良性运转。其中有两方面含义：第一，税收的征收必须遵循公平、公正原因；第二，征来的税收的使用也必须遵循公平、公正原则。

燃油税改的核心内容，是取消“六费”，并撤销政府还贷二级以下公路收费站点。“六费”中很多收费，本来就是中国特色，断无并入燃油税的理由。时事评论家时寒冰先生与法律从业者马光远律师梳理并质疑了现有交通收费的许多不合理性甚至不合法的地方。在原国家计委发布的《关于规范公路客货运附加费增加公路建设资金的通知》中，“决定在清理整顿现行地方公路客货运输环节征收并用于公路建设方面各种收费的基础上，统一规范公路客货运附加费，同时适当提高公路客运附加费征收标准，以切实增加公路建设有效投入”。可以看出，公路客货运附加费是政府清理各种“各种收费（包括乱收费)”的结果，已经将不合理、不合法的收费重新包装。而“撤销政府还贷二级以下公路收费站点”作为实施燃油税费改革的前提，则更令人感到疑惑，2004年施行的《收费公路管理条例》规定：“技术等级为二级以下（含二级）的公路不得收费。”也就是说，大多数政府还贷二级以下公路收费站点根本就是违法的。并且考虑到中国大多数的高速公路和相当部分的普通公路正在收费，“六费”的存在已经是重复收费。重复征收的还包括现行的《消费税暂行条例》对成品油征收的消费税。

如果在燃油税改中，将这些费用捆绑在燃油税中，无疑将这些原本不合理、不合法并重复征收的费用，以税的名义合法化。这无疑是对燃油使用者的掠夺。即便如此，在现有的燃油费税改革中，仍有相当大的声音不同意将养路费等交通收费以及收费公路纳入到燃油税，这就意味着燃油使用者不仅要忍受原有收费的盘剥，还要遭受新的税收的折磨，讽刺的是，新税居然打着“取消各种苛捐杂税”的旗号。

我们有必要回顾一下著名学者秦晖教授的总结的“黄宗羲定律”。“明税轻、暗税重、横征杂派无底洞”是中国的传统，为克服胡征乱派之弊、减少税收中途流失和官吏层层贪污中饱，包括一条鞭法在内的历代“并税式改革”，在中国历史上都是屡屡出现。并税—除费—简化税制就成为主流的改革思路，其宗旨都是要求把从中央到基层的明暗正杂诸税（赋、役）“悉并为一条”“一切总征之”。秦晖认为原来税种繁多时虽有官吏易于上下其手之弊，但这些税种包括了能够“巧立”的一切“名目”，也使后来者难以再出新花样。如今合而为一，诸名目尽失，恰好为后人新立名目创造了条件。时间稍移，人们“忘了”今天的“正税”已包含了以前的杂派，一旦“杂用”不足，便会重出加派。黄宗羲精辟地把它总结为“积累莫返之害”。

当前政府提供的燃油费税改革方案，正是黄宗羲定律的体现，现存的各种附加费已经是此前合法与不合法的收费的集合体，其中大多数应该立即停止征收，而今不仅没有停征，还要以税的名义将它们合法化。这种改革委实让人泄气，并且此次并税改革也不彻底，大量的政府还贷一级收费公路、过桥费、收费高速公路并未纳入到此次燃油税的并税改革中。

税收的本意在于为社会福利和公共事业筹集资金，其意在促进社会公平，用税收政策来调控经济只是税收的结果，并不能成为征税的目的。但近年来，税收政策频频被用于调整经济活动的各种危机，早先房价高企时，开征物业税的呼声频频现身。与物业税开征难产不同的是证券交易印花税（以下简称印花税），为了稳定股市，近两年来，印花税先调高又调低，最后调成单边征收。这一过程，股市先大起后大落，从数据上来看，税收调控股市的目标并没有达到，但 2008 年第一季度政府的印花税收入就超过了 2007 年所有上市公司的全年收入。这不得不让我们怀疑，政府频繁地进行税收调整的目的何在？为什么每次政府调整税收得益的总是政府，吃亏的总是老百姓？

就本次燃油税改来说，波及面如此之广，利益影响如此之大，国税总局等部门官员却坚持税改无须人大审议，其依据是 1998 年生效的《公路法》修正案中已明确要将“燃油附加费”改为“燃油税”，人大也已经将具体实施办法和步骤授权给国务院执行。

秦晖在“并税式改革与‘黄宗羲定律’”一文中总结，在其他改革（政治民主化等）不能配套的情况下，并税式改革是有一定风险的。即使从治标的角度讲，绝对量控制也比并税式改革更重要。对开征燃油税来说，明确燃油税的公平目的，由人大通过法定程序和公共讨论，议定燃油税的征收和支出的合理、公平，从而使纳税人的基本权利得到充分的尊重和保护，同时强化人大对公民的真实代表性，在目前来看是一件非常迫切的事，也是燃油税跳出“黄宗羲定律”的唯一之路。

后 记

这本书收录了2008年以来我公开发表的80多篇文章，主要为近两年的作品。5年时间有多长？2008年12月28日，国务院发布《关于实施成品油价格和税费改革的通知》，以税并费，大幅上调成品油消费税“取代公路养路费等费用”。2014年11月28日到2015年1月12日，财税部门连续三次上调燃油税。这5年的头与尾，我分别就两次成品油消费税的改革和税率调整撰写了文章。

5年时间，中国天翻地覆，GDP从2008年的31.7万亿元上升到2014年的63.6万亿元，整整翻了一番。5年时间，中国什么都没变，政府征税还是想征多少就征多少，谁都管不了。5年前，燃油费改税时，我援引“黄宗羲定律”，担忧将交通领域的明暗正杂诸费“悉并为一条”，以成品油消费税“一切总征之”，时间稍移，人们便“忘了”今天的成品油消费税已包含了以前的杂派，一旦“杂用”不足，便会重出加派。即使从治标的角度讲，绝对量控制也比并税式改革更重要。这些观点放在今天丝毫不落伍。

本书选录的这些文章，我除了添加了新闻的具体日期、简化了标题等，只对少部分文章做了修订，主要是删节了意思重复的段落，绝大多数内容和原文主旨都没有做调整，这也算是对过去数年经济观察的一个见证。

这本书得以结集要感谢《比较》杂志社的吴素萍与孟凡玲两位女士，阅读《比较》杂志多年，是忠实的老读者，能在《比较》编辑的帮助下出版本书，是我莫大的荣幸。也感谢中信出版社的鼎力支持。读了中信出版社出版的很多好书，没想到有一天我也会成为中信的作者。感谢上海交通大学黄少卿博士的推荐，黄博士的许多研究亦是本书不少观点的立论基础。

我的经济学等知识，得益于师长的教诲，曹远征、韦森、罗卫东、陆铭等老师在地方债务风险、财政预算等方面不仅提供了提纲挈领的指点，还在我组织课题研究、研讨会议的时候提供了很多关键的支持。感谢我的同事傅蔚冈、高利民，还有李华芳、梁捷、周鸣之等多年一起读书的朋友，与他们频繁地交流和争论，是我可以不断学习新知识的重要动力。

本书的诸多文章得以面世，要感谢众多媒体评论版的编辑，南方都市报的张子庆和邝海炎、新民周刊的汪伟、FT 中文网的王昉和霍默静、东方早报的沈彬与李旭、华夏时报的马广志、新京报的王华、陈白等，以我的懒惰，没有他们的约稿与督促，怕是写不出几篇文章，很多话题的选择也得益于他们的建议。

当然，本书的内容由我负全部责任，既不等于是我的师长、同事和朋友的观点，也不代表我所在机构的意见。

编后记

14 年前，机缘巧合，跟随国内经济学界最资深的学术编辑肖梦老师边干边学做《比较》辑刊，得以结识国内外一大批最优秀的经济学家和其他学科的学者，深感于他们那在理论和现实之间的游刃有余。在工作的过程中，我也不断地体会到，相比于国外，中国学术研究实际上存在双重断层现象：理论研究和现实之间的断层，这在经济学研究中是相当明显的，改革开放以前的政治经济学研究难以对改革开放后的大量现实做出解释和预测；上一代学者和新一代学者之间的思想传承也存在断层，颇有青黄不接之感，各种学术会议和公共论坛所看重的还是老一代成名学者。于是，心中萌生了一个想法，希望能发掘一批青年学子，他们既有志于学术研究，又对中国转型过程抱有深切的关怀，他们既是充满激情的理想主义者，又能用自己的所学对中国转型过程的复杂问题进行理性分析。对于我们从事出版的人来说，相对容易起步的就是以图书出版为基础，搭建青年学子相互交流的平台，从小的方面说，这既可以为他们的研究提供便利，也可以开辟一个新的出版方向；从大的方面说，可以通过他们的思考记录下我们这个时代的变迁，为推动中国转型贡献思想的力量。不过，这个想法一直未付诸实施，盖因当时的青年学子们大多才刚刚踏上各自的教学和科研岗位，或者还在继续深造之中，这一想法便成了埋在内心深处的一粒种子，静待生根发芽。十多年后，中国的转型进入了一个更为关键的转折点，面临着前所未有的挑战。在这些挑战面前，国内知识界意见纷呈，争执不断，极端化思潮日益增多，原有的社会共识渐趋于瓦解。恰好，当时的青年学子们也已在学术研究和公共讨论中纷纷崭露头角。那粒等待了十多年的种子终于开始萌芽，拱出地面。

于是，我和上海交大的黄少卿谈及我的想法，他也极为赞成，随后就有了“新百家文丛”这套书。这套丛书既非名人大家之作，也无名家作序推荐，而是一批正在成长的青年学子用他们各自的理论框架对中国转型过程所做的真诚而独立的思考。正如克罗齐所说，一切历史都是当代史，这样的独立思考是对中国转型过程的另一种记录，无须名人权威背书也自有其价值。

真诚希望有更多青年学子的优秀著作加入我们的丛书！

编　者